SAMUEL PAGÁN

JESUS
DE NAZARÉ

VIDA, ENSINAMENTO E SIGNIFICADO

© 2012 Samuel Pagán
Originalmente publicado por Editorial CLIE, Ferrocarril, 8
08232 Viladecacalls, Barcelona, España, bajo el título JESÚS
DE NAZARET: vida, enseñanza y significado.
Esta edición es publicada con autorización por contrato con Editorial CLIE.
© 2015 Editora Hagnos Ltda, para la edición en portugués.

Tradução:
José Carlos Siqueira

Revisão
Sonia Lula Almeida
Josemar de Souza Pinto

Capa
Maquinaria Studio

Diagramação
Felipe Marques

1ª edição - Agosto de 2015

Editor
Juan Carlos Martinez

Coordenador de produção
Mauro W. Terrengui

Impressão e acabamento
Imprensa da Fé

Todos os direitos desta edição reservados para:
Editora Hagnos Ltda.
Av. Jacinto Júlio, 27
04815-160 - São Paulo - SP - Tel.: (11) 5668-5668
hagnos@hagnos.com.br - www.hagnos.com.br

Dados Internacionais de Catalogação na Publicação (CIP)
(Angélica Ilacqua CRB-8/7057)

Pagán, Samuel

  Jesus de Nazaré : vida, ensinamentos e significado / Samuel Pagán ; tradução de José Carlos Siqueira. – São Paulo : Hagnos, 2015.

  ISBN 978-85-7742-174-9

  Título original: *Jesus de Nazareth – vida, enseñanza y significado*

  1. Jesus Cristo – História 2. Jesus Cristo – Personalidade e missão 3. Cristologia 4. Bíblia I. Título II. Siqueira, José Carlos

  15-0518   CDD 232

Índices para catálogo sistemático:

1. Jesus Cristo

Editora associada à:

Sumário

Prefácio		7
1.	**O Verbo se fez carne**	13
	Vida e obra de Jesus de Nazaré	13
	As pesquisas a respeito de Jesus	15
	Esforços metodológicos e percepções cristológicas	17
	A primeira ou a antiga busca	18
	A não busca	18
	A segunda busca	20
	A terceira busca	20
2.	**A história das coisas certíssimas**	23
	Testemunhos orais	23
	Da oralidade à literatura	26
	Os Evangelhos canônicos	27
	Outras fontes do Novo Testamento	30
	Os pais apostólicos	31
	Fontes literárias judaicas a respeito de Jesus	33
	Fontes literárias romanas	37
	Fontes helenísticas e muçulmanas	39
3.	**Nasceu em Belém, nos dias do rei Herodes**	43
	A terra de Israel	43
	A região da Galileia	45
	Os caminhos entre a Galileia e a Judeia	47
	A região da Judeia	49
	O processo de helenização da Palestina	50
	A revolta dos macabeus	53

A monarquia dos hasmoneus	57
A Palestina sob o domínio romano	59
Herodes, o Grande, e seus sucessores	60

4. Desde a Galileia até Jerusalém — 63

Jesus de Nazaré e a ocupação romana	63
A Galileia multicultural	65
A Galileia multilíngue	67
Galileia: Nazaré e Cafarnaum	69
Judeia: Jerusalém, Jericó e Belém	71
Governantes romanos e judeus no tempo de Jesus	75

5. Crescimento e força, sabedoria e graça — 79

Contexto familiar de Jesus	79
O ambiente social de Jesus	81
A educação	85
Educação no antigo Oriente Médio e em Israel	86
A educação de Jesus	88
O mundo da religião	91
As festas solenes	96
A Páscoa	97
Pentecostes	98
Tabernáculos	98
O Dia da Expiação	99
O Dia da Dedicação	100
A festa do Purim	100
A festa de ano-novo	100
A celebração do sábado	101
Neomênias	101
Os vários grupos religiosos, políticos e militares	102
Os essênios	103
Os fariseus	104
Os zelotes	106
Os saduceus	107
Os herodianos	108
Os samaritanos	108

6. O nascimento de Jesus Cristo — 111
A respeito do evangelho, dos Evangelhos e dos evangelistas — 111
Os relatos da infância — 113
A anunciação — 115
O nascimento de Jesus — 118
Um fenômeno astronômico significativo — 121
Herodes e a matança dos meninos — 123
O jovem Jesus no templo — 125

7. Mensagem e ensinamentos — 127
Pregação desafiadora e transformadora — 127
A respeito de João Batista e das tentações — 128
Ministério na Galileia — 133
Pregação nas sinagogas — 134
Ensinamentos de Jesus — 136
As parábolas — 139
A respeito de semeadores, samaritanos e pródigos — 142
O semeador — 143
O bom samaritano — 144
O filho pródigo — 146
Ensinamentos éticos e princípios morais — 147
Deus como Pai — 150
O reino de Deus — 154

8. Curas e libertações — 159
As narrativas de milagres — 159
As curas na Antiguidade — 162
Os milagres de Jesus — 165
As curas — 166
A cura de leprosos — 167
A cura de cegos — 168
A libertação de demônios — 170
As ressurreições — 173
Os milagres sobre a natureza — 175
Os milagres com alimentos — 179
Os milagres e sua função teológica — 182

9. A paixão de Jesus — 185
Os anúncios da Paixão — 185

Antes de chegar a Jerusalém	189
A chegada de Jesus em Jerusalém	190
A última ceia da Páscoa com os discípulos	194
A agonia no jardim de Getsêmani	197
Os julgamentos injustos	201
A via dolorosa	205
As estações da Paixão	207
A última semana de Jesus	208

10. A crucificação de Jesus 209

A importância das narrativas da crucificação	209
A crucificação na Antiguidade	210
A morte de Jesus	213
O sepultamento do corpo de Jesus	215
As sete palavras de Jesus na cruz	217
As profecias cumpridas com a morte de Jesus	218
Os significados da crucificação	219

11. A ressurreição de Cristo 221

As narrativas da ressurreição	221
O desaparecimento do corpo de Jesus	224
As aparições do Cristo ressurreto	226
A ascensão de Jesus aos céus	228

12. Apêndices 231

Prefácio

Bem-aventurados os pobres em espírito, pois deles é o reino do céu.
Bem-aventurados os que choram, pois serão consolados.
Bem-aventurados os humildes, pois herdarão a terra.
Bem-aventurados os que têm fome e sede de justiça,
pois serão saciados.
Bem-aventurados os misericordiosos, pois alcançarão misericórdia.
Bem-aventurados os limpos de coração, pois verão a Deus.
Bem-aventurados os pacificadores, pois serão chamados filhos de Deus.
Bem-aventurados os perseguidos por causa da justiça,
pois deles é o reino do céu.
Bem-aventurados sois, quando vos insultarem, perseguirem e, mentindo,
disserem todo mal contra vós por minha causa.
Alegrai-vos e exultai, pois a vossa recompensa no céu é grande;
porque assim perseguiram os profetas que viveram antes de vós.

MATEUS 5.3-12

Um novo livro sobre Jesus

Na verdade, eu queria escrever este livro sobre Jesus de Nazaré há algum tempo. A extraordinária figura do fundador do cristianismo sempre me atraiu a atenção e me desafiou não apenas por seus ensinamentos espirituais e valores éticos e morais que ele personificou, mas também pelas implicações e repercussões sociais, religiosas e políticas que sua mensagem causou às gerações subsequentes, advinda das antigas cidades de Nazaré e Jerusalém para a América Latina contemporânea.

E, entre as razões pelas quais queria escrever este trabalho, encontram-se motivos pessoais e familiares, interesses acadêmicos e profissionais, bem como exigências ministeriais e propósitos espirituais. As forças que me motivaram a realizar este importante projeto literário, teológico e espiritual são várias, e cada uma delas contribuiu significativamente para o desenvolvimento da presente obra.

Em primeiro lugar, nasci em berço profundamente religioso, em um lar evangélico, no qual a fé, a adoração e a igreja tiveram um papel fundamental na vida da nossa família. Nesse ambiente familiar, ouvi falar pela primeira vez de Jesus e sua mensagem transformadora. Minha avó era pregadora da Igreja Metodista, e meus pais, líderes da Igreja Discípulos de Cristo. Eles, na atmosfera íntima da casa, se encarregaram do ensino não apenas dos dizeres e atos mais importantes do Senhor, como também procuraram contextualizar essa mensagem.

Não foram poucas as noites em que nos sentamos, depois do jantar, para discutir a mensagem das Sagradas Escrituras, ou simplesmente para falar e cantar hinos tradicionais da fé. Eram conversas significativas e sérias, intensas e simples, profundas e sóbrias, sábias e agradáveis... E, no meio da dinâmica informal dos diálogos familiares, foi que começou meu desejo de estudar a vida daquele que teve a capacidade, conforme me ensinavam meus pais e avó, de acalmar tempestades, de libertar os cativos, de curar os doentes e de dar esperança àqueles que, nas adversidades da vida e da existência humana, haviam perdido o desejo de viver.

A essa primeira motivação familiar aliou-se minha formação profissional. Desde meus estudos universitários, comecei a frequentar os círculos de estudos bíblicos do antigo Colégio de Agricultura e Artes Mecânicas da Universidade de Porto Rico, na cidade de Mayagüez. Na Associação Bíblica Universitária, essa fome espiritual foi gradualmente se tornando em inquietações teológicas mais sofisticadas e em análises literárias que forneceram à extraordinária figura de Jesus maior relevância não somente pessoal, mas comunitária. Os estudos bíblicos feitos no meio do *campus* universitário abriram um novo horizonte hermenêutico e desafiaram as percepções teológicas nos quais eu fora criado.

Os círculos de estudos bíblicos na universidade e minhas reflexões espirituais me abriram a tal ponto o apetite espiritual e acadêmico que decidi abandonar a profissão de engenheiro químico e estudar para o ministério cristão. Em seguida, matriculei-me no Seminário Evangélico de Porto Rico para realizar o mestrado em teologia, decisão que provou ser uma das mais importantes e acertadas que tomei ao longo da vida.

Os estudos teológicos organizados e sistemáticos forneceram-me uma série de ferramentas para melhor compreender a Bíblia, permitindo assim que me aprofundasse ainda mais na figura que me havia inicialmente motivado a deixar a carreira de engenharia para investir a vida no ministério. O período letivo no Seminário de Porto Rico preparou-me para os estudos avançados no Seminário Teológico de Princeton e na faculdade do Seminário Teológico Judaico. Foi nesses contextos acadêmicos avançados que minha compreensão a respeito de Jesus continuou crescendo não somente pela oportunidade de aprender com alguns dos mais importantes estudiosos bíblicos da época nos Estados Unidos, como também pelo acesso a algumas das bibliotecas mais completas a respeito da personagem que ocupa o presente estudo, mas, sobretudo, porque tal condição me motivou a me aprofundar mais ainda na fé.

Além disso, quem escreveu este novo trabalho sobre Jesus de Nazaré é também um pastor, um homem de fé, uma pessoa que aprecia muito as virtudes da experiência religiosa saudável e libertadora na sociedade. A religião, do meu ponto de vista vocacional e profissional, não deve ser ópio que enebria e sujeita nem instrumento de dominação, mas um grande agente de saúde mental, bem-estar social e redenção espiritual. Os ensinamentos e os valores que se manifestam na vida e na obra de Jesus representam o melhor dos valores religiosos, cujo objetivo é formar, informar, reformar e transformar a humanidade. Na perspectiva deste autor, o pregador e mestre apresentado nos Evangelhos canônicos é uma figura de bem, que viveu para servir, amar, perdoar, partilhar e libertar.

Nesse importante sentido, não avalio os documentos bíblicos e extrabíblicos como acadêmico distanciado da mensagem e dos manuscritos que estudo. Tampouco me aproximo como alguém desatento às complexidades e aos desafios que se manifestam neste tipo de análise. Compreendo bem como os ensinamentos de Jesus são necessários para as sociedades pós-modernas do século XXI, particularmente na América Latina, no Caribe, nas comunidades de línguas ibéricas existentes nos Estados Unidos, na Europa e no Oriente. Por motivos semelhantes, optei por usar as melhores ferramentas da pesquisa histórica, linguística, social, teológica e cultural, a fim de analisar em profundidade a vida e obra de Jesus para melhor compreender sua mensagem, apreciar seus ensinamentos, compreender seus milagres e desfrutar de seus desafios.

Na verdade, realizo esta tarefa literária, teológica e docente com um propósito claro e preciso: compartilhar as descobertas a respeito do Jesus histórico, que viveu na Palestina no primeiro século da era cristã, com a sociedade contemporânea, que pode ser pluralista, secular, desconfiada e antagônica, ao mesmo tempo que crente, devota, piedosa e espiritual.

Dois fatores adicionais devem ser considerados ao ler este livro sobre o grande fundador do cristianismo. Em primeiro lugar, quem o escreve não é professor de Novo Testamento, mas sim do Antigo, ou melhor, da Bíblia hebraica. Ao longo de várias décadas, os temas de livros, artigos, estudos e conferências de minha autoria, bem como minhas experiências como tradutor e editor da Bíblia, têm enfatizado e distinguido a importância da teologia e da literatura veterotestamentárias. Este é um aspecto importante e urgente, pois Jesus, o filho de José e Maria, não conheceu o Novo Testamento, embora certamente o tenha inspirado com seus ensinamentos e experiências.

Jesus de Nazaré foi um rabino da Palestina que cresceu lendo e estudando a Bíblia hebraica em casa, nas sinagogas da Galileia e no templo de Jerusalém. Sua mensagem desafiadora baseia-se nas narrativas patriarcais, nas histórias sobre o êxodo do Egito, nos oráculos dos profetas, nos poemas do Saltério e na sabedoria de Provérbios. Portanto, fundamentado em tais convicções, escrevi este livro, que destaca as atualizações e as contextualizações feitas por Jesus, no meio da sociedade palestina do primeiro século cristão, dos antigos ensinamentos e valores que se depreendem do estudo da Bíblia hebraica.

Um elemento adicional deve ser posto em evidência: escrevi este livro enquanto vivia na cidade de Jerusalém. No momento, sou professor de literatura hebraica na Terra Santa, o espaço geográfico que serviu de marco vivencial aos ensinamentos de Jesus. Essa realidade histórica e sociológica permitiu-me viajar regularmente para os lugares onde Jesus pronunciou seus discursos mais significativos e apresentou seus ensinamentos essenciais. A relação íntima entre a terra e a mensagem de Jesus é de particular importância, porque ele usou com eficiência os relevos, as paisagens e as cores do país como ferramentas educacionais.

O rabino de Nazaré não era um pregador alienado do contexto geográfico, social, econômico, político, religioso e espiritual que o rodeava. Pelo contrário, a leitura atenta e o estudo cuidadoso de seus discursos revelam claramente sua estreita relação com a antiga terra de Israel e com as diversas atividades que se exerciam naquele lugar. A compreensão de tais questões é vital para estudar a vida e a obra de nossa personagem.

Uma biografia

Nosso objetivo é escrever uma introdução à vida de Jesus de Nazaré, o qual, logo depois de sua morte, tornou-se o indiscutível fundador de um movimento religioso singular, cujas implicações, repercussões e valores chegaram até o século XXI com dignidade e força. Nosso objetivo é estudar fontes bíblicas e não bíblicas, documentos cristãos e não cristãos, descobertas arqueológicas e novas concepções linguísticas e antropológicas capazes de lançar luz sobre nossa compreensão dessa singular personagem histórica, cujos ensinamentos e mensagem, mesmo depois de dois mil anos, podem produzir reações intensas, apaixonadas, firmes e fortes.

Levando em consideração os importantes avanços das ciências bíblicas e as contribuições críticas dos especialistas sobre o Jesus histórico, meu desejo com este trabalho é alcançar a igreja cristã em geral, seus líderes leigos e ministros, seus professores e todos os fiéis que desejem aprofundar a fé. Não é meu propósito acrescentar mais um volume à longa lista de trabalhos acadêmicos acerca de Jesus, mas sim articular de forma simples e sóbria o resultado de pesquisas recentes relacionadas à nossa personagem, e apresentar isso em linguagem de fácil compreensão e digestão. Procurei, inclusive, eliminar do vocabulário deste livro as palavras obscuras e as expressões técnicas e complicadas que, em vez de contribuir positivamente para a compreensão adequada das questões discutidas, distraem os leitores, sem fornecer de fato uma melhor compreensão das questões que aqui se busca analisar, estudar e esclarecer.

Este novo livro sobre Jesus de Nazaré, cujo foco está em seu papel como rabino na região da Galileia e de Jerusalém, pode ser estudado nas igrejas e nos institutos bíblicos, podendo ainda servir de introdução aos estudos cristológicos em seminários e universidades. Esforcei-me para que o discurso e as análises destas páginas fossem simples, claros e fluentes.

Agradecimentos

Sabendo-se que nenhum esforço humano surge e se desenvolve no vazio, existem muitas pessoas às quais preciso humildemente agradecer pela realização deste livro. Tal agradecimento, no entanto, não as torna responsáveis pelas ideias aqui tecidas, nem pelos conceitos desenvolvidos, que são de minha única e total responsabilidade.

Alguns livros que influenciaram significativamente a elaboração das ideias discutidas a seguir são de singular importância para minha compreensão a respeito de Jesus. Refiro-me às obras acerca do Jesus histórico elaboradas por Armand Puig, Francisco Varo e Stefen M. Miller, e a introdução à Bíblia de J. R. Porter. Além de orientar meus estudos teológicos e históricos, e também de desafiar minhas reflexões espirituais sobre o Jesus da história, esses escritos deram-me a orientação acadêmica, literária e temática necessária para realizar uma tarefa dessa magnitude e importância.

Da mesma forma, apesar da distância e do tempo, agradeço a Consuelo López, minha avó materna, e a meus pais, Luis e Ida Pagán, pelo tempo e pela responsabilidade dedicados em minha iniciação nos estudos sobre a vida dessa personagem muito singular e extraordinária. E, como eles conheciam muito bem o Jesus das Escrituras, o Cristo da fé e o Senhor da igreja, esforçaram-se para incutir em mim um grande senso de estima e admiração por essa personagem, o qual vem aumentando ao longo dos anos.

Também quero agradecer a Nohemí, minha esposa, que me acompanha em todos os meus projetos literários e peregrinações acadêmicas, com sábios conselhos e críticas, os quais melhoram substancialmente as ideias que procuro articular, escrever e expressar. Sem seus comentários certeiros, este trabalho, nem qualquer outro de meus textos anteriores, não teria visto a luz do dia.

Neste importante contexto de agradecimentos públicos, quero mostrar minha gratidão aos bons crentes na Terra Santa, homens e mulheres de fé e esperança que me ensinaram o valor da dignidade, o dom da resistência, a virtude da misericórdia, o poder do perdão e a graça do amor. São pessoas que continuam seguindo os ensinamentos proféticos do Jesus histórico, foco deste livro.

Quanto se aprende só de viver na cidade de Jerusalém e de conhecer as formas de vida e devoção de sua gente de fé! Quanto se cresce ao ver o testemunho eloquente e vívido de homens e mulheres que decidiram ser felizes mesmo em meio às mais adversas e angustiantes realidades sociais, políticas, econômicas e espirituais! Quanto se desfruta ao ouvir a articulação da experiência religiosa e da espiritualidade não na língua litúrgica tradicional, mas sim nas vivências das pessoas que superam as mil e uma angústias da vida no Oriente Médio, especificamente em Israel e na Palestina!

E, para culminar este prefácio conforme a tradição de Jesus de Nazaré, de acordo com o evangelista Mateus, quero afirmar e celebrar a importância da felicidade e alegria na vida: *Bem-aventurados os limpos de coração, pois verão a Deus* (Mt 5.8).

Samuel Pagán
Dia de Pentecostes, 2010

1

O Verbo se fez carne

No princípio era o Verbo, e o Verbo estava com Deus,
e o Verbo era Deus.
Ele estava no princípio com Deus.
Todas as coisas foram feitas por intermédio dele,
e, sem ele, nada do que foi feito existiria.
A vida estava nele
e era a luz dos homens; a luz resplandece nas trevas,
e as trevas não prevaleceram contra ela.

João 1.1-5

Vida e obra de Jesus de Nazaré

Os estudos e as pesquisas a respeito da vida e obra de Jesus de Nazaré, e o significado teológico e legado espiritual de seu ministério, podem ser divididos em duas grandes categorias. Na primeira delas, podem-se identificar os esforços para se compreender a figura do pregador galileu, conhecido entre as comunidades de crentes como o Cristo de Deus, da perspectiva celestial, ou "do alto", desde a chegada do Filho do homem à terra vindo do céu, a fim de viver em meio à humanidade e tornar manifesto o Verbo feito carne. Dentro desse extraordinário, milagroso e significativo processo de encarnação, Jesus viveu como carpinteiro e rabino judeu na Palestina do primeiro século, sofreu e morreu sob o poder das autoridades de ocupação romana e, ao terceiro dia, ressuscitou dentre os mortos para depois subir ao céu e retornar ao Pai, de acordo com as narrativas dos Evangelhos e as declarações de fé dos crentes e das igrejas.

O fundamento bíblico que orienta esta singular abordagem teológica e temática sobre a vida de Jesus repousa, entre outras obras, nas leituras do evangelho de João (Jo 1.1-5, por exemplo) e, de acordo com muitos estudiosos contemporâneos, revela-se claramente nos hinos cristológicos que se encontram em Filipenses (2.6-11) e Colossenses (1.15-20), além de também se apresentar em outras passagens importantes e significativas do Novo Testamento (por exemplo, Rm 9.5; Tt 2.13; 1Jo 5.20; Jo 1.18; 2Pe 1.1; Fp 5.5,6; 2Co 8.9).

Uma leitura cuidadosa dessas passagens, no entanto, assinala uma singular dificuldade exegética, hermenêutica e teológica: como relacionar esse Cristo eterno, que provém diretamente de Deus, com a humanidade de Jesus de Nazaré, o qual viveu em meio às adversidades mais sangrentas e hostis causadas pela ocupação militar romana da Palestina, e com as subsequentes dificuldades sociais, econômicas e espirituais criadas por tal ambiente de alta tensão política? O grande desafio teológico e metodológico de uma abordagem "do alto", com respeito ao estudo e à compreensão da figura de Jesus, está na dificuldade de se entender corretamente a plena humanidade de nossa personagem, que seus seguidores e igrejas percebem como completamente divina, ao mesmo tempo que totalmente humana.

A essa primeira metodologia de estudo da vida e obra de Jesus que enfatiza sua divindade contrapõe-se uma segunda maneira de analisar o Cristo de Deus. Nesta corrente, no entanto, a abordagem é diferente, pois, em vez de tratar do tema começando "do alto", da perspectiva divina e eterna do Senhor, elege-se como fundamento a humanidade de Jesus, para posteriormente se chegar à sua divindade. Essa forma de analisar a cristologia ou de estudar Jesus, o Cristo, leva seriamente em consideração as dinâmicas e realidades humanas de Jesus, as quais o associam a uma família judia específica e a um grupo singular de amigos e seguidores na Galileia, e que também o relacionam a uma importante série de ensinamentos particulares e concretos, entre os quais se destaca o tema do reino de Deus, ou reino do céu.

Semelhante tipo de cristologia, que pode ser identificada como "de baixo", baseia-se biblicamente nos discursos de Pedro registrados no início do livro de Atos dos Apóstolos, que atingem a sua máxima expressão com a afirmação de que o Jesus crucificado em Jerusalém, *Deus o fez Senhor e Cristo* (At 2.36). Ou seja, Deus ungiu o Jesus histórico, aquele que viveu em Nazaré e ministrou nas regiões da Galileia e da Judeia, e o tornou Cristo e Senhor por meio de sua morte na antiga cidade de Jerusalém e pelo poder que se revelou na sua ressurreição dentre os mortos. A ênfase desta metodologia recai sobre a humanidade de nossa personagem.

Nosso estudo, análise e apresentação de Jesus de Nazaré considerarão com toda a seriedade esses dois aspectos, que não devem ser necessariamente interpretados como antagônicos, contraditórios ou mutuamente excludentes, mas sim avaliados e compreendidos como complementares. De fato, em uma leitura atenta dos Evangelhos canônicos e do restante do Novo Testamento, ambas as perspectivas de Jesus são manifestas. Por vezes, as narrativas bíblicas enfatizam temas que ressaltam o Cristo eterno de Deus; e, em outros momentos, algumas passagens destacam a humanidade de Jesus, o que certamente permite uma identificação plena e imediata com a vida terrena.

Tais estudos e pesquisas, que certamente procuram compreender e apresentar a vida de Jesus de forma ordenada, sistemática e coerente, devem começar pelos próprios Evangelhos. O evangelista Lucas afirma isso com total clareza (veja Lc 1.1-4), e nós seguiremos essa maravilhosa tradição de reflexão e produção literária. Nosso objetivo é dar continuidade aos esforços de acadêmicos e estudiosos que *têm empreendido uma narração coordenada dos fatos que se realizaram entre nós* (Lc 1.1). Na realidade, também nos parece adequado investigar com zelo as coisas a respeito de Jesus de Nazaré, desde sua origem, com o objetivo de conhecer a verdade dos assuntos em que fomos instruídos ao longo de gerações.

As pesquisas a respeito de Jesus

Durante séculos, os leitores da Bíblia têm considerado como estabelecido que as informações necessárias para a compreensão adequada da vida e obra de Jesus estão registradas no Novo Testamento, especificamente nos Evangelhos. Além disso, acredita-se que as narrativas encontradas nos Evangelhos canônicos são um tipo de biografia de Jesus, as quais articulam de forma segura e objetiva seus pronunciamentos e atos. Tais "biografias" tornaram-se em material obrigatório, indispensável e necessário para que quaisquer estudos acerca do fundador do cristianismo sejam frutíferos, eficazes e pertinentes.

Com o tempo, as investigações sobre Jesus descobriram, no entanto, que os Evangelhos foram escritos da perspectiva da fé. Com isso, percebeu-se que o objetivo literário dos evangelistas não era o de apresentar a vida do Senhor de forma desapaixonada e distante. Os Evangelhos canônicos não são biografias modernas, produzidas por pessoas interessadas em apresentar a biografado de maneira objetiva e asséptica.

Pelo contrário, os Evangelhos são documentos de grande valor espiritual e de importância teológica, que apresentam a intenção clara e precisa de afirmar a fé e preservar a esperança. Possuem a finalidade específica de celebrar a vida e o ministério da personagem que os inspira e desafia: Jesus de Nazaré. Além disso, demonstram o objetivo nitidamente definido de anunciar as boas-novas de salvação para a humanidade, conforme foram articuladas e reveladas pelo famoso rabino da Galileia.

Para se chegar com clareza à figura de Jesus, cuja vida é apresentada e descrita nos Evangelhos, devemos buscar não somente as informações e os detalhes que se depreendem da literatura bíblica e evangélica, mas precisamos também levar seriamente em consideração o resultado das investigações científicas que podem contribuir positivamente para nossa tarefa teológica, literária e espiritual. Tal informação suplementar é determinante para se entender melhor a amplitude e a profundidade da mensagem anunciada por Jesus, e os ensinamentos que ministrou à sua comunidade.

De fundamental importância para a compreensão apropriada de Jesus de Nazaré, por exemplo, é entender sua casa paterna e materna, e a sociologia que cercou seu desenvolvimento físico, emocional e espiritual. É necessário também compreender sua religião e o sistema de valores morais e éticos que o caracterizou. Além disso, é importante estudar sua profissão tendo em conta as dinâmicas geográfica, social e econômica que rodeavam suas atividades.

A ampla compreensão do contexto da vida de Jesus nos permite adentrar um pouco mais no mundo e na sociedade que serviu de referências para seus ensinamentos, ajudando-nos a localizar melhor o significado de suas motivações, as implicações de suas instruções, as fontes de seu pensamento teológico e as dinâmicas sociais e políticas que demarcaram seu trabalho diário.

Para alcançar tal conhecimento devemos recorrer, por exemplo, ao estudo da geografia da Palestina; devemos compreender a história da região que foi invadida pela força militar romana, analisar as dinâmicas sociais, políticas, econômicas e religiosas que se manifestavam no cotidiano das aldeias da Galileia, e de Jerusalém, enquanto Jesus realizava seu ministério pedagógico, redentor, curativo e libertador.

Semelhantes informações são certamente necessárias para se compreender o Jesus da história e da teologia, que viveu na Galileia romana e morreu injustamente em Jerusalém. Além disso, elas nos ajudam de forma significativa no esforço de entender sua missão transformadora, pois nos fornecem estudos detalhados da história do primeiro século da era cristã, a avaliação sensível das dinâmicas religiosas e políticas que se manifestavam na região, e a interpretação conscienciosa das descobertas advindas de áreas tão diversas do conhecimento, como, por exemplo, das ciências sociais, da arqueologia e da linguística.

Para se obter um quadro o mais amplo possível da figura que dividiu a história da humanidade em duas partes e que, com seu verbo eloquente e

O Verbo se fez carne **17**

sábio, e sua virtude curativa e libertadora, trouxe enormes benefícios a seus contemporâneos, devemos, com efeito, unir as informações surgidas da leitura e estudo dos Evangelhos com o conhecimento produzido pelas diferentes ciências que colaboram no processo de investigação acadêmica, pastoral, teológica e espiritual.

Esforços metodológicos e percepções cristológicas

Desde as importantes declarações teológicas do Concílio de Calcedônia até os esforços e pesquisas recentes a respeito do Jesus histórico, o desejo de estudar e entender a figura do líder indiscutível do cristianismo não parou. Pelo contrário, parece estar crescendo, com o passar do tempo, o apetite por uma melhor compreensão do fundador da fé cristã. As pesquisas, as metodologias, as abordagens, a literatura, os trabalhos acadêmicos e os livros relativos a Jesus de Nazaré têm se multiplicado. Na verdade, tais questões acerca de Jesus são importantes porque atraem não apenas pessoas de fé, que fundam seu estilo de vida e seus valores sobre os ensinamentos morais, éticos e espirituais do famoso rabino galileu, mas também chama a atenção de acadêmicos e pesquisadores, ansiosos por melhor compreender essa figura culminante, enigmática e importante da história da humanidade.

Após as declarações sobre Jesus registradas no Novo Testamento e também na literatura produzida nos primeiros séculos da Igreja, o Concílio de Calcedônia irá articular de forma eloquente e profunda as percepções a respeito de Jesus que posteriormente serão desenvolvidas e permanecerão vivas entre os crentes ortodoxos, católicos e protestantes ao longo dos séculos. O Concílio respondeu às necessidades religiosas, teológicas e espirituais de fiéis e igrejas, procurando compreender e explicar a natureza complexa de Jesus, que era, de acordo com as declarações das Escrituras e dos ensinamentos das igrejas, ao mesmo tempo divino e humano.

Entre as diversas afirmações teológicas da importância histórica do Concílio, ficamos sabendo que Jesus era perfeito em sua divindade e em sua humanidade, que era verdadeiro Deus e verdadeiro homem, e que possuía duas naturezas: a humana e a divina, sem confusão, mudanças, divisão ou separação. Além disso, o Concílio declarou que a distinção entre a dupla natureza de Jesus não foi removida em sua união e que as propriedades de cada uma dessas naturezas se manteve unida e inviolável em sua pessoa.

Essa confissão de fé, que desempenhou um papel teológico e espiritual de enorme importância ao longo da história, procura explicar um fenômeno religioso e histórico de difícil assimilação: Quem realmente foi Jesus? Qual era sua verdadeira natureza? Em que consiste sua divindade? Qual é sua real natureza humana? Como se relacionam essas duas naturezas na mesma pessoa? Como compreender e explicar para as futuras gerações de crentes semelhantes complexidades teológicas?

O Concílio tentou fornecer explicações pertinentes às questões de grande significado espiritual feitas pelos fiéis participando da vida comunitária e procurando comunicar e esclarecer a mensagem cristã de salvação.

Com a mesma finalidade educacional e com o propósito expresso de compreensão, a história testemunhou outros esforços de atender aos mesmos questionamentos e de responder às mesmas perguntas e preocupações. Assim como a figura de Jesus de Nazaré gera paixão, intensidade e interesse, a vontade de entender sua figura e missão não se limitou aos concílios...

Em seguida, apresentaremos uma série de esforços relevantes cujo objetivo é analisar e compreender a figura de Jesus, os quais o mundo acadêmico geralmente têm identificado como as diversas "buscas" (*quests*, em inglês) do Jesus histórico.

A primeira ou a antiga busca

Na Europa, por exemplo, em meados do século XVIII, multiplicou-se a disposição de estudar e entender a figura de Jesus de Nazaré, alavancada por um momento de grande otimismo racional e de atividade intelectual. No meio de uma atmosfera positivista, aumentaram consideravelmente as tentativas de reconstruir a vida do Senhor, em especial pela perspectiva histórica.

A metodologia utilizada em tais investigações literárias e teológicas, que ficaram conhecidas como "a busca antiga", aceitava como unicamente adequados os ditos e feitos de Jesus que possuíssem explicações racionais e que fossem verossímeis à luz dos conhecimentos e compreensões da época. Dessa forma, era deixada de lado grande parte dos Evangelhos, como as chamadas "intervenções sobrenaturais", que apresentavam Jesus em meio a milagres, curas e libertações espirituais. Por conseguinte, projetava-se um Jesus incapaz de fazer milagres e impotente diante dos desafios extraordinários das possessões demoníacas daqueles tempos.

A não busca

Semelhantes esforços teológicos e metodológicos continuaram pelo século XIX até que, no início do século XX, os estudiosos perceberam que tais propostas de se entender a vida de Jesus, em vez de apresentar a personagem histórica que anunciava o evangelho do reino de Deus a seus conterrâneos e às pessoas marginalizadas do primeiro século da era cristã, manifestavam, antes de tudo, os diferentes pontos de vista e as perspectivas dos autores que realizavam esses estudos. Longe de contribuir positivamente para o estudo consciencioso e amplo da figura estudada, as metodologias racionalistas da época, essencialmente simplistas e reducionistas, produziram imprecisões históricas e distorções teológicas, cujos resultados positivos foram, na melhor das hipóteses, limitados, escassos e modestos.

Portanto, tais esforços acadêmicos não lograram resultados significativos a respeito do Jesus histórico e ainda produziram nos estudiosos certo desânimo, o que, no entanto, conduziu a novas pesquisas e estudos acerca do Cristo da fé. Em vez da personagem histórica que viveu na Galileia romana, os pesquisadores passaram a preocupar-se cada vez mais com o Cristo anunciado pela igreja, com o Cristo ressurreto e as afirmações teológicas dos primeiros líderes e das igrejas primitivas sobre o Senhor.

Assim, em seguida à "primeira busca" ou "busca antiga" do Jesus histórico, surgiu um período em que a ênfase acadêmica recaía no Cristo da fé. De acordo com seus proponentes mais importantes, a fé cristã começou realmente quando se desenvolveu o querigma ou, em outras palavras, a pregação que anunciava Jesus Cristo como Senhor e protagonista indiscutível da intervenção redentora de Deus em meio à humanidade. Esse extraordinário entendimento teológico, de acordo com tal escola de pensamento, desenvolveu-se nos anos seguintes à paixão e morte de Jesus, após as declarações e os ensinamentos a respeito de sua ressurreição.

Os estudos desse período passaram a ser identificados como a "não busca", pois a prioridade de tais pesquisas repousava nas declarações cristológicas das igrejas, na compreensão teológica acerca de Jesus e nas implicações de sua mensagem e atividade, bem como nas representações salvadoras do Cristo de Deus reveladas no Novo Testamento.

Nessa tradição acadêmica, os documentos neotestamentários apresentavam as primeiras interpretações teológicas do evento Cristo. Uma informação muito importante, mas não suficiente nem adequada para reconstruir ou entender a vida do Jesus histórico, uma vez que expressavam principalmente as percepções e interpretações de seus seguidores, no caso os evangelistas, ignorando os detalhes concretos e específicos de sua vida. Para essa escola de pensamento, a busca pelo Jesus histórico não era tão importante, até mesmo nem necessária, pois o que realmente interessava a eles era o Cristo da fé.

A segunda busca

Em meados do século XX, alguns dos seguidores dos estudiosos que propuseram a "não busca" do Jesus histórico retomaram uma vez mais o tema cristológico. Nessa ocasião, no entanto, abordaram a questão com novas metodologias e expectativas principiantes, pois essa importante tarefa acadêmica passou a ser entendida como irrenunciável.

A "nova busca" ou "segunda busca" pelo Jesus histórico também se baseava no querigma ou na mensagem encontrada nos Evangelhos. O objetivo era descobrir a continuidade entre a vida de Jesus e as afirmações teológicas de seus seguidores, e identificar as relações entre o Jesus histórico e o Cristo pregado pelas primeiras comunidades de fé.

Assim, o critério básico dos novos esforços acadêmicos era apresentar as descontinuidades entre a mensagem de Jesus e as expectativas da comunidade judaica, além de marcar a diferença entre suas palavras e as reivindicações teológicas das primeiras igrejas. Essas investigações trouxeram alguns avanços para o estudo sobre o Jesus histórico, mas não produziram uma imagem adequada da nossa personagem. Sua maior contribuição foi superar o impasse em que haviam caído as pesquisas acerca de Jesus depois das primeiras buscas malsucedidas.

Com efeito, a abordagem que procura apenas descobrir descontinuidades teológicas e temáticas não é adequada para descobrir as diversas formas pelas quais Jesus respondeu ao judaísmo de seu tempo, que não era monolítico, uma vez que apresentava diferentes nuances, prioridades e preocupações. Além disso, as igrejas não eram uniformes em seus pensamentos, e as dificuldades que apresentavam obrigavam-nas a pesquisar expressões teológicas específicas, capazes de responder a suas reivindicações concretas e particulares. Portanto, os avanços desses estudos não foram muitos.

A terceira busca

Uma nova onda de estudos sistemáticos sobre o Jesus histórico surgiu nas últimas duas décadas do século XX. Trata-se de esforços, em geral identificados como a "terceira busca", fundamentados em várias descobertas arqueológicas que nos permitiram ter acesso e compreender melhor o judaísmo do primeiro século, além de entender melhor a cultura e a religião na Galileia e em Jerusalém, lugares de grande importância para o ministério de Jesus. O desenvolvimento de novas metodologias literárias também tornaram possível uma melhor apreciação dos primeiros documentos cristãos, tanto os canônicos quanto os não canônicos.

Com relação aos novos estudos do Jesus histórico, é importante ainda observar que tal conhecimento tornou possível uma nova quantidade de detalhes sobre a geografia, o contexto histórico, social e cultural em que se desenvolveu o famoso rabino galileu. Esses novos dados são de valor inestimável para a compreensão de Jesus e de suas atividades missionárias, porque nos permitem relacionar o conteúdo das narrativas dos Evangelhos com as percepções atuais da realidade histórica concreta relacionada a Jesus e seus seguidores. Com o que sabemos da Galileia, de Samaria e da Judeia, além de suas principais cidades, podemos ter uma imagem mais precisa do mundo em que Jesus viveu e pregou.

A "terceira busca" não apenas nos possibilita afirmar que Jesus de Nazaré é uma figura histórica real e verificável, mas também nos auxilia a desvendar e compreender muitos detalhes de sua vida, pois temos acesso ao ambiente social, político, econômico e religioso em que ele nasceu e cresceu, que, por conseguinte, colaborou para condená-lo à morte.

No entanto, não podemos perder de vista que tais investigações, embora importantes e muito necessárias, dependem em grande parte da ênfase e das metodologias de seus proponentes. Por essa razão, as descrições produzidas sobre o Jesus histórico por tais esforços se associam diretamente às prioridades dos investigadores e às habilidades dos estudiosos.

O resultado concreto de muitas dessas boas pesquisas é que, em alguns casos, Jesus acaba sendo definido como um camponês palestino que iniciou um movimento de renovação nacional, ou como um rabino judeu que decidiu rever e reinterpretar as antigas tradições do judaísmo, ou ainda como um curador compassivo, um mestre itinerante, um milagreiro impressionante, um exorcista carismático, um pregador de esperanças, um profeta renovador que exigia do povo que vivesse à altura das revelações divinas.

Podemos afirmar que as investigações dedicadas ao Jesus histórico, como tributárias do Iluminismo europeu, estão interessadas em apresentar uma imagem de Jesus de Nazaré passível de ser racionalmente analisada, apreciada e aceita. Entretanto, é preciso que se diga, trata-se de contribuições que têm melhorado a nossa compreensão dessa personalidade excepcional, a qual inspirou o movimento que, ao longo do tempo, se transformou na Igreja cristã.

As seguintes contribuições se destacam entre as de maior importância teológica e espiritual: Jesus foi uma figura histórica, cuja existência real influenciou de forma definitiva um grupo substancial de seus compatriotas, que posteriormente se tornaram seus seguidores e propulsores de suas ideias e mensagem. Além disso, revalorizou-se a importância dos Evangelhos canônicos e não canônicos como fontes históricas básicas para se conhecer a magnitude e extensão daquilo que Jesus disse e fez.

2

A história das coisas certíssimas

Visto que muitos têm empreendido uma narração coordenada dos fatos que se realizaram entre nós, transmitidos pelos que desde o princípio foram suas testemunhas oculares e ministros da palavra, pareceu adequado também a mim, excelentíssimo Teófilo, depois de investigar tudo cuidadosamente desde o começo, escrever-te uma narrativa em ordem, para que tenhas certeza da verdade das coisas em que foste instruído.

Lucas 1.1-4

Testemunhos orais

O primeiro testemunho público sobre a vida, obra, morte e ressurreição de Jesus foi oral. Após as declarações acerca do desaparecimento do corpo do crucificado e dos subsequentes informes de que o haviam visto vivo em vários lugares, começaram a se espalhar pelas regiões da Galileia e de Jerusalém as narrativas a respeito da ressurreição de Cristo. Essas declarações tiveram início entre seus colaboradores mais íntimos e próximos, como as mulheres que foram ungir o corpo de Jesus e, logo em seguida, entre seus discípulos e seguidores, até chegar ao resto da comunidade.

As informações relativas à prisão, tortura, processo judicial e morte de Jesus estavam difundidas por toda a Jerusalém quando, de repente, começou a se espalhar novas notícias sobre esses eventos. Na mesma cidade onde tudo se passara, comentava-se insistentemente que o jovem rabino galileu havia ressuscitado, que seu corpo desaparecera, apesar de haver sido muito bem guardado pelas autoridades romanas. E, de repente, as notícias desse acontecimento extraordinário e sem precedentes atingiram os diversos setores da sociedade!

A respeito do processo de transmissão de informações na história antiga, é importante observar o seguinte: no tempo de Jesus, talvez apenas 10% da população sabia ler e escrever, portanto as notícias importantes para a comunidade eram divulgadas de forma oral, sem necessariamente ser registradas de forma definitiva por escrito e ou de forma literária, o que, no entanto, não significa que a divulgação de informações valiosas fosse feita de forma imprecisa, irresponsável, improvisada, inadequada ou imprópria. Pelo contrário, tais transmissões orais eram realizadas de modo rigoroso, pois eram das mais importantes manifestações da memória coletiva e das lembranças mais significativas relacionadas a uma comunidade. E, embora os eventos sejam explicados, transmitidos e apresentados de diferentes maneiras e com ênfases diversas, o conteúdo básico e fundamental das narrativas era retido, conservado e confirmado.

Tais transmissões orais eram, ao mesmo tempo, fixas e flexíveis, porque mantinham estável o coração do que se desejava transmitir ao mesmo tempo em que se apresentava o conteúdo informativo de várias maneiras, a fim de se responder adequadamente aos diferentes públicos e contextos aos quais os relatos eram comunicados. Tais relatos orais, em si mesmos, significavam que a informação fornecida era valiosa e importante o suficiente para ser acolhida, protegida, conservada, confirmada e transmitida nas recordações significativas da comunidade, a fim de se evitar sua perda e reduzir as chances de confusão ou ambiguidade em seu significado e compreensão.

Não se deve subestimar ou ignorar a importância histórica e teológica dos testemunhos orais relativos à memória dos acontecimentos relacionados à vida de Jesus. O mestre de Nazaré viveu em uma época de oralidade e memorização, em que a educação fundamental, a memória coletiva e os valores culturais eram transmitidos de pessoa a pessoa, de família a família, de geração a geração, de comunidade a comunidade, de aldeia a aldeia, de nação a nação.

Os relatos orais desempenhavam um papel fundamental nesse tipo de sociedade, pois incentivavam a memorização de obras literárias de importância. Por exemplo, na cultura helênica, as crianças a partir de 7 anos de idade decoravam as obras de Homero; já no judaísmo, os discípulos se orgulhavam de citar de memória as palavras essenciais, de recitar as mensagens significativas e de repetir os discursos mais importantes de seus mestres, os rabinos.

No que diz respeito à vida privada e às atividades públicas de Jesus, esses testemunhos orais ganharam novo significado após as histórias de sua ressurreição. Depois dessa extraordinária experiência histórica e de sua mensagem teológica tão singular, tanto em Jerusalém como na Galileia, os seguidores do jovem rabino começaram a refletir sobre aquilo de que se lembravam das palavras e das ações de seu mestre.

Em meio a esses círculos íntimos de crentes, de diversas tradições orais e memórias coletivas acerca de Jesus, foram sendo construídos e organizados de maneira paulatina, mas contínua — até serem fixados primeiramente por via oral e, em seguida, de forma escrita —, alguns blocos informativos a respeito do que havia sido dito e realizado pelo rabino galileu. Além disso, esses grupos iniciais de crentes começaram a refletir sobre o significado das ações de Jesus e das implicações de seus ensinamentos, bem como acerca de sua extraordinária natureza humana e messiânica.

Em tais tradições orais, que se tornaram parte das primeiras expressões literárias antes da elaboração dos Evangelhos canônicos, podem ser identificados, entre outros, os seguintes temas: histórias sobre o nascimento, relatos de curas e milagres, ensinamentos por meio de sermões e parábolas, mensagens de importância teológica e prática, além de narrativas relacionadas com a paixão, morte e ressurreição de Jesus. Esses blocos literários foram transmitidos entre várias comunidades cristãs e posteriormente se tornaram na base literária do núcleo dos Evangelhos sinóticos de Marcos, Lucas e Mateus, e, mais tarde, do evangelho de João.

As primeiras comunidades cristãs e seus fiéis possuíam o desejo básico e a intenção fundamental de afirmar que Jesus era o enviado e ungido de Deus, o Cristo esperado que detinha o poder e a autoridade sobre a vida e a morte, e que certamente era o porta-voz de uma nova mensagem divina de esperança e restauração para as pessoas. Os grupos de crentes em Cristo, no mínimo, viviam entre dois polos ingratos de cativeiro e desesperança: em meio às mais intensas pressões, opressões e angústias sociopolíticas e econômicas do império Romano, cuja ocupação da Palestina era impiedosa e cruel; além disso, os fiéis estavam imersos em uma série interminável de leis, interpretações legais e regulamentos religiosos, com implicações tanto pessoais quanto coletivas, que impediam a manifestação saudável, adequada e agradável de uma espiritualidade redentora e sóbria, transformadora e sadia, libertadora e aprazível.

Na verdade, eles não estavam interessados em articular uma visão debilitada de Jesus, cheia de lembranças nostálgicas e de insanidade, tampouco em propor uma afirmação de sua mensagem com base em ressentimentos, amargura e dor. O propósito firme e definitivo das primeiras comunidades de fé era claramente enfatizar que Deus havia se expressado de uma forma nova na história em favor da humanidade, através da figura do pregador e rabino galileu, que anunciara com veemência, sabedoria e autoridade a maravilhosa revelação de Deus, e também o advento de seu reino extraordinário. O objetivo desses grupos iniciais de crentes em Cristo era celebrar a manifestação divina em Jesus de Nazaré, o rabino e pregador galileu que enfrentara as forças políticas e religiosas de seu tempo com autoridade, valor e segurança, em nome do Senhor e conforme a tradição dos antigos profetas de Israel.

Da oralidade à literatura

Logo após a morte e ressurreição de Jesus, possivelmente entre os anos 30 e 50 da era cristã, começam a se desenvolver e expandir as reflexões orais sobre a vida, a obra e os ensinos de Jesus em algumas das mais importantes cidades do império Romano. Entre esses centros urbanos, encontram-se possivelmente Jerusalém, Antioquia, Damasco e Roma. Além disso, a notícia do que sucedera a Jesus havia atingido as regiões mais distantes de Jerusalém e as comunidades rurais de Judeia, Samaria, Galileia, Fenícia, Síria, Chipre, chegando até a Ásia Menor.

É provável que, durante o período inicial, as reflexões orais entre os crentes tenham produzido alguma literatura que, mais tarde, seria usada nos cultos e processos educativos das incipientes igrejas, como, por exemplo, o extraordinário hino ao Cristo humilhado e exaltado, incluído na carta aos Filipenses (2.6-11), e a importante declaração teológica relativa à morte e ressurreição de Jesus, incorporada em 1Coríntios (15.3-5).

Depois desse período inicial de oralidade e alguma transmissão literária, inicia-se a redação de várias coleções a respeito de alguns aspectos relevantes do ministério de Jesus, por volta do anos 50. Entre tais documentos, é possível incluir algumas narrativas de milagres do Senhor (por exemplo, Mc 6; Mt 8—9) e vários ensinamentos com o imaginativo recurso das parábolas (por exemplo, Mc 4; Mt 13). Desse importante momento literário, histórico e teológico, podem ter surgindo alguns ensinos de Jesus inseridos no evangelho de Tomé que, embora seja um escrito gnóstico do século II, inclui possivelmente várias das declarações e narrativas mais antigas sobre a ressurreição do Senhor.

O mesmo importante período de transição, em meados dos anos 50, testemunha a transformação gradual dos relatos orais sobre as atividades do mestre até que chegaram a ser registrados em narrativas literárias. Possivelmente provêm desse momento histórico os ensinos de Jesus conhecidos nos círculos acadêmicos como "a fonte Q" dos Evangelhos.

A referência à letra "Q" origina-se do vocábulo alemão *Quelle*, que significa "fonte", e consiste em um material escrito em grego que faz parte integrante dos Evangelhos de Mateus e Lucas, e constitui essencialmente uma importante coleção de provérbios e mensagens de Jesus. Faz parte desse material apenas uma narração milagrosa, a história da cura do servo do centurião (Mt 8.5-13; Lc 7.1-10).

Os Evangelhos canônicos

As tradições orais produzidas após a paixão de Jesus, e os relatos que surgem posteriormente com a passagem dessas narrativas para o registro escrito, deram lugar à elaboração dos quatro Evangelhos canônicos na década de 60 e no início da década de 70. A ordem cronológica dessa literatura parece ser a seguinte: Marcos, Mateus, Lucas e João, embora alguns estudiosos e especialistas no assunto sugiram que o evangelho de Lucas possa ter sido redigido antes de Mateus.

O objetivo fundamental dos Evangelhos sinóticos é apresentar, da perspectiva da fé, as palavras e os atos mais importantes e significativos de Jesus, que serviriam de instrumento educacional, litúrgico e evangelístico nas primeiras comunidades cristãs. Não se tratava de biografia acadêmica, feita com distanciamento e isenção, de alguma figura ilustre ou proeminente da Antiguidade; pelo contrário, representavam as instruções básicas e fundamentais da fé adotada pelos líderes do novo movimento religioso que estava se formando ao redor da figura do rabino de Nazaré.

Os Evangelhos possuem a importância singular de articular e transmitir a vida e obra de Jesus em determinada ordem, que se inicia com as histórias do nascimento (por exemplo, Mateus e Lucas) e termina com as narrativas de sua morte e ressurreição. O propósito claro e definido dos Evangelhos é demonstrar a natureza, as ações, os milagres, os ensinamentos e as implicações teológicas, éticas, morais e espirituais das atividades do extraordinário pregador palestino.

Dos anos 70 até possivelmente o final do primeiro século da era cristã, os quatro Evangelhos canônicos são elaborados de maneira paulatina, representando uma nova forma literária na Antiguidade, pois incorporam antigas tradições orais e as primeiras manifestações literárias acerca de Jesus em uma espécie de história contínua. Os quatro Evangelhos canônicos são, ao mesmo tempo, semelhantes e diferentes porque, apesar de expressarem as atividades e os discursos da mesma personagem, cada um possui a própria identidade teológica, compreensão histórica e singularidade literária, pois são escritos para públicos diferentes a fim de responder a necessidades variadas.

Os Evangelhos são uma espécie de memória dos seguidores de Cristo, pois articulam a identidade biológica, social, cultural e religiosa de Jesus, além de refletir sobre o sentido renovador, o significado transformacional e as implicações restauradoras de seus ensinos e feitos. O fundamento dessa importante literatura cristã repousa na figura histórica de um jovem rabino oriundo de Nazaré, na Galileia, e de suas palavras, atividades e morte, as quais haviam deixado uma marca indelével e inesquecível naqueles que o conheceram e também naqueles que ouviam tais relatos ao longo dos anos.

Longe de ser uma série de fantasias literárias ou histórias fictícias sobre Jesus, os Evangelhos são essencialmente narrativas teológicas que apresentam a identidade integral e abrangente de uma personagem histórica e concreta de grande importância espiritual para aqueles que os elaboraram e também para as pessoas que creem em sua mensagem e seguem seus ensinamentos. Essa firme intenção teológica e clara finalidade educacional em nenhum momento é dissimulada, subestimada, silenciada ou ocultada nas narrativas dos Evangelhos (por exemplo, Lc 1.1-4; Jo 20.31).

Na verdade, as fontes literárias fundamentais, básicas e indispensáveis para o estudo efetivo, sóbrio e sensato e para a compreensão adequada de Jesus de Nazaré são as seguintes: a fonte dos ensinos de Jesus, identificada pela letra Q, os quatro Evangelhos canônicos (Mateus, Marcos, Lucas e João) e o Evangelho gnóstico de Tomé que, apesar de posterior, guardou alguns dos antigos ensinos de Jesus. Esse *corpus* literário se tornará o principal material para o estudo da figura histórica de Jesus e para a compreensão de suas atividades em um contexto geográfico, religioso, político e histórico único da antiga Palestina.

Muito cedo na história, ainda no século II d.C., as tradições cristãs relacionaram os Evangelhos canônicos com várias personagens importantes do cristianismo primevo. Dois Evangelhos foram vinculados a discípulos de Jesus (Mateus e João) e os outros dois foram associados a líderes de destaque das primeiras comunidades cristãs e indiscutíveis protagonistas das primeiras manifestações da fé: o evangelho de Marcos com Pedro, e o de Lucas com o apóstolo Paulo. Dessa forma, não somente um sentido de antiguidade e fundamentação histórica era consagrado aos quatro Evangelhos canônicos, mas também se destacava sua autenticidade teológica.

Os três primeiros Evangelhos (Mateus, Marcos e Lucas), diferentemente do quarto (João), são denominados sinóticos, terminologia adotada para afirmar e enfatizar que estão em geral dispostos em formas literárias semelhantes e em temáticas paralelas, além de manter uma ordem parecida, embora com frequência as semelhanças se manifestem também nos detalhes dos relatos.

O evangelho de Marcos, por exemplo, revela uma inovação teológica e literária de grandes repercussões para a cultura do Ocidente: ele representa possivelmente o primeiro registro de um tipo de itinerário da vida e obra de Jesus de Nazaré, começando pelas histórias de seu antecessor profético, João Batista, e terminando com declarações de sua ressurreição às mulheres que haviam ido ao túmulo e o descobriram vazio. Em Marcos, encontra-se claramente indicado que essa espécie de obra acerca do fundador do cristianismo deve ser chamada de "evangelho" (Mc 1.1).

A grande importância teológica, literária e temática de Marcos se sobressai claramente quando se verifica que Mateus incorpora algo em torno de 90% do material já incluído no primeiro evangelho. No entanto, essa peculiaridade estilística não é uma indicação de dependência servil ou repetição acrítica, pois Mateus adicionou materiais provenientes da fonte Q. Além disso, a obra apresenta temas que não aparecem nos outros Evangelhos, razão pela qual possui quase o dobro do volume de seu antecessor. Seu público-alvo é semita, e a preocupação básica do livro está nos ensinamentos fundamentais de Jesus.

Lucas, por outro lado, tendo em mente um público grego, escreveu uma obra em dois volumes que inclui não apenas o evangelho de Cristo, como Marcos e Mateus, mas agrega ainda uma narrativa das atividades de alguns discípulos e líderes cristãos depois da Paixão e das declarações sobre a ressurreição (Atos dos Apóstolos). Para Lucas, o evangelho de Jesus trazia implicações para o mundo conhecido, por isso conduz sua narrativa desde as histórias do nascimento até a chegada do evangelho a Roma, capital do império, por intermédio do apóstolo Paulo. Lucas recupera materiais não apenas de Marcos, mas ainda da fonte Q, e adiciona algumas informações não compreendidas nos demais Evangelhos.

João não segue o estilo literário ou as prioridades teológicas dos três Evangelhos anteriores e desenvolve a própria apresentação do Senhor. A leitura do Evangelho joanino revela sua grande carga teológica e informa que Jesus viajou várias vezes para Jerusalém, por ocasião das diversas festas judaicas. De especial importância neste Evangelho, é a primazia outorgada ao episódio da última ceia do Senhor com os discípulos, que ocupa quase $^1/_4$ de todo o livro (Jo 13—17).

Embora o tom dominante nas narrativas de João seja o teológico, podem-se encontrar algumas informações históricas de grande importância para a compreensão adequada de Jesus, em especial dados provenientes das narrativas da Paixão. Como Marcos, João começa seu Evangelho com a figura eminente e significativa de João Batista, e, como Mateus e Lucas, culmina seu trabalho com as extraordinárias aparições do Cristo ressurreto.

O início do texto joanino é de suma importância, pois ele fornece uma série especial de detalhes teológicos que mais tarde serão desenvolvidos em suas reflexões. Trata-se de um maravilhoso hino ao Cristo eterno de Deus, que é, de fato, o Verbo divino encarnado. O poema magistral, dedicado à Palavra que se humanizou, manifesta claramente o poder do amor divino e a virtude da misericórdia de Deus que se manifesta de forma clara, firme, extraordinária e livre em meio à humanidade (Jo 1.1-18).

Outras fontes do Novo Testamento

Em nosso estudo da figura histórica de Jesus, além dos Evangelhos canônicos, podemos identificar no restante do Novo Testamento uma série de palavras dispersas e mensagens de Jesus que contribuem positivamente para a nossa compreensão do famoso pregador e mestre galileu. Tais palavras e ensinamentos revelam a compreensão que as primeiras comunidades cristãs tinham a respeito de Jesus e, por isso, ampliam a apreciação de nosso protagonista.

Uma das frases certamente mais conhecidas e famosas de Jesus encontra-se no discurso do apóstolo Paulo aos líderes da igreja em Éfeso: *Dar é mais bem-aventurado que receber* (At 20.35). Essa importante asserção ética põe em evidência que podemos encontrar algumas palavras e ensinamentos de Jesus em outros livros do Novo Testamento além dos Evangelhos.

As cartas paulinas, por exemplo, embora não seja feita nenhuma citação direta de Jesus, fazem referência explícita à mensagem do Senhor sobre o assunto do divórcio, conforme apresentado em Marcos (10.6-9,11,12). A diretriz é firme e clara: as pessoas não devem se separar dos cônjuges. No entanto, se tiverem de fazê-lo, devem primeiro tentar a reconciliação e não devem se casar novamente (1Co 7.10,11).

Outra referência às mensagens de Jesus na literatura paulina está na instrução dada aos missionários cristãos: eles devem viver do que produzirem em seu trabalho (veja Mt 10.10; Lc 10.7; cf. 1Co 9.14). Além disso, nessa mesma carta à comunidade de crentes que se reuniam na cidade de Corinto (11.23-25), o apóstolo Paulo faz referência, com algumas variantes, às palavras de Jesus pronunciadas por ocasião da última ceia com seus discípulos em Jerusalém, pouco antes de sua prisão, tortura, morte e ressurreição (Lc 22.19,20; Mt 26.26-29; Mc 14.22-25). Também na primeira epístola à igreja sediada em Tessalônica (1Ts 4.15-17), o apóstolo ou seus discípulos atribuem às instruções e aos ensinamentos do Senhor as declarações relativas à ressurreição dos mortos no final da história, nos tempos escatológicos quando o próprio Senhor virá em glória encontrar-se com sua comunidade de fiéis.

Os ensinamentos paulinos incluídos ao final da primeira carta aos Coríntios (1Co 15.3-8) são de singular significado teológico e histórico. Trata-se de uma espécie de resumo da morte de Jesus e das subsequentes aparições de Cristo, em que são identificadas várias pessoas que viram o Cristo ressurreto, ou seja, as testemunhas oculares desses eventos tão significativos para os crentes: por exemplo, Cefas ou Pedro, os Doze, quinhentos irmãos ao mesmo tempo, Tiago e, finalmente, o próprio Paulo. Essa é uma passagem de grande importância para nosso estudo e análise, pois indicam pessoas concretas e específicas como testemunhas oculares do evento da ressurreição.

Em outras passagens do Novo Testamento, particularmente nas cartas paulinas, na carta de Tiago e em 1Pedro, aparecem algumas alusões e referências diretas e indiretas a várias palavras de Jesus. Embora não se afirme explicitamente que provêm do Senhor, temos notícias desses ensinamentos nos relatos registrados nos Evangelhos canônicos. A título de exemplo, identifiquemos as seguintes referências: a exortação para amar ao próximo (veja Rm 13.9; Gl 5.14; Tg 2.8; cf. Mt 22.39; Mc 12.31; Lc 10.27); o convite à oração confiante e segura (veja Tg 1.6; cf. Mc 11.24); a instrução para não julgar o outro, para evitar ser julgado da mesma forma (veja Tg 4.12; cf. Mt 7.1; Lc 6.37); a mensagem das bem-aventuranças e do valor do sofrimento por causa da justiça (veja 1Pe 3.14; cf. Mt 5.10); e a importância das boas obras na vida do crente (veja 1Pe 2.12; cf. Mt 5.16).

Os pais apostólicos

Os escritos cristãos não canônicos, cuja origem remonta ao final do primeiro século e à primeira metade do século II, são identificados como documentos dos pais apostólicos. Às vezes, esses textos contêm certos episódios e várias palavras e mensagens de Jesus, os quais lhes chegaram através de alguma antiga tradição oral ou por meio de documentos atualmente desconhecidos. Embora o número de casos não seja muito grande, tais obras demonstram claramente que, ainda no meio do século II da era cristã, circulava entre os crentes e as comunidades de fé várias tradições orais junto com as literárias.

Um bom exemplo desses documentos é conhecido como Didaquê, ou Ensino dos apóstolos, que é essencialmente uma compilação das instruções que o próprio Jesus havia dado a seus seguidores mais próximos. Esse importante trabalho inclui detalhes interessantes da vida itinerante de Jesus e dos apóstolos, que serviram de orientação e apoio para que os missionários cristãos na Síria levassem a efeito a tarefa de pregar e ensinar o evangelho durante o século II da Igreja.

Uma leitura cuidadosa das palavras de Jesus registradas no Didaquê são semelhantes a algumas encontradas no evangelho de Mateus, tradicionalmente associado à região de Antioquia, na Síria. Assim, o Ensino dos apóstolos instrui que, quando alguém pedir algo aos crentes, estes devem ser generosos e que posteriormente não exijam de volta o que deram. Tais palavras, implicitamente atribuídas a Jesus no Didaquê, fazem parte dos Evangelhos canônicos como expressões diretas do Senhor (por exemplo, Lc 6.30; Mt 5.42).

Também oriunda dos últimos anos do primeiro século, a primeira epístola de Clemente de Roma à igreja dos coríntios inclui sete ensinamentos de Jesus, dos quais temos notícias e referências diretas no Sermão do Monte, em Mateus, e no Sermão da Planície (NVI), em Lucas. No entanto, as formas literárias na carta de Clemente (1Clemente 12.1,2) demonstram que suas fontes são possivelmente mais antigas do que aquelas que foram preservadas nos Evangelhos canônicos (cf. Mt 5,1-12; Lc 6.17-26), e talvez até mesmo nem fizessem parte da fonte *Q*. A exortação e o ensino de Clemente são para que os crentes e as igrejas, seguindo o exemplo de Jesus, fossem misericordiosos, perdoadores, compassivos, humildes e pacientes. A passagem na epístola de Clemente apresenta claras semelhanças com a mensagem de Jesus mais conhecida como "as bem-aventuranças".

Nessa importante tradição de dizeres, feitos e ensinamentos de Jesus, provenientes da literatura posterior aos escritos canônicos do Novo Testamento, incluem-se a carta de Inácio de Antioquia aos crentes da igreja que se reunia na cidade de Esmirna. A obra incorpora um interessante relato do diálogo entre o Cristo ressurreto e seus discípulos (Inácio 3.2), no qual Jesus os convida a tocá-lo a fim de que reconhecessem não ser ele um fantasma sem corpo. Os discípulos fizeram o que o Senhor lhes ordenara e creram imediatamente porque, de acordo com a carta de Inácio, em Jesus se combinavam a carne e o espírito. Conforme o texto, Jesus então comeu e bebeu

A *história das coisas certíssimas*   **33**

com eles. A narrativa nos recorda o relato canônico semelhante presente no evangelho de Lucas (24.36-43).

No século II e nos anos seguintes, surgem outras referências a palavras de Jesus; no entanto, a documentação é esparsa e as contribuições para o estudo da figura histórica de Jesus de Nazaré não são muitas. Justino de Roma, por exemplo, em seu diálogo com Trifão (35), refere-se a uma frase a respeito das divisões e separações que produzem o ministério cristão e que se assemelha a algumas palavras de Jesus no evangelho de Mateus (veja 10.23; cf. 1Co 11.18,19). Clemente de Alexandria (1.24,58) menciona expressões e alude a ideias encontradas no evangelho de Mateus (6.33; 7.7) referentes a súplicas e orações a Deus. Também Orígenes e Tertuliano apresentam em seus sermões frases e ensinamentos atribuídos diretamente a Jesus, dos quais se podem encontrar semelhanças nos Evangelhos canônicos e na literatura neotestamentária.

De fato, o estudo dos sermões e os ensinamentos dos pais apostólicos podem ser fontes adicionais para nossa pesquisa sobre o Jesus histórico. É necessário estudar cada caso de forma específica, pois essas palavras estão inseridas em meio a explicações homiléticas que requerem uma avaliação crítica dos textos a fim de se verificar sua autenticidade.

Fontes literárias judaicas a respeito de Jesus

Sobre Jesus de Nazaré, dispomos de fontes cristãs que o apresentam da perspectiva da fé como o Cristo de Deus. Tais documentos, canônicos e não canônicos, revelam que Jesus foi uma figura histórica real, que viveu na região da Galileia no primeiro século da era cristã, e que morreu crucificado na década de 30, na antiga cidade de Jerusalém. A esse conjunto de informações históricas valiosas, que também são teológicas, educacionais, éticas, morais e espirituais, devem se unir as referências a Jesus existentes em documentos não cristãos. Tais fontes literárias adicionais são de origem judaica, romana, helenística e muçulmana.

As contribuições e informações mais importantes a respeito da vida e obra de Jesus na literatura não cristã provêm do historiador judeu Flávio Josefo (c. 37-100 d.C.) que, quando jovem, fazia parte do grupo dos fariseus. Durante a revolta judaica na Galileia contra o exército romano liderado pelo general Vespasiano, Flávio Josefo destacou-se como combatente. No entanto, foi feito prisioneiro de guerra e, durante sua prisão, previu que o general romano que o havia vencido se tornaria imperador.

Depois de algum tempo, quando Vespasiano se tornou imperador de Roma, Josefo conquistou a simpatia da família do novo líder romano, os flavianos, da qual adotou um novo nome em honra ao imperador. Flávio Josefo mudou-se para Roma, onde escreveu várias obras de grande importância histórica sobre a nação judaica. Seus livros se incluem entres as fontes literárias mais importantes para nossa compreensão do judaísmo de sua época.

Numa de suas principais obras, *Antiguidades judaicas*, Flávio Josefo faz várias referências importantes a Jesus de Nazaré, das quais nos interessa principalmente duas: uma que alude à morte violenta e injusta de Tiago, irmão de Jesus (20,200); e outra, certamente a mais conhecida, *Testimonium Flavianum* [Testemunho de Flávio], *que* apresenta fatos da vida e obra de Jesus (18,63-64).

Com relação a Tiago, um importante líder da comunidade cristã em Jerusalém, Flávio Josefo declara que no ano 62 d.C. o sumo sacerdote Anás e o Sinédrio judaico condenaram-no à morte de maneira ilegal, injusta e inadequada. Nesse contexto, o documento afirma expressamente que Tiago era irmão de "Jesus, a quem chamavam Messias".

Essa clara referência por parte de uma figura judia não crente, escrita no ambiente do império Romano e sem a intenção de reconhecer ou afirmar a importância da pessoa descrita, é essencial para estabelecer e demonstrar a historicidade de nossa personagem. Por esse registro, ficamos sabendo que Jesus de Nazaré, reconhecido como Messias, ou Cristo, em grego, foi um indivíduo que viveu na Palestina e que tinha um irmão chamado Tiago, o qual foi acusado, julgado, condenado e injustamente apedrejado até a morte em meados do primeiro século por transgredir a lei.

Entre os relatos de Josefo, há um outro texto de grande importância histórica e teológica acerca de Jesus, que deve ser estudado com todo o rigor científico e acadêmico. Trata-se do *Testimonium Flavianum*, cujo valor e aceitação foram reconhecidos bem cedo na história ao ser citado pelo historiador cristão Eusébio de Cesareia (260-339 d.C.). Embora alguns eruditos, logo após a Reforma Protestante, tenham acusado a seção inteira sobre Jesus de ser uma interpolação cristã feita na obra original de Flávio Josefo, é muito provável que boa parte do texto seja proveniente de fato do historiador judeu, conforme as pesquisas históricas mais recentes. Portanto, a seção original (ou seja, a que não foi retocada posteriormente pela revisão cristã) contém informações de grande importância histórica para uma melhor compreensão da figura de Jesus.

Para Josefo, Jesus era um mestre sábio que realizava feitos surpreendentes, possivelmente uma referência à sua reputação de fazedor de milagres. Além disso, era um grande orador, pois sua palavra havia conquistado muitos adeptos, tanto de origem judaica quanto gentia, a seu movimento. De acordo com a referida passagem de Josefo, Pilatos, por insistência das autoridades judaicas, havia condenado Jesus à morte de cruz, embora seus seguidores, mesmo em meio ao suplício, não deixassem de amá-lo. O historiador acrescenta que seus discípulos, conhecidos como cristãos, mantiveram-se fiéis a seus ensinamentos e não desapareceram com o passar dos anos (18,63-64).

A essas informações básicas foram acrescentadas interpolações cristãs com a mensagem de que Jesus era o Messias, que não se sabia se ele deveria ser chamado de homem e que, no terceiro dia após sua morte, ressuscitou, conforme anunciado muito antes pelos profetas de Deus. Tais declarações originam-se obviamente de um autor cristão que adicionou ao relato original de Flávio Josefo a perspectiva da fé, inexistente nos documentos originais do grande historiador judeu.

Além de Flávio Josefo, que aborda o tema de Jesus com bastante neutralidade de uma perspectiva histórica, o Talmude babilônico registra e comenta a figura do rabino galileu. Essa importante literatura judaica, oriunda dos primeiros séculos da era cristã, inclui várias tradições antigas a respeito de Jesus. No entanto, uma simples leitura dessas passagens revela claramente a hostilidade e a rejeição com respeito à nossa personagem por parte das comunidades judias. São tradições conhecidas em hebraico como *baraitot*, e fazem parte de uma grande polêmica judaica contra o cristianismo e seu fundador, ocorrida durante os primeiros séculos de nossa era.

A primeira dessas notícias acerca de Jesus encontra-se no tratado Sinédrio do Talmude (43a), redigido no final do século V d.C., mas que possivelmente tenha sua origem muito tempo antes, por volta do século II desta era. O texto é tematicamente complicado, mas claramente expressa a psicologia da rejeição e a sociologia da hostilidade contra Jesus.

De acordo com o Talmude, um tal Yeshu (ou Jesus), conhecido como o Nazareno, foi enforcado na véspera de uma festa da Páscoa; no entanto, quarenta dias antes de sua execução, um pregoeiro havia anunciado que ele seria apedrejado por prática de magia e também por seduzir Israel e levá-lo à perdição. A história, em seguida, informa que, se alguém quisesse dizer algo a seu favor, poderia se apresentar a fim de expor seus argumentos, mas, como ninguém apareceu para defendê-lo, acabou sendo enforcado na véspera da Páscoa. Por fim, esclarece que ninguém o apoiou e que sua morte se devera não apenas por induzir o povo de Israel ao engano, mas também fora consequência de atividades oficiais do governo.

Uma análise sóbria e detida sobre essa história talmúdica singular nos mostra o seguinte: no século II d.C., discutia-se entre os grupos judaicos que papel desempenhava na sociedade o rabino galileu, cujos ensinamentos e ações não se adequavam à compreensão geral a respeito da liderança religiosa sustentada pelas autoridades judaicas e romanas da época. Além disso, informa-se que ele morrera por "fazer magia", uma forma depreciativa de se referir aos milagres que Jesus realizava, e por seduzir e desencaminhar Israel, o que revela sua capacidade de persuasão e palavra eloquente. O documento também indica que ele foi executado (apedrejado e depois enforcado) um dia antes da festa judaica da Páscoa, havendo o governo romano da época participado de seu martírio.

Para avaliar e compreender adequadamente esse texto, é essencial entender o que está escrito de uma perspectiva judaica ortodoxa, cujo propósito é demonstrar que a morte de Jesus havia sido merecida, pois ele tentara desviar os judeus do verdadeiro caminho de Deus, por meio de enganos e magias. Embora não seja uma apresentação objetiva de Jesus e de suas atividades, o documento não põe em dúvida sua historicidade e reconhece a eloquência do mestre, bem como sua capacidade de realizar milagres, além de confirmar sua morte na época da Páscoa.

O segundo *baraitot* ou passagem do Talmude, ainda no mesmo tratado Sinédrio (107b), que trata do tema de Jesus, revela claramente o antagonismo público e as fortes polêmicas entre os grupos judeus e cristãos. O objetivo é afirmar mais uma vez que o tal Yeshu, o Nazareno, não apenas induzia Israel ao pecado e realizava magia, como também não demonstrava arrepender-se de suas ações.

O pressuposto filosófico e teológico desse relato é que Jesus era um falso profeta, que levava o povo de Israel a apostatar da fé além de ridicularizar e rejeitar os sábios judeus. A questão da apostasia de Jesus repete-se em outras passagens, como no tratado Gittín do Talmude (56b-57a), o qual apresenta o Senhor sofrendo uma pena infernal ao lado de outros sacrílegos ou apóstatas da Antiguidade.

Nas controvérsias entre os grupos judaicos e cristãos, surgiu também o tema do nascimento virginal de Jesus. O tratado Shabbat do Talmude (104b) apresenta Jesus como filho de Miriam e de seu amante, que se chamava Pandera. A história assemelha-se às ideias divulgadas por um filósofo do século

II d.C., que afirmava ter sido a mãe de Jesus repudiada pelo marido, um carpinteiro, em razão de adultério, pois ficara grávida de um soldado romano de nome Panthera (*Contra Celso* 1.32).

Uma leitura atenta desses relatos revela-nos a animosidade e a rejeição não apenas em relação a Jesus, mas também contra o movimento religioso que lhe sucedeu. A utilidade de tais passagens para nossa compreensão da figura de Jesus está na indicação de que, desde muito cedo na história, a comunidade judia reconheceu a importância das igrejas e o perigo que representava a mensagem cristã para o judaísmo, razão pela qual se deu o surgimento de contínuas polêmicas filosóficas e teológicas em que não somente os judeus rejeitavam os ensinamentos das igrejas, como também atacavam direta e violentamente seu fundador, Jesus de Nazaré.

Fontes literárias romanas

As evidências disponíveis da reação romana ao evento protagonizado por Jesus de Nazaré não são muitas, mas todas são negativas. Apresentam as perspectivas e a compreensão oficial do império sobre o movimento decorrente dos ensinamentos do rabino galileu, embora por vezes se refiram diretamente a seu fundador. Em seguida, apresentaremos as posições de Tácito, Suetônio e Plínio, o Jovem.

Públio Cornélio Tácito (56-120 d.C.) foi um patrício romano que em 116--117 escreveu uma história de Roma, desde a morte de Augusto até a de Nero (*Anais*). No desenvolvimento de seu trabalho, especificamente na seção dedicada a Nero, faz alusão ao incêndio de Roma (64 d.C.) causado pelo imperador, mas do qual os cristãos foram injustamente acusados. Para responder ao clamor popular, de acordo com a narrativa de Tácito, muitos cristãos foram perseguidos, torturados e executados.

Embora Tácito não aprove a crueldade e a atitude oportunista do imperador em relação aos cristãos, o historiador entende que esse grupo era composto principalmente por malfeitores, criminosos e vilões que realmente mereciam a punição severa que haviam recebido. Ele os apresenta como pessoas que odeiam a raça humana, porque, da mesma forma que a comunidade judaica, os cristãos não aceitavam as normas sociais e culturais impostas pelo império Romano. Além disso, Tácito acrescenta que os cristãos professavam uma série de crenças nocivas e prejudiciais à humanidade, porque rejeitavam abertamente a adoração aos deuses romanos. Essa atitude desafiadora convertia-os numa séria ameaça à segurança nacional do império.

Para explicar o motivo pelo qual esse grupo era chamado de cristãos, Tácito indica que o nome tem origem em *Christus*, ou Cristo, o qual, no tempo do imperador Tibério, fora condenado à morte pelo governador Pôncio Pilatos. Informa também que o grupo, apesar de dissipado temporariamente, ressurgiu na Judeia, região que identifica como o berço do mal, e, mais tarde, voltou a atuar na capital do Império, Roma (*Anais* 15.44).

Caio Suetônio Tranquilo (70-130 d.C.), outro historiador romano, une-se a Tácito em sua avaliação negativa do cristianismo ao descrever o movimento como uma superstição nova, hostil e maléfica. Em sua obra biográfica sobre os doze césares ou imperadores (*De vita Caesarum*), que abrange desde Júlio César até Domiciano (120 d.C.), Suetônio relata a expulsão dos judeus de Roma decretada por Tibério Cláudio em 49 d.C., fato mencionado no livro de Atos dos Apóstolos (18.2). O autor justifica a decisão do imperador em razão dos contínuos distúrbios provocados por *Chresto*, na realidade uma referência direta a Cristo (*Vida de Cláudio* 25).

A explicação de Suetônio denota uma grave falta de informação ou um erro grave de suas fontes, já que Cristo nunca esteve em Roma incitando qualquer rebelião. No entanto, a referência direta evidencia de maneira cabal que já naquela época, apenas vinte anos desde a morte de Jesus, havia grupos de crentes em Roma que eram conhecidos pelos governantes do império. Possivelmente, a expulsão dos judeus de Roma revela as diferentes reações da comunidade religiosa ao ensino e à mensagem de Jesus.

Um terceiro testemunho romano sobre Jesus, que nessas fontes é identificado como Cristo, vem de Plínio, o Jovem (61-120 d.C.), um governador nomeado pelo imperador Trajano para a província do Ponto e Bitínia, na Ásia Menor (c. 111-113 d.C.). Plínio também compartilha a avaliação negativa ao cristianismo feita por Tácito e Suetônio, pois entendia que a nova religião era uma superstição perversa e bizarra.

Como as denúncias contra os cristãos eram constantes e crescentes, o governante romano entendeu que era seu dever informar oficialmente o assunto a Trajano. Naquele momento, condenavam-se os cristãos tão somente pelo fato de serem seguidores dos ensinamentos de Jesus. Para o imperador, no entanto, ser cristão não era crime e ordenou a seu representante que fosse justo com o grupo, atendo-se aos processos legais ordenados pelo império para casos semelhantes.

Na correspondência entre Plínio e Trajano, o primeiro menciona em três ocasiões, ainda que brevemente, o nome de *Christos* (Livro X, Carta 96,

Cartas). Na primeira menção, informa que os cristãos se recusavam a oferecer sacrifícios aos deuses e ao imperador; na segunda, o missivista alude a alguns crentes que haviam apostatado e faz referência a duas criadas que haviam sido torturadas. Finalmente, descreve algumas das antigas práticas dos cristãos daquela região: os fiéis reuniam-se em determinado dia, antes do nascer do sol, e entoavam um cântico a Cristo como se este fosse Deus. Também se comprometiam a não fazer nada de errado: não roubar, cometer crimes ou adulterar. Afirmavam ainda a importância de manter a palavra dada e a guardar fielmente o dinheiro que lhes fosse confiado (*Cartas* 10.96).

Essas referências romanas confirmam a presença de grupos cristãos no império Romano já em data muito remota, logo após a morte e a ressurreição de Jesus Cristo. Além disso, elas confirmam que Jesus foi uma figura histórica, havendo sido executado pelo governador da Judeia, Pôncio Pilatos, na época de Tibério, e que fundou um grupo de seguidores, o qual se espalhou por várias partes do império até chegar à sua capital, Roma. Além disso, com base em tais referências ficamos sabendo que os primeiros cristãos adoravam a Cristo como Deus.

Fontes helenísticas e muçulmanas

Não são muitos os testemunhos literários provenientes do mundo helenístico a respeito de Jesus de Nazaré, e o valor histórico que esses documentos possuem é tênue, pois se trata essencialmente de referências indiretas. Em geral, faz-se alusão a Jesus como o sábio rei dos judeus ou como o crucificado. Os dois autores desses registros são provenientes da mesma cidade, Samósata, na Síria.

A primeira referência provém do filósofo estoico Mara Bar-Serapião, que de sua cela em Roma escreve a seu filho uma exortação para que viva com base nos valores da sabedoria. Para reforçar sua recomendação, Mara aparentemente se refere a Jesus, colocando-o ao lado de Sócrates e Pitágoras. Em seu discurso, pergunta de que havia valido aos judeus terem matado seu rei sábio, pois, a partir desse momento, tudo lhes fora prejudicial: perderam seu reino, sofreram um massacre e foram dispersos pelo exílio.

Tais palavras devem ser historicamente contextualizadas logo após o ano 70 d.C., quando ocorreu a derrota dos judeus pelas mãos do general romano Tito, seguida do exílio dos combatentes que sobreviveram à guerra. Além disso, o testemunho registra a reivindicação cristã de que Jesus era rei, e que está "vivo" em seus ensinamentos e valores que ele promulgou.

Originário da mesma cidade síria, outro autor helenístico em meados do século II d.C. se refere a Jesus em termos semelhantes. Em sua obra, *De morte Peregrini* [A morte de Peregrino] (11.13), Luciano de Samósata apresenta o caso de um homem na Palestina que fora "empalado" — uma possível referência à crucificação — sob a acusação de haver iniciado uma nova forma de culto no mundo. De acordo com Luciano, seus seguidores obedeciam à lei que havia sido ensinada por seu mestre, numa referência ao evangelho. Os dois testemunhos helenísticos concordam em que Jesus tivera uma morte violenta.

Em meados do primeiro século de nossa era, dentro dessa mesma tradição literária, um escritor grego, ou talvez samaritano, chamado Talo produziu uma história universal em três volumes, na qual menciona Jesus em uma ocasião.

O testemunho do Talo nos chegou através de Júlio Africano, cuja obra do século III d.C. informa-nos de que um eclipse solar no ano 29 d.C. estava diretamente associado à morte de Jesus. Semelhantes ocorrências cosmológicas relacionadas à crucificação de Jesus também podem ser observadas nos relatos dos Evangelhos (Lc 23.44,45).

Existem ainda alusões a Jesus do ponto de vista islâmico, embora elas sejam provenientes de uma época mais recente (depois do século VII d.C.). O Alcorão se refere a Jesus com alguma insistência, e essas narrativas baseiam-se em fontes judaicas e cristãs, tanto canônicas quanto apócrifas. Com efeito, para o mundo islâmico, Jesus é o filho de Maria, a quem Alá concedeu a capacidade de realizar milagres e o constituiu santo profeta (sura 2.253). De acordo com o Alcorão, o poder de Jesus para realizar milagres era resultante de seu nascimento virginal. Apesar de reconhecer que Jesus fazia prodígios, o Alcorão não ignora o fato de que seus adversários o acusassem de ser um mago (sura 5.110).

Embora as tradições islâmicas aceitem e afirmem a santidade de Jesus, não o reconhecem como Filho de Deus, uma vez que é inconcebível para a concepção religiosa do Alcorão aceitar que Deus tenha filhos (sura 19.35).

De qualquer forma, o Alcorão aceita que Jesus foi *Al-Masih*, ou Messias, o Cristo de Deus, sendo esse reconhecimento de grande importância teológica e doutrinária no islamismo, mesmo que tal concepção seja articulada com a alegação de que Jesus, assim como Adão, foi criado pelo próprio Deus.

Na realidade, para o islamismo, Jesus é um enviado de Deus, a quem Alá ensinou as Sagradas Escrituras, tanto judaicas quanto cristãs, não deixando Jesus de anunciar a vinda de outro profeta e ungido de Deus, em uma referência direta a Maomé (sura 61.6).

A história das coisas certíssimas   41

Para nossa análise, as referências a Jesus no Alcorão apenas confirmam o que anteriormente assinaláramos nas diversas literaturas cristãs: que Jesus foi uma figura histórica, viveu na Palestina antiga e seus seguidores não podem ser ignorados.

Tais declarações oriundas das literaturas cristã, romana, helenística e muçulmana, coletadas de vários testemunhos literários antigos, corroboram a realidade histórica de nossa personagem.

De fato, Jesus de Nazaré foi uma pessoa histórica, que viveu na Palestina no início do primeiro século de nossa era, em meio à ocupação romana. Também sabemos que foi um mestre exemplar, cuja pregação era desafiadora e contextual, além de ter realizado milagres. A informação histórica sobre Jesus se completa com o reconhecimento de que foi crucificado pelas autoridades romanas a pedido dos líderes judeus, após um julgamento injusto e ilegal.

De acordo com o testemunho do apóstolo Pedro, no discurso proferido no dia de Pentecostes, Deus constituiu esse Jesus, então assassinado, Senhor e Cristo, mediante o poder da ressurreição (At 2.36).

3

Nasceu em Belém, nos dias do rei Herodes

Depois de Jesus ter nascido em Belém da Judeia, no tempo do rei Herodes,
vieram alguns magos do oriente a Jerusalém, perguntando:
Onde está o rei dos judeus recém-nascido? Vimos sua estrela no oriente e
viemos adorá-lo. Ao saber disso, o rei Herodes perturbou-se, e com ele toda a
Jerusalém. Depois de convocar todos os principais sacerdotes e os mestres do
povo, perguntou-lhes onde deveria nascer o Cristo. Eles responderam: Em
Belém da Judeia; pois assim está escrito pelo profeta...

MATEUS 2.1-5

A terra de Israel

As narrativas dos Evangelhos nos fornecem indicações precisas sobre Jesus, o filho de Maria: nasceu na pequena aldeia de Belém, viveu na região de Nazaré e morreu no monte Gólgota, situado fora das muralhas da antiga cidade de Jerusalém. Todos os eventos se desenvolveram num momento particular e concreto da história da humanidade, o primeiro século da era cristã, especificamente em suas primeiras décadas, período em que o império Romano exercia poder, autoridade e hegemonia política e militar na Síria e na Palestina.

Nessa região, anteriormente conhecida como Canaã e mais tarde identificada como Palestina e Israel, Jesus de Nazaré realizou seu ministério como educador, pregador, curador, libertador e profeta. As terras que haviam testemunhado as palavras eloquentes e sábias dos antigos profetas de Israel serviram então de grande marco de referência social, entorno pedagógico e contexto histórico para as atividades e discursos do famoso rabino da Galileia, que seria o fundador do cristianismo.

Esses lugares, que ao longo da história funcionaram de maneira ininterrupta como a ponte geográfica entre a Mesopotâmia e o Egito, possibilitando o trânsito das caravanas ancestrais de patriarcas e matriarcas de Israel, converteram-se naqueles dias no espaço vital para os ensinamentos inovadores e transformadores de Jesus. Essas cidades antigas eram, então, visitadas por um novo sábio, educadas por um novo rabino, desafiadas por um novo profeta e curadas por um novo médico.

Essas terras, que os descendentes de Abraão consideram Terra Santa e que foram prometidas pelo próprio Deus a seu povo, testemunharam inumeráveis intervenções milagrosas que, para pessoas de fé, confirmam que tais montanhas, vales, rios e desertos faziam parte do plano divino de salvação da humanidade. E, mesmo que o antigo povo de Israel tenha sofrido naquelas paragens vicissitudes extraordinárias e intensa dor, ele manteve em sua memória histórica um sentimento de pertencimento que lhe permitiu manter a esperança em meio às realidades mais difíceis da existência humana e nas condições de vida mais desfavoráveis.

Nessa faixa não muito extensa de terra, que permitia o acesso e a comunicação entre os diversos impérios do antigo Oriente Médio, o povo de Israel estabeleceu seu reino, embora ao longo do tempo tenha se dividido e, mais tarde, sido conquistado. Pela Palestina passaram exércitos egípcios, assírios, babilônicos e persas, e, ao longo do tempo, nela se implantou a cultura helenística, quando então chegaram os exércitos romanos impondo sua força militar e autoridade imperial na região.

As escavações arqueológicas na região e a análise de seus achados nos permitem expandir nosso conhecimento histórico e social dos diferentes períodos com a descoberta de casas, utensílios domésticos, artesanatos, ferramentas de agricultura, inscrições e túmulos. As atividades de pesquisa disponibilizaram aos estudiosos as evidências necessárias para melhor compreender as dinâmicas que envolveram a vida e o ministério de Jesus, permitindo que esses entendam as reações dos diversos setores religiosos, sociais, políticos e militares à sua mensagem e aos seus ensinamentos.

Jesus de Nazaré nasceu e viveu em um lar judeu bem estabelecido na região da Galileia, ao norte de Jerusalém, quando Augusto e Tibério governavam Roma. Nessas terras, o Senhor realizou seu ministério transformador de ensino, cura e libertação. O mesmo lugar, com suas terras e paisagens, serviu de contexto geográfico e cultural para a elaboração de sua mensagem, para o desenvolvimento das imagens preferidas e a seleção dos temas desenvolvidos por Jesus, servindo assim para promover sua visão profética, incentivar sua criatividade homilética e virtude pedagógica.

Com efeito, as cidades, os povoados, as montanhas e as pessoas com suas vivências e realidades cotidianas forneceram a Jesus os temas relevantes, as ideias necessárias e os assuntos importantes para, por exemplo, articular suas parábolas, desenvolver seus discursos e interpretar as antigas leis de Moisés, levando em consideração a nova realidade social, política, econômica e espiritual do povo.

A região da Galileia

A vida terrena de Jesus teve lugar principalmente entre a Galileia e a Judeia, na antiga Palestina, em geral nas cidades ao redor do mar da Galileia (também conhecido como lago de Genesaré ou Tiberíades), mas também em Jerusalém e seus arredores. Nessa região, em seus campos e cidades, o rabino galileu dialogou com diversos tipos de interlocutores e respondeu a perguntas e necessidades. Esse panorama de referências geográficas manifesta-se claramente em seus ensinamentos e mensagem.

A Galileia é a região mais ao norte das antigas terras de Israel, estendendo-se até o monte Hermom, com altitude de cerca de 2.759 metros, na fronteira com o Líbano. Em direção ao sul, a região inclui o fértil vale de Jezreel, que seu une a leste à depressão e ao rio Jordão, e, a oeste, às planícies do litoral do mar Mediterrâneo. A Galileia faz parte da extensa faixa sísmica que nasce ao norte, na Síria, e chega até Moçambique, no sul da África, espraiando-se por cerca de.6.400 quilômetros.

A região inclui ainda o pequeno lago Hula, ou Merom (cerca de 4 quilômetros de comprimento) e o importante mar da Galileia, um corpo de água doce com cerca de 21 quilômetros de comprimento por uns 12 quilômetros de largura, e profundidade de 40 metros. É o corpo de água doce mais baixo do mundo, a uns 213 metros abaixo do nível do mar, e cerca de 40 quilômetros de distância da costa do mar Mediterrâneo. De acordo com os historiadores antigos, por exemplo Josefo, o lago era cheio de peixes, e 230 barcos saíam todos os dias para pescar em suas águas! Em suas margens se localizava uma importante série de aldeias de pescadores. O lago e seu entorno tornaram-se lugares de grande importância nas narrativas dos Evangelhos.

O rio Jordão também faz parte da mesma região galileia. Nasce no norte e provém de correntes oriundas do monte Hermom, que se unem ao lago Hula para em seguida desaguar no norte do mar da Galileia, depois de percorrer cerca de 16 quilômetros. O rio segue seu curso pela depressão do Jordão, descendo uns 70 quilômetros até atingir o mar Morto, sendo de fundamental importância social e econômica para a vida daquela região.

A flora e a fauna da Galileia não apenas serviram de referencial histórico e geográfico para o desenvolvimento teológico e a criatividade de Jesus, como também propiciaram a variedade e a pertinência do temário contextual e imaginativo do pregador galileu. Suas colinas e vales, rios e lagos, vinhas e oliveiras, trigo e cevada, linho e mostarda, e até o joio, pertenciam ao ambiente visual e vital que serviu de inspiração para os ensinamentos e a mensagem de Jesus.

Com base na vegetação abundante e na beleza regional da Galileia, Jesus elaborou uma série de ensinamentos de grande valor ético, educacional, moral e espiritual, como, por exemplo, a alegoria da videira e dos ramos (Jo 15. 1-6), a mensagem sobre os lírios do campo (Mt 6.28-30; Lc 12.27,28), e particularmente as parábolas do semeador (Mt 13,3-23; Mc 4.3-20; Lc 8.5-15), do trigo e do joio (Mt 13.24-30,36-42) e do grão de mostarda (Mt 13.3-32; Mc 4.31,32; Lc 13.18,19). Essas passagens revelam que Jesus tinha um conhecimento global do contexto geográfico da Galileia. Apreciava o mundo rural e entendia também a dinâmica urbana, compreendendo os processos naturais da agricultura, desfrutando da beleza dos campos, participando das relações entre as pessoas e a terra, além de dominar as dinâmicas relacionadas com o trabalho de construção.

Além disso, a presença rural nas mensagens e ensinamentos de Jesus manifesta-se livremente nos Evangelhos. As narrativas dos Evangelhos destacam, por exemplo, que o Senhor foi ungido com perfume de nardo (Mc 14.3; Jo 12.3) e que ao ser sepultado foi envolto com panos de linho e especiarias como mirra e aloés (Jo 19.39,40). Arbustos de aloés e nardos eram abundantes na região e frequentemente usados na fabricação de perfumes e unguentos. Os evangelistas, com efeito, entendiam a importância da região na apresentação da vida e obra de Jesus.

Os relatos dos Evangelhos também destacam as imagens que emergem das plantas que desde tempos remotos são utilizadas na culinária, como, por exemplo, o endro, a hortelã, o cominho e a arruda. Jesus usou o conhecimento que tinha sobre as propriedades e as características dessas plantas para rejeitar abertamente a atitude legalista e hipócrita de alguns intérpretes da Lei, particularmente as que se referiam a ações, pensamentos e decisões dos escribas e fariseus (Mt 23.23; Lc 11.42).

As parábolas e ilustrações, as imagens e mensagens, os ensinamentos e alegorias manifestam claramente o entorno rural de Jesus, que crescera em uma comunidade muito humilde e simples da Galileia, especificamente na aldeia de Nazaré, que era pequena, pouco conhecida e com uma questionável reputação na Antiguidade (Jo 1.46). Seus ensinamentos também evidenciam que há uma correspondência clara e importante entre a mensagem de Jesus e seu contexto geográfico e histórico. Ele não pregava no vácuo cultural e social, mas integrava em sua sábia palavra e mensagem desafiadora as imagens que o ambiente lhe fornecia, com exemplos que contribuíam para a comunicação eficaz de seus ensinamentos e com ideias propícias à afirmação adequada de seus valores e à sua assimilação.

Os caminhos entre a Galileia e a Judeia

Desde a Galileia, em direção ao sul, chega-se até o vale de Jezreel, também conhecido como Esdrelom. Em seguida há um número de montanhas não muito altas que atravessam a região de Samaria antes de chegar à Judeia. Trata-se de uma cordilheira de terras férteis que faz fronteira a leste com a depressão do Jordão e com o rio do mesmo nome, numa decaída de aproximadamente 100 quilômetros, até desaguar no mar Morto. A oeste, a região de Samaria atinge o mar Mediterrâneo.

Na Antiguidade, era possível cruzar a região em direção ao sul, passando-se pela Galileia, por três caminhos principais . O primeiro e mais direto passava através da comunidade samaritana. O segundo percorria a costa do Mediterrâneo, a chamada *Via Maris*. E o terceiro seguia o curso da depressão e do Jordão até alcançar a cidade de Jericó. As três estradas tinham suas vantagens e desvantagens.

A passagem física e geograficamente mais direta e curta para se ir da Galileia à Judeia era o chamado caminho dos samaritanos. Saindo da cidade de Nazaré, descia-se até o vale de Jezreel, passando pela antiga região pantanosa, até divisar-se o monte Tabor, que se ergue a aproximadamente 290 metros no meio do vale. A estrada passava então perto da humilde aldeia de Naim e penetrava nas comunidades samaritanas, região repleta de vegetação, montanhas baixas, olivais e campos de trigo. Era essencialmente uma estrada secundária usada por pastores desde tempos imemoriáveis.

O caminho leva ao centro de Samaria e permite o acesso à pequena aldeia de Sicar, entre os importantes montes Ebal e Gerizim, bem ao lado da antiga cidade de Siquém. Foi aí, num lugar muito próximo da propriedade que

Jacó presenteara a seu filho José, que Jesus se encontrou com uma mulher samaritana, a qual acabou se convertendo em agente da boa-nova de salvação naquela região (Jo 4.1-45).

Para os judeus, no entanto, esse era um caminho problemático, por isso o evitavam sempre que possível. Toda a região, em primeiro lugar, encontrava-se muito paganizada, o que complicava para os fiéis hebreus o cumprimento das leis dietéticas. Além disso, a atitude abertamente hostil dos samaritanos impedia a hospitalidade para com os judeus, que de fato era uma grande necessidade dos peregrinos que desejavam chegar à cidade de Jerusalém.

A estrada principal era, portanto, a do oeste, ao longo da costa do Mediterrâneo. A chamada *Via Maris*, apesar de ser muito antiga, havia sido restaurada pelo império Romano para permitir o trânsito das carroças de carga e possibilitar um comércio mais eficaz, além de facilitar a mobilidade de suas tropas militares. Em Megido o caminho se bifurcava: um desvio levava a Damasco, e o outro, para a Fenícia, passando pelo monte Carmelo. Indo em direção ao sul, passava-se por Cesareia Marítima até chegar a Jope, um porto muito ativo. A partir daí, os viajantes se dirigiam para Jerusalém, na direção leste, cruzando a cidade de Lida.

O caminho costeando o Mediterrâneo era o mais fácil para os viajantes. No entanto, os judeus que se deslocavam da Galileia para Jerusalém o evitavam geralmente pelas seguintes razões: em primeiro lugar, era obrigatório passar por várias cidades gregas e romanas, algo que os mais religiosos não apreciavam e, por isso, evitavam fazê-lo. Além disso, o trecho final que ia da cidade de Jope até Jerusalém exigia que o viajante percorresse caminhos difíceis, propícios a acidentes, sendo também uma passagem perigosa em virtude de trechos muitos isolados, onde assaltantes e criminosos de estrada continuamente ameaçavam a segurança dos viajantes e suas caravanas.

A estrada possivelmente favorita dos judeus da Galileia para se chegar à região da Judeia e à cidade de Jerusalém era a que percorria o curso do rio Jordão, na região oriental de Canaã. Percorriam-se de início 150 quilômetros para depois descer 100 quilômetros pelo vale do Jordão, até chegar à cidade de Jericó com suas belas paisagens e oásis.

A viagem, que era especialmente difícil em razão dos terrenos áridos, podia ser feita a pé ou no lombo de burros. É muito provável que, durante as primeiras décadas do primeiro século, as viagens fossem feitas pela Transjordânia, a leste do rio, por ser uma região administrada pelo tetrarca Herodes Antipas; dessa forma, evitava-se passar perto das comunidades samaritanas. Depois de atingir Jericó, os viajantes já se encontravam às portas da cidade de Jerusalém.

A região da Judeia

As principais características geográficas da região da Judeia são suas montanhas e o deserto. No centro, a região é essencialmente montanhosa, que, ao ser percorrida em direção ao Oriente, se torna cada vez mais deserta e desolada. No tempo de Jesus, as duas cidades mais importantes da Judeia eram Jerusalém e Jericó, e a estrada que as interligava era uma das mais movimentadas. Além disso, tinham algum reconhecimento público as cidades de Belém e Hebrom por estarem associadas ao rei Davi, a primeira, e aos patriarcas e matriarcas de Israel, a segunda.

A viagem entre Jerusalém e Jericó era particularmente complicada por várias razões. A distância entre as cidades era de apenas 30 quilômetros. Entretanto, saindo-se de Jericó, a estrada subia continuamente até superar a altitude de 1.000 metros em uma distância relativamente curta. Além disso, esse trecho íngreme era famoso pela possibilidade de assaltos e roubos, que se converteram em tema em uma das mais famosas parábolas de Jesus, a do bom samaritano (Lc 10.25-37).

A seção central montanhosa tem áreas muito férteis e está repleta de olivais e vinhas, constituindo cultivos mais frequentes e importantes ao sul de Jerusalém, particularmente ao longo do caminho que ligava Hebrom a Belém. Em tal região, ocasionalmente se pode ver os campos cheios de figueiras e de frondosos sicômoros, uma espécie de árvore típica da região. Em direção ao mar Morto e ao rio Jordão, também eram muito cultivadas as tamareiras.

Jesus usou essas árvores para a comunicação eficiente de sua mensagem. A flora, a fauna e o ambiente transformam-se em recursos audiovisuais, consistindo em seus melhores aliados pedagógicos! De acordo com os relatos dos Evangelhos, Zaqueu subiu a um sicômoro para ver Jesus durante sua estada na cidade de Jericó (Lc 19.4). A história destaca a relação de Jesus com alguns setores sociais impopulares. Mas conhecer a Jesus, de acordo com a passagem bíblica, tem virtudes transformadoras, capazes de levar as pessoas a se arrepender de suas más ações, tornando-se desprendidas, honestas, generosas e gratas. Na verdade, o encontro com Jesus provoca nas pessoas, conforme a mensagem do evangelho, novas formas de enfrentar e desfrutar a vida.

Também em sua viagem para a cidade de Jerusalém, Jesus usou uma dessas imagens, a da figueira cheia de folhas, mas sem frutos, para articular sua mensagem profética. A maldição da figueira transmite um importante ensinamento profético: Jesus procurou frutos de justiça na cidade, mas não os encontrou;

por esse motivo, anunciou a queda de Jerusalém e a destruição do templo (Mt 21.18-23; Mc 11.13). A mesma imagem arbórea e rural forneceu ao mestre os recursos necessários para a criação da parábola da figueira plantada em meio a um vinhedo, que tampouco estava dando os frutos esperados (Lc 13.6-9).

Pouco antes de se chegar a Jerusalém, vindo da cidade das palmeiras, Jericó, os viajantes entravam na pequena comunidade de Betânia — onde Jesus tinha vários amigos (Lc 10.38,39; Jo 11.1-16) — para então seguir até o monte das Oliveiras. Daí chegavam ao jardim de Getsêmani — lugar de oliveiras muito antigas que contava com uma importante prensa —, para em seguida atravessar o ribeiro de Cedrom e finalmente atingir o destino desejado, a cidade de Jerusalém.

Contemplar a cidade era um espetáculo extraordinário por causa de seus belos edifícios, entre os quais se destacava o templo, que havia sido construído por Salomão, destruído pelos babilônios, reconstruído após o exílio, melhorado e embelezado por Herodes, o Grande, em um projeto extenso, que durou mais de meio século.

O processo de helenização da Palestina

Jesus viveu na Palestina do primeiro século, época em que estava sob a ocupação e dominação do império Romano, território que apresentava as características culturais, sociais, econômicas e políticas existentes no antigo Oriente Médio. O mundo em que o fundador do cristianismo levou a efeito seu programa educacional inovador passava por tensões, conflitos e experiências de séculos de desenvolvimento econômico, social e religioso interno, além de manifestar as influências políticas e culturais internacionais que se faziam sentir na Galileia e Judeia advindas dos vários esforços de conquistadores, peregrinos e comerciantes.

As maiores e mais importantes transformações experimentadas pela Palestina de Jesus e pelo antigo Oriente Médio estão diretamente relacionadas com o intenso processo de helenização que passou a vigorar após a morte de Alexandre, o Grande, em 325 a.C. Foi um período extraordinário, em que a civilização e a cultura gregas, com sua filosofia, arte e língua, impregnaram significativamente as grandes cidades na Galileia e Judeia, mas que também influenciaram as pequenas aldeias da região. O processo contou com o apoio contínuo e eficiente da infraestrutura militar e das mais poderosas armas de guerra gregas, as quais aterrorizaram sem piedade os habitantes de todo o Oriente Médio, intimidando os exércitos locais e destruindo vários grupos combatentes.

O processo de helenização e conquista fora firme, contínuo e sistemático. Uma vez submetida às autoridades gregas, a cidade, a região ou a nação, lá se estabeleciam guarnições militares locais capazes de assegurar o processo de estabilidade política e social. Não tardou para serem construídos ginásios para treinar e apoiar o exército de ocupação, ao mesmo tempo que serviam de instrumentos para a educação popular na cultura grega. As cidades conquistadas eram gradualmente reconstruídas e transformadas de acordo com os planos e estilos helênicos com suas infraestruturas fundamentais. Nelas se edificavam, por exemplo, estádios e teatros, que ofereciam à população um novo ambiente cultural e filosófico, provocando assim sérias e importantes implicações econômicas, emocionais, espirituais, políticas e religiosas.

Como os gregos haviam desenvolvido extraordinariamente as ciências da arquitetura, engenharia e escultura, além de ser bons poetas, dramaturgos, filósofos, retóricos e comerciantes, com sua chegada também aumentaram significativamente o padrão de vida socioeconômico nessas cidades. De fato, as novas dinâmicas helenísticas desenvolveram o comércio local, nacional e internacional, resultando em enormes transformações físicas, emocionais e econômicas na sociedade.

O processo de helenização das diversas regiões palestinas foi contínuo e seguiu os grandes ímpetos das dinâmicas que vigoravam no restante do império. A partir da Fenícia, ao norte, as novas construções e influências gregas foram sistematicamente se dirigindo ao sul, manifestando-se com força nas cidades costeiras de Acre (também conhecida como Ptolemaida), Dor, Jope, Asquelom e Gaza.

No coração da Palestina, as influências helenísticas foram ainda mais intensas, e Samaria tornou-se um importante bastião da cultura grega. Ao norte, Bete-Seã foi reconstruída e renomeada como Citópolis, tornando-se um centro comercial fundamental e necessário para o circuito formado pela antiga Decápolis, que reunia as dez cidades helenizadas localizadas a leste do mar da Galileia, chegando até a Transjordânia.

A dinâmica da helenização na Palestina afetou principalmente o mundo urbano, em especial as relações comerciais nacionais e internacionais. No entanto, as comunidades rurais, por estarem mais distantes dos centros urbanos, mesmo que tenham sido influenciadas pelo helenismo, foram capazes de manter seus costumes tradicionais e resistiram por mais tempo aos choques imediatos das recém-chegadas forças gregas. As novas concepções de vida impuseram à população palestina uma formidável série de desafios culturais, religiosos, linguísticos, econômicos e políticos.

52   JESUS DE NAZARÉ

Na Judeia, por exemplo, o processo de helenização foi mais lento, porque, no início, as autoridades romanas decidiram respeitar a cidade de Jerusalém com o objetivo de manter suas tradições religiosas. Ao longo do tempo, essas considerações iniciais foram gradualmente cedendo espaço à passagem avassaladora do helenismo que não se detinha diante de nenhum obstáculo ou desafio religioso, cultural ou político. De modo paulatino e sistemático, foram surgindo em Jerusalém e na Judeia edifícios representativos do mundo helênico, causando na comunidade judaica, particularmente nos setores religiosos mais ortodoxos e tradicionais do país, uma profunda inquietação, total rejeição e absoluta hostilidade.

Embora o projeto helenização dos diferentes setores do império tenha sido feito de forma sistemática, a realidade interna, tanto política quanto social, era complexa, frágil e volátil. A paz não era exatamente a característica básica do momento. A instabilidade política se tornara eterna. As lutas sociais e os conflitos interpessoais feriram de forma letal a estabilidade do império Romano!

Logo depois da morte de Alexandre, o Grande, as lutas intensas, extensas e contínuas entre seus generais sequiosos de tomar o poder foram crescendo de tal forma que acabaram por afetar negativamente a administração central e a unidade nacional, resultando na divisão do império. Assim a Palestina foi afetada diretamente por tais conflitos internos e divisões nacionais como decorrência dos generais e seus sucessores que conquistaram poder sobre as diversas regiões do império.

No século III a.C., com a morte de Alexandre, a Palestina ficou sob o controle do grupo dos lágidas ou ptolomeus, que governavam o Egito. A região foi então dividida em pequenos estados ou grupos de cidades e vilas, entre os quais estavam a Fenícia, a Judeia, Samaria, a Galileia e a Idumeia. No entanto, antes do final do século, os selêucidas, cuja sede se encontrava na Síria, tomaram o controle da região e se estabeleceram na Palestina.

Esse foi o contexto histórico, social e militar que propiciou a chegada e as intervenções do rei selêucida Antíoco III na Palestina. Após reorganizar a administração estatal de acordo com as decisões anteriores dos ptolomeus, Antíoco III promulgou uma importante série de decretos com o objetivo de acelerar a reconstrução de Jerusalém e repovoar a cidade com cidadãos helenizados. Para facilitar a transição e incorporar gestores locais no processo, Antíoco III concedeu importantes privilégios à liderança religiosa e política da cidade (tratava-se de sacerdotes, escribas e membros do conselho de anciãos); além disso, levou a cabo o bom funcionamento da cidade e do templo.

As mudanças políticas do império promoveram uma série de transições internas no mundo religioso de Jerusalém, particularmente no templo. Como o poder imperial se encontrava fora da cidade, tanto na época dos ptolomeus (no Egito) quanto na dos selêucidas (na Síria), os sumos sacerdotes foram gradativamente adquirindo mais e mais poder político aos olhos do povo, assumindo crescentes responsabilidades na administração local da cidade, pois a população era predominantemente judaica.

Enquanto os generais de Alexandre e seus sucessores disputavam o poder do império, o processo de helenização se mantinha firme em toda a Palestina pelas mãos de educadores, comerciantes e cobradores de impostos, entre outros, que haviam sido encarregados da tarefa de transmitir os novos valores éticos e as novas filosofias gregas. Os educadores eram responsáveis pelo ensino da língua grega como veículo de comunicação oficial; os comerciantes forneciam à população urbana e rural a tecnologia, as conquistas e os costumes que se desenvolviam em Roma e em outros lugares do império, e os cobradores de impostos implantavam uma maneira nova e eficaz de receber os tipos variados de contribuições.

O novo mundo da filosofia e da arte, do comércio e do desenvolvimento econômico, das línguas e da internacionalização atingiam as comunidades palestinas e Jerusalém, atraindo especialmente os jovens, seduzidos e impressionados pelas novas formas de se compreender a existência humana e maneiras alternativas de encarar a vida, provenientes de um mundo moderno, urbano, cosmopolita, imperial e colonizador.

Com o contínuo crescimento do mundo helenístico na Palestina, alguns setores da sociedade judaica, particularmente da cidade de Jerusalém, passaram a acreditar que a nova filosofia e compreensão de vida eram uma alternativa real e viável a suas antigas tradições religiosas, caracterizadas essencialmente por ser arcaicas, rurais, locais e de âmbito nacional. Muitos judeus deixaram-se conquistar pelo império Romano não por causa de seus exércitos poderosos, mas pela assimilação gradual e contínua do helenismo hegemônico.

A revolta dos macabeus

As importantes transformações que passaram a vigorar na Palestina e, em particular, na cidade de Jerusalém provocaram intensas reações entre seus cidadãos. De um lado, um setor mais moderno, internacional, progressista e aberto às mudanças recebeu as inovações de forma positiva, até mesmo encorajando as modificações de modo que acelerasse o desenvolvimento interno do país e a inserção da Palestina, de Jerusalém e do mundo judaico no contexto internacional das importantes correntes helenísticas da época. Para esse setor liberal e progressista da sociedade, a filosofia grega era uma forma clara de modernização, que permitiria o progresso socioeconômico e facilitava as relações internacionais.

Evidentemente nem toda a sociedade recebeu tais mudanças de maneira positiva. Para alguns setores judaicos de prestígio, as transformações propiciadas pela filosofia helenística eram radicalmente contrárias aos valores nacionais e representavam séria ameaça para a religião e a cultura judaicas. Esta se tratava de uma visão de mundo mais conservadora, tradicional e isolacionista, uma forma de compreender as mudanças do helenismo da perspectiva de uma cultura mais rural e local, com certo contexto nômade e uma intensa história de revelação divina.

Os grupos helenísticos acreditavam na importância de transformar a religião judaica em categorias modernas e contemporâneas, motivo pelo qual se levou à tradução da Bíblia hebraica para o idioma grego, em Alexandria, cidade em que os judeus helenizados chegaram até mesmo a construir um novo templo. Semelhantes realizações foram passos fundamentais no caminho da helenização do judaísmo, uma vez que se havia vertido o conteúdo teológico, histórico e cultural hebraico para uma nova língua, o grego, o que pressupunha uma visão alternativa do mundo e uma compreensão mais aberta e ampla da sociedade.

Para os grupos mais tradicionais da sociedade jerosolimitana, as alterações representavam a perda de identidade e atentavam diretamente contra a vida do povo, de um povo que havia sido resgatado das terras do Egito a fim de alcançar a terra prometida. Portanto, para os setores mais conservadores e fechados do mundo hebraico, o processo de helenização constituía uma séria ameaça para a própria existência da comunidade judaica, cujo fundamento se assentava na revelação divina no monte Sinai.

As duas perspectivas do mundo e da vida manifestavam-se de forma significativa e representativa em duas das famílias mais importantes e reconhecidas da Judeia. A família dos oníadas apresentava uma tendência mais conservadora, tradicional e relutante às mudanças, enquanto a família dos tobíadas demonstrava mais abertura, respeito e valorização das forças helenísticas que chegavam a Jerusalém. Portanto, as duas famílias representavam as várias tendências filosóficas, políticas, administrativas e religiosas que se manifestavam no seio do povo judeu diante da firme e vigorosa implementação do helenismo na Palestina, especificamente na cidade de Jerusalém.

Enquanto o mundo palestino rachava em razão de suas reações ao contínuo e vigoroso avanço do helenismo e da modernização, um novo fator de grande importância histórica e política se fazia sentir no antigo Oriente Médio: a chegada de Roma à região como potência hegemônica, com forças militares impiedosas, com o desejo de conquistar o mundo e seus apetite imperialista. Gradualmente, o império Romano foi conquistando as nações a leste do mar Mediterrâneo, até atingir a Palestina e substituir o governo dos selêucidas, que exerciam o controle da região da Judeia e de Jerusalém a partir da Síria.

Internamente, a instabilidade e o ressentimento dominavam a Judeia e Jerusalém. Os conflitos internos que geravam os choques entre forças progressistas e conservadores em torno da implantação do helenismo cresceram com o passar do tempo. No dia a dia, a crise interna e as dificuldades de governar ficavam patentes entre o povo, ao passo que a situação sociopolítica não mostrava sinais de melhora; pelo contrário, as dificuldades se agravavam.

Com a chegada ao poder na Síria do selêucida Antíoco IV Epifânio (175-164 a.C.), o processo de helenização atingiu seu clímax. Os conflitos internos foram exacerbados com o assassinato do sumo sacerdote Onias III, proveniente da família dos tobíadas, que representava uma postura de maior abertura para as mudanças e o processo de helenização.

Os oníadas se aproveitaram das transições políticas e do vácuo de poder para conseguir que Antíoco IV nomeasse alguém de sua família, Jasão, como sumo sacerdote. Assim começaram os esforços para restaurar a adoração no templo em conformidade com as regras da Torá e promover as manifestações religiosas judaicas no meio do mundo helenístico que estava sendo implantado na região. Ao mesmo tempo, continuavam as mudanças na cidade de Jerusalém sob o patrocínio de Antíoco IV, pois, próximo ao templo, se construiu um ginásio, que a princípio foi muito bem recebido pela comunidade.

Em meio a essa grande crise de valores, de confusão espiritual e desorientação religiosa, as famílias judias passaram a subestimar e até mesmo a abandonar o costume de circuncidar os meninos, e alguns sacerdotes deixaram de celebrar os sacrifícios no templo para assistir a atividades desportivas no ginásio (2Macabeus 2.12-15). O processo de helenização acelerou-se ainda mais quando, em 171 a.C., Jasão foi substituído como sumo sacerdote por Menelau, que apoiava com mais veemência e determinação as transformações helenísticas da cidade de Jerusalém patrocinadas por Antíoco IV. A chegada de Menelau ao sumo sacerdócio fortaleceu a hegemonia da filosofia grega em Jerusalém.

Diante desse processo firme e determinante de helenização, os setores mais tradicionais e conservadores do judaísmo deram início a um decidido movimento de resistência, o que provocou graves conflitos e lutas na cidade, afetando negativamente a estabilidade social e a segurança da população. Na verdade, instaurou-se uma grave crise política causada pela política de helenização dos selêucidas e pela reação dos militantes judeus contra esse processo.

Os contínuos conflitos em curso na Judeia obrigaram a Síria a enviar uma expedição militar para castigar Jerusalém e seus cidadãos. Com o novo contingente bélico, foram implementadas novas leis e decretos que afetaram ainda mais a vida da comunidade judaica. As circuncisões foram proibidas, assim como guardar o sábado e celebrar cultos e sacrifícios no templo. Foram instaurados os sacrifícios de porcos e nomeados fiscais para garantir o cumprimento dos novos regulamentos. O sofrimento das pessoas piedosas foram se tornando cada vez mais intensos. Para piorar as coisas, o templo de Jerusalém foi dedicado ao então chamado "senhor do céu", o equivalente ao deus grego Zeus Olímpico. A completa profanação do templo, prevista nas Escrituras como a "abominação assoladora" (Dn 9.27; 11.31), desencadeada por Antíoco IV, foi possivelmente o gatilho para a ação de grupos judaicos tradicionais que respeitavam a Lei.

A reação às novas decisões da Síria foi a princípio passiva e tênue. No entanto, com o passar do tempo, foram sendo organizadas reações violentas de forma sistemática e coordenada. De particular importância, podemos citar as ações do sacerdote Matatias e seus cinco filhos, que desencadearam uma revolta militar contra Antíoco IV e tudo aquilo que representava sua política antijudaica e helenística. Apesar de Matatias morrer no início da revolta, seus filhos continuaram a revolução sob a liderança de Judas, que recebeu a reveladora alcunha de Macabeu, cujo significado é "martelo". Posteriormente, sua família e todo movimento judaico de rebeldes apropriaram-se desse nome, passando esse esforço libertário e nacionalista a ser conhecido na história como a "revolta dos macabeus".

O grupo dos revolucionários sob a liderança de Judas Macabeu, após várias vitórias significativas, chegou finalmente a Jerusalém e entrou triunfante na cidade. Entre suas primeiras ações, podem ser citadas a restauração do altar, a purificação do templo e a retomada dos sacrifícios no dia 25 de *quisleu*[1] de 164 a.C., três anos após a assim chamada "abominação assoladora" do templo.

---

[1] [NE] O mês nono do ano judaico, começando com a lua nova de dezembro.

A fim de recordar, afirmar e celebrar esse acontecimento único e significativo foi estabelecida a festa das luzes, ou *Chanucá*.

A vitória de Judas, apesar de significativa, mostrou-se efêmera, pois os exércitos selêucidas e as tropas sírias se abateram fortemente sobre a região e derrotaram a revolta do grupo dos macabeus com crueldade. Com a morte de Judas, fechou-se um importante capítulo da história judaica, que, no entanto, não representou o fim do movimento de libertação nacional.

No ano 152 a.C., um novo grupo rebelde uniu-se a Jônatas Macabeu para continuar a luta e prosseguir com a insurreição popular. Mais tarde, antes de sua morte, escolheu como sucessor seu irmão Simão, que não apenas governou e se tornou líder militar, como também assumiu o título de sumo sacerdote em Jerusalém.

Durante esses anos, as famílias dos oníadas e dos tobíadas acabaram cedendo a liderança da cidade ao grupo de combatentes judeus de Jônatas. Como os oníadas se relacionavam com a dinastia ptolomaica, dirigiram-se para o Egito. Jônatas, então, destituiu o sumo sacerdote do templo, que era proveniente da tradição zadoquita, e, na transição, o líder religioso fugiu para o deserto. Talvez esse sumo sacerdote seja a figura identificada nos manuscritos do mar Morto como "o mestre da justiça". De acordo com os ensinamentos desse grupo religioso sediado em Qumran, a adoração no templo sob o sacerdócio dos macabeus consistia num sacrilégio.

Nesse momento é mencionado pela primeira vez os grupos dos fariseus, saduceus e essênios. Conforme o historiador Josefo, esses setores judaicos de caráter predominantemente religioso, apesar das diferenças teológicas, possuíam certo poder político e autoridade social de grande importância para a sociedade.

A monarquia dos hasmoneus

A luta contra o helenismo e sua implantação na Judeia, particularmente em Jerusalém, continuou até 141 a.C., quando Simão conseguiu vencer o último reduto liberal helenístico que ainda resistia. O triunfo judaico levou à independência total da região de Judá do poder da Síria e dos governantes selêucidas. No ano seguinte, para comemorar a vitória, as autoridades religiosas e o povo ratificaram, em assembleia popular, Simão como líder nacional; ficou aprovado também que seu governo passaria para seus descendentes, um ato que ratificou o poder hereditário do mandatário. Dessa forma, tem início a dinastia hasmoneia, que, por não descender de Davi, não foi aceita como legítima por alguns setores do povo judeu.

Simão, após sua morte, foi sucedido por seu filho João Hircano (134-104 a.C.), que fortaleceu a monarquia e conseguiu desenvolver economicamente o reino. No mesmo espírito do rei Davi, chegou a realizar uma importante série de campanhas militares com propósitos expansionistas, os quais foram justificados, bem como sua atitude guerreira, com base nos livros bíblicos de Josué e Samuel. Seu exército destruiu sem piedade as cidades de Samaria e Citópolis. Um grande número de pessoas foi morto pelo crime de apenas falar a língua grega! Tal atitude autoritária, arrogante e imperialista acabou afastando o governo de João Hircano dos ideais originais da revolta dos macabeus, levando-o gradualmente a perder o apoio dos fariseus.

Aristóbulo (104-103 a.C.) herdou o trono com a morte de seu pai, João Hircano, e proclamou-se não somente sumo sacerdote, mas também rei. Seu reinado foi breve e sangrento, havendo enviado para a prisão vários de seus irmãos e assassinado de fome a própria mãe.

Aristóbulo foi sucedido pelo irmão Alexandre Janeu (103-76 a.C.), que expandiu o reino, mas confrontou com crueldade os fariseus que não o apoiavam nem aceitavam suas políticas religiosas. Seu governo foi errático e desumano: em uma reação irracional a um protesto contra seu domínio, mandou matar impiedosamente cerca de seis mil pessoas.

Alexandra Salomé (76-67 a.C.), esposa de Alexandre Janeu, sucedeu-lhe no trono. A fim de estabilizar o reino e manter o poder, entregou a administração real e diária do governo aos fariseus e nomeou seu filho, Hircano II, como sumo sacerdote. Com a morte da mãe, Hircano II tomou o poder, mas foi imediatamente derrubado pelo irmão, Aristóbulo II (67-63 a.C.).

A dinastia dos hasmoneus, que chegou ao poder em Jerusalém com forte apoio popular, fundamentada em importantes postulados que incluíam retomada sóbria e grata das tradições religiosas do povo, transformou-se pouco a pouco num governo déspota, cruel e hostil aos valores básicos do judaísmo, movida pelas ambições pessoais de seus líderes e pela impiedade de seus governantes.

Com efeito, o grupo hasmoneu, que herdara o poder e fundara sua dinastia sobre o triunfo das revoluções dos macabeus, acabou negando os postulados básicos que haviam sido sua razão de ser. Os grandes ideais de rejeição ao helenismo e de afirmação do judaísmo histórico cederam lugar à ambição pessoal e atitudes paranoicas de seus monarcas. Uma revolução iniciada para acabar com o desrespeito aos valores fundamentais do judaísmo terminou desonrando os princípios éticos, morais e religiosos que haviam levado seus líderes ao poder.

A Palestina sob o domínio romano

Uma data de grande importância na história do antigo Oriente Médio, particularmente na Palestina, foi a do triunfo do general romano Pompeu sobre os exércitos sírios e selêucidas. Foi uma vitória final e definitiva, tendo como consequência a redução da poderosa Síria a uma nova província do vasto império Romano. As mudanças políticas e militares afetaram substancialmente a vida das cidades da região. De fato, a presença das forças militares romanas na Palestina reconfigurou a política regional e reorganizou a dinâmica social e econômica das cidades.

Uma das primeiras decisões políticas e militares de Pompeu na Palestina consistiu em intervir nas lutas fratricidas em Judá e Jerusalém. Os conflitos internos na dinastia hasmoneia praticamente haviam se transformado numa guerra civil. Durante as disputas, Hircano II permitira a livre entrada dos exércitos de Pompeu na cidade de Jerusalém, para tomá-la sem batalhas, nem conflitos ou derramamento de sangue.

Nesse contexto bélico, os seguidores de Aristóbulo II refugiaram-se no templo, onde permaneceram sitiados por três meses, antes de ser derrotados pelo poder militar superior das legiões romanas. O ano de 63 a.C. marcou finalmente a extinção da dinastia hasmoneia e a entrada triunfante de Pompeu no templo, logo após a vitória, chegando mesmo a profanar seu espaço mais sagrado, o lugar santíssimo.

O estudo de documentos antigos e a interpretação dos achados arqueológicos revelam com clareza que, ao assumir o império Romano o controle da política na Palestina, a região estava profundamente imersa no helenismo. A maioria das grandes cidades havia adotado a filosofia, a linguagem e os modos de vida da nova cultura helenística. A possível exceção a tais manifestações culturais gregas encontrava-se nas comunidades rurais de Samaria e da Galileia, e particularmente na Judeia e em Jerusalém, locais onde a religião judaica fora capaz de manter a identidade do povo. Entretanto, mesmo nesses importantes redutos judeus as influências gregas se faziam presentes.

Após a conquista de Jerusalém, o império Romano reorganizou as comunidades judaicas, o que incluía Idumeia, Judeia, Galileia e Pereia. Pompeu delegou a autoridade e o governo dessas comunidades a Hircano II, que manteve o título de sumo sacerdote, mas não o de rei. Além disso, o general levou com ele um importante grupo de prisioneiros de guerra que, com o tempo, se converteu na base da diáspora judaica em Roma.

Hircano II era um político astuto e realmente compreendia as lutas sociais para a obtenção do poder. Quando a guerra civil começou em Roma e ao perceber que o futuro de Pompeu não era promissor, associou-se ao grupo vinculado a César, que mais tarde confirmou Hircano II na função de sumo sacerdote e também o nomeou etnarca do povo judeu. Antípatro, seu colaborador, foi nomeado governador de Judá, tornando-se cidadão romano e isento de pagar impostos, algo que na Antiguidade era um grande reconhecimento e um benefício econômico extraordinário.

Graças às boas relações com Roma, as comunidades judaicas receberam certa autonomia, particularmente com respeito a assuntos religiosos. Antípatro usou sua influência para fazer que o império nomeasse seus filhos, Herodes e Fasael, como governadores da Galileia e de Jerusalém, respectivamente. Tais decisões romanas mostraram-se ao longo do tempo de crucial importância histórica, pois marcaram definitivamente o contexto histórico, social, político e religioso do ministério de Jesus.

Durante um breve período (c. 40-37 a.C.), graças à hegemonia dos grupos partos no Oriente Médio e especificamente por sua influência na Palestina, um representante da dinastia hasmoneia, Antígono, conseguiu por apenas três anos ostentar o título de rei de Jerusalém. Para obter a nomeação de sumo sacerdote, ele cortou as orelhas de Hircano II, desqualificando-o definitivamente para o exercício dessas funções no templo de Jerusalém.

A transição afetou adversamente os dois filhos de Antípatro, que reagiram de forma diferente diante das dificuldades: Fasael não resistiu à crise e suicidou-se, enquanto Herodes se dirigiu a Roma para negociar seu futuro político com Marco Antônio, conseguindo finalmente sua nomeação como rei da Judeia (40 a.C.). No entanto, Herodes teve que esperar alguns anos antes de realmente exercer o poder e tornar efetiva sua nomeação por Roma (37 a.C.).

Herodes, o Grande, e seus sucessores

O período de Herodes, o Grande, como rei de Judeia (37-4 a.C.) foi extenso, intenso e complexo. Em primeiro lugar, ele desenvolveu diversas estratégias para consolidar e estabilizar o reino. Uma vez organizada a corte e estabelecidas as bases econômicas, filosóficas e administrativas de seu governo, sucedeu-se um período muito importante de construções, que conduziu a uma era de prosperidade econômica, de apogeu cultural e também de relativa paz política. No entanto, surgiu na corte uma série de problemas familiares que abalaram a administração, resultando em lutas internas pela sucessão do poder.

Destacam-se entre as significativas contribuições de Herodes em favor do reino seus projetos de construção, sendo os mais importantes a cidade de Cesareia Marítima, com seu impressionante porto, um templo dedicado a Augusto e a infraestrutura necessária para ser uma magnífica e singular cidade helenística; a reconstrução de Samaria, que ele rebatizou como Sebaste; e, além disso, o estabelecimento de um sistema de palácios fortificados, para viver nas diferentes estações do ano e garantir sua segurança pessoal e institucional (por exemplo, Heródio, perto de Belém; Massada, a leste do reino e próximo das margens do mar Morto).

Herodes ainda construiu a fortaleza Antônia em Jerusalém, um palácio pessoal de extrema segurança e várias estruturas na tradição helenística (por exemplo, um teatro, um anfiteatro e um hipódromo). No entanto, sua obra máxima e mais emblemática foi a reconstrução e o embelezamento do templo de Jerusalém, iniciado no ano 20 a.C. Embora tenha levado um ano e meio para se finalizar as reformas internas e mais oito anos para se completar os átrios, a obra como um todo apenas foi concluída no ano 62 d.C., muito tempo depois de sua morte.

Do ponto de vista político e religioso, Herodes destacou-se, em primeiro lugar, pelas reformas internas e reorganização do Sinédrio, além da redefinição das funções do sumo sacerdote. O Sinédrio foi reestruturado em conformidade com as regras e com a dinâmica dos conselhos das cortes helenísticas da época. Para controlar eficazmente o sumo sacerdote, o cargo perdeu seu caráter vitalício e hereditário, subordinando-o diretamente à esfera política do rei e ao controle administrativo do monarca.

O vigoroso estilo administrativo de Herodes e sua inquebrantável lealdade a Roma, junto com sua falta de valores morais e carência de escrúpulos, propiciaram dias de relativa calma social e política durante seu reino e, ao mesmo tempo, possibilitaram um período de prosperidade econômica em seu domínio. Registre-se, ainda, que sua atenta preocupação com os assuntos religiosos dos judeus ajudou a comunidade a manter sua identidade nacional. No entanto, esse complexo sistema de segurança nacional e de absoluto controle político, religioso e social não foi suficiente para manter-se de pé após sua morte.

Com a morte de Herodes, o Grande, a Palestina integrou-se ao sistema geral de províncias romanas. Tais mudanças demonstram mais uma vez as boas relações que o governador mantinha com Roma e sua capacidade de negociar com o império. O hábil monarca inclusive preparou sua sucessão, ao estabelecer que o reino fosse dividido em três regiões que seriam governadas por seus filhos. Arquelau foi nomeado etnarca da Judeia, de Samaria e da Idumeia; Herodes Antipas tornou-se tetrarca da Galileia e da Pereia; e, por fim, Filipe assumiu a responsabilidade administrativa da Gaulanítide e Traconítide.

A falta de experiência política e a inexistente capacidade administrativa de Arquelau fizeram que Augusto, em Roma, repentinamente o destituísse no ano 6 d.C. Seu mandato foi breve e não produziu um grande impacto positivo. A decisão imperial levou a Judeia, Samaria e Idumeia a se integrarem à província romana com sede em Cesareia Marítima, passando a depender diretamente do Senado de Roma. A política oficial romana consistiu em tratar com respeito as tradições religiosas e culturais judaicas, isentando assim os judeus do culto imperial e permitindo-lhes até mesmo desenvolver um sistema de imposto para fazer frente à manutenção e às obras do templo em Jerusalém.

4

Desde a Galileia até Jerusalém

Jesus percorreu toda a Galileia, ensinando nas sinagogas deles, pregando o evangelho do reino e curando todas as doenças e enfermidades entre o povo. Assim, sua fama espalhou-se por toda a Síria; e trouxeram-lhe todos os que sofriam de várias doenças e tormentos, os endemoninhados, os que tinham ataques, e os paralíticos; e ele os curou. E grandes multidões o seguiam, procedentes da Galileia, de Decápolis, de Jerusalém, da Judeia e do outro lado do Jordão.

Mateus 4.23-25

Jesus de Nazaré e a ocupação romana

Jesus irrompe na história humana em um contexto histórico singular, preciso e concreto: em meio à ocupação romana da Palestina, que se fazia sentir com força e violência nas regiões da Galileia e da Judeia. Sua vida e ministério aconteceram principalmente nessas duas regiões e em seus arredores, as quais possuíam governos locais independentes e manifestavam características políticas e econômicas diversas e variadas.

Judeia e Samaria faziam parte do sistema político das províncias romanas com centro em Cesareia Marítima, subordinadas diretamente a Roma. Já a Galileia fazia parte da monarquia de Herodes Antipas, que governava com mão de ferro, luxo, festas e excessos uma comunidade multicultural e multilíngue, na qual os judeus eram em sua maioria trabalhadores pobres que viviam essencialmente nas zonas rurais da região. Depois de algum tempo, Herodes — cujo casamento com Herodias, a esposa do irmão, causou grande consternação na comunidade — foi deposto pelo imperador Calígula (39 d.C.) diretamente de Roma.

Jesus de Nazaré realizou seu ministério de cura, ensino e libertação nas comunidades localizadas na Galileia e Judeia, em particular nas cidades, vilas e cidades ao redor do lago da Galileia, em Jerusalém e seus arredores. De especial importância histórica e política, é preciso dizer que entre essas duas regiões imperiais havia fronteiras oficiais e até mesmo repartições de cobrança de impostos, o que indica claramente as peculiaridades e singularidades de ambas as comunidades.

Aquilo que unia de maneira fundamental as duas províncias judaicas, desde a época de Pompeu, não era somente as tradições, o componente religioso e a história comum, mas sim o fato de estarem submetidas a uma potência militar estrangeira. Os judeus de ambas as regiões demonstravam em geral um repúdio claro e bem definido contra a presença militar romana. Essa aberta rejeição política e social manifestou-se violentamente em diversas revoltas judaicas, que não alcançaram grande êxito diante das poderosas legiões romanas.

Entre esses levantes armados, podem-se identificar alguns que obtiveram certo nível de êxito ou que receberam o apoio popular.

Em primeiro lugar, encontra-se a insurreição dirigida por Judas ben Ezequiel, de Gamala, que no ano 6 d.C. reuniu um considerável grupo de seguidores para se rebelar contra o império Romano, estabelecendo-se em Séforis. As legiões romanas advindas da Síria, sob a liderança do general Quintílio Varo, sufocaram violentamente a insurreição, destruindo a cidade e escravizando seus habitantes.

Posteriormente, Judas, o Galileu, organizou a comunidade contra o pagamento de impostos a Roma. Apesar de ter engajado um grande número de adeptos, acabou derrotado pelas forças de ocupação romana. Seus filhos, Jacó e Simeão, também deflagraram diversos movimentos insurrecionais do tipo messiânico, que culminaram numa devastação esmagadora e na crucificação dos sublevados.

Essas repetidas revoltas populares e movimentos de insurreição contra Roma prepararam o caminho e o ambiente para a ampla revolução anti-imperialista judaica dos anos 66-70 d.C. Lamentavelmente para a comunidade palestina, a violência do império não se fez esperar e conseguiu derrotar a resistência militar de forma definitiva, cruel e impiedosa. Além disso, como parte da humilhação nacional e da punição coletiva, o general Tito ordenou a demolição total da cidade de Jerusalém, incluindo o templo que havia sido reconstruído e embelezado por Herodes, o Grande. Da grande cidade, restaram apenas e tão somente as três grandes torres edificadas por Herodes:

Fasael, Hípico e Mariane, as quais evidenciavam com clareza o poder imperial na cidade.

Jesus viveu em meio a essas dinâmicas políticas e sociais, ouviu o grito de seus compatriotas que sentiam a amargura e o sofrimento da ocupação, viu as necessidades dos indivíduos e das comunidades empobrecidas pelo sistema romano, observou as aspirações de liberdade do povo e tinha consciência do poder das forças militares do império. Foi tal contexto histórico e espiritual que serviu de referência teológica e pedagógica para o desenvolvimento das parábolas e sermões de Jesus, para a elaboração de suas imagens retóricas e a articulação responsável de seu programa libertador.

O singular entorno de contradições e aspirações, de tristezas e esperanças, de opressão e redenção constituiu o pano de fundo básico para a criatividade do pregador e rabino galileu, o qual entendia ter sido chamado por Deus, conforme a tradição dos grandes profetas de seu povo, para amar, curar e libertar os feridos, doentes e cativos, bem como anunciar a boa-nova de salvação aos oprimidos, cegos, necessitados, encarcerados, angustiados, desesperados e às pessoas física e mentalmente enfermas.

As mensagens e ações de Jesus renderam-lhe fama na Galileia e na Judeia, e até mesmo na Síria e na Transjordânia. Seu trabalho docente, que envolvia a cura de enfermos e a libertação de endemoninhados, fez que se tornasse conhecido além das fronteiras dentro das quais se movimentava. Os comerciantes, os peregrinos e os soldados foram os responsáveis pela divulgação da notícia daquilo que Jesus realizava em favor das pessoas necessitadas, bem como pelos comentários de como o Senhor respondia com autoridade e sabedoria às reclamações e exigências tanto das autoridades religiosas quanto das políticas.

A Galileia multicultural

Um detalhe de grande importância para a nossa compreensão sobre o Jesus que viveu na Palestina foi a descoberta de que a Galileia do primeiro século da era cristã era uma região multicultural e multilíngue. Com efeito, as descobertas arqueológicas e sua adequada avaliação manifestaram de modo evidente até que ponto o programa helenístico havia penetrado no norte palestino, particularmente nas cidades galileias onde habitava população de origem gentia.

A constatação do multiculturalismo e do multilinguismo revela-se de grande importância para a compreensão do amplo programa pedagógico de Jesus, pois a leitura desatenta dos Evangelhos sinóticos pode transmitir a ideia de que a região era inteiramente judaica, com algumas exceções de pouco valor sociológico e teológico. A verdade é que, apesar de o Senhor e seus seguidores terem decidido, por motivos culturais, linguísticos, religiosos, estratégicos e programáticos, dedicar suas viagens e mensagens aos setores judaicos da região, na verdade o território da Galileia apresentava uma forte influência da cultura grega.

Semelhantes manifestações culturais poderiam ser notadas, sem muita dificuldade, nas cidades projetadas segundo os modelos e padrões helenísticos, com suas residências repletas de luxo e decoradas com mosaicos de temas pagãos. Além disso, tais cidades continham teatros, onde grandes obras dramáticas gregas eram representadas com regularidade. Inclusive, podiam ser observadas nas ruas as atividades pedagógicas dos filósofos, como, por exemplo, a dos estoicos, que ensinavam livremente seus discípulos no fórum.

A Galileia que testemunhou o ministério de Jesus de Nazaré abrigava representantes de duas culturas diferentes, duas maneiras distintas de encarar a existência, de enfrentar a realidade e de compreender a vida. A população helenizada e urbana falava grego e interagia principalmente com os cidadãos e com as instituições localizadas nas seguintes cidades: Ptolemaida, que possuía um importante porto no mar Mediterrâneo e localizava-se ao sul de Tiro e Sidom; Tiberíades, situada às margens do mar da Galileia, era evitada pelos judeus, pois fora edificada sobre túmulos; e Séforis, localizada no interior da Galileia, que detinha a maior população e o comércio mais ativo da região.

A comunidade judaica daquela região era essencialmente rural, falava aramaico e suas casas, muitas delas pobres, espalhavam-se pelos campos e pelas pequenas cidades. Entre essas vilas e das quais temos notícias nos Evangelhos, destacam-se: Nazaré, Caná, Cafarnaum, Naim, Corazim e Betsaida. Não se tratava de grandes povoados, mas seus cidadãos procuravam manter e afirmar as tradições judaicas em meio a um contexto helenístico muito forte e agressivo.

Essas duas comunidades, a helenística e a judaica, não mantinham entre si grandes relações, que, ao que tudo indica, se restringiam a necessidades essenciais e mínimas de compra e venda de produtos nos mercados. Além disso, é possível que os judeus constituíssem uma parcela da força de trabalho, particularmente nos empreendimentos de construção. A proximidade geográfica entre ambas não parece ter exercido uma força de atração maior ou importante, uma vez que a mediação da visão religiosa mais ortodoxa e conservadora dos judeus acabava considerando o helenismo essencialmente pagão, cujo contato tornaria impura a comunidade judaica. Com certeza esse fator religioso particular, em conjunto com a dinâmica social, política, religiosa e econômica

Desde a Galileia até Jerusalém

associada à ocupação romana, não incentivou nem promoveu melhores relações entre a população helenística da Galileia e as comunidades judaicas.

Uma leitura cuidadosa dos Evangelhos põe em evidência a marcada separação entre os judeus e os gentios. As narrativas bíblicas apresentam e destacam as atividades de Jesus entre os setores judaicos. Mas, quando o pregador nazareno se dirigia a alguma comunidade pagã, o relato emprega então frases ambíguas e expressões genéricas e indiretas, as quais, em vez de designar um lugar ou uma cidade específica, terminam por se referir a uma região ou a seus arredores como, por exemplo, a "região" de Tiro e Sidom (Mt 15.21), ou indicar que ele havia chegado às "regiões" de Cesareia de Filipe (Mt 16.13), ou comentar que passara pela "terra" dos gerasenos (Mc 5.1).

No que se refere à Galileia judaica, no entanto, as narrativas dos Evangelhos afirmam claramente a respeito de Jesus que ele viveu e cresceu em Nazaré (Mt 2.23; Lc 2.39; 4.16), que participou com sua mãe de uma festa de casamento em Caná (Jo 2.1), que se mudou por um tempo para a cidade de Cafarnaum (Mt 4.13; Mc 2.1; 9,33; Lc 4.31; Jo 2.12), que realizou uma série de milagres em Corazim (Mt 11.21) e que esteve em Betsaida (Mc 8.22).

Os mesmos relatos evangélicos, no entanto, evitam dizer que Jesus visitou, por exemplo, a cidade de Séforis, distante apenas um hora e meia a pé de Nazaré, que era uma cidade de grande importância cultural e comercial. Também não mencionam as visitas do mestre a outras cidades de língua grega como Tiberíades ou Ptolemaida, embora certamente ficassem nos arredores.

A Galileia multilíngue

Um fator essencial para o desenvolvimento saudável de uma identidade é a língua, sendo esta o veículo de transmissão de valores, sentimentos, ideias, projetos, memórias... Por esse motivo, é necessário conhecer quais eram as línguas faladas na Palestina de Jesus. Para tanto, devemos levar seriamente em consideração não só os testemunhos literários, tanto os bíblicos quanto os extrabíblicos, mas também as descobertas arqueológicas capazes de nos apresentar de forma contextualizada a sociedade e o mundo multilíngue do fundador do cristianismo.

A descoberta dos manuscritos de Qumran revela que, junto com o aramaico, as comunidades judaicas também utilizavam o hebraico e o grego não apenas em atividades litúrgicas, culturais e religiosas, mas ainda na comunicação cotidiana, tanto escrita como oral. Do mesmo modo, o ambiente helenístico da região propiciava o uso da língua grega. A descoberta de textos esculpidos em pedra revela que o latim também era uma língua viva na região.

As comunidades judaicas utilizavam tanto o aramaico como o hebraico. O primeiro idioma era a língua familiar e das interações sociais nas comunidades; ao passo que o segundo, embora bem menos frequente, era uma língua de grande importância religiosa, pois garantia a transmissão das tradições do povo, tanto escritas quanto orais. Jesus, em seus diálogos com os mestres da Lei, deve ter usado o hebraico como meio de comunicação, mas em casa devia empregar o aramaico. O hebraico era a língua da Bíblia e das tradições judaicas que eram lidas nas sinagogas; já o aramaico era o idioma dos diálogos íntimos e das reflexões teológicas.

O estudo aprofundado do texto grego registrado nos Evangelhos revela um fundo linguístico, tanto sintático quanto semântico, de origem semita, possivelmente aramaico, embora não se possa descartar completamente o hebraico. Essa é a principal razão pela qual são encontradas palavras e frases em aramaico em meio a narrativas escritas na língua grega, em particular em Marcos; por exemplo, *talita cumi* (Mc 5.41), *corbã* (Mc 7.1), *efatá* (Mc 7.34), *gehena* (Mc 9.43), *Aba* (Mc 14.36), *Eloí, Eloí, lamá sabactani?* (Mc 15.34) e *raboni* (Mc 10.51). Semelhante peculiaridade sociolinguística, que se manifesta com frequência em contextos e ambientes bilíngues, fica patente ao se traduzir certas expressões do grego para o aramaico (por exemplo, Mt 5.17; Mc 3.20), pois ganham um melhor sentido ou transmitem uma mensagem mais forte.

Por seu turno, o grego era a língua da transmissão da cultura helenística, a qual se manifestava com vigor na Galileia. Não se sabe com certeza até onde chegou o processo de helenização, mas é patente que se estabelecera nos mais importantes centros urbanos, havendo, inclusive, chegado às mais remotas áreas rurais. A influência grega era sentida nas cidades abertamente helenizadas, mas também se fazia presente nas comunidades judaicas. Alguns estudiosos acreditam que em Jerusalém os falantes de língua grega alcançavam 15% da população total, ao passo que na Galileia a proporção era certamente maior.

Não seria surpreendente o fato de que Jesus falasse o grego, uma vez que ele cresceu perto de Séforis. É muito provável que, em seus anos de formação, ele tenha trabalhado na construção civil dessa importante cidade grega. Até mesmo os camponeses galileus sabiam algumas palavras em grego, o que lhes facilitava a comunicação cotidiana nas atividades de compra e venda de alimentos e ferramentas.

Em duas ocasiões específicas, as narrativas dos Evangelhos mostram Jesus em ambientes onde a comunicação deveria ter acontecido em grego. Na primeira, alguns gregos piedosos haviam chegado a Jerusalém para participar das festas judaicas e, de acordo com os relatos, o grupo solicitara um encontro com o mestre (Jo 12.20-50), para o qual não se indica a presença de intérpretes, porque muito provavelmente essas pessoas falavam grego. Na segunda ocasião, a conversa com Pilatos certamente foi travada na língua grega (Mt 27.11-26), pois não seria provável que o líder da ocupação romana na região tenha se interessasse muito em aprender o hebraico ou o aramaico.

O idioma menos empregado na Palestina daquela época de dominação romana era o latim, língua falada apenas pelos oficiais e funcionários de Roma. As pessoas não dominavam a língua do império que ocupava suas terras, embora houvesse alguns nobres que a conheciam em razão da necessidade de manter contato com Roma. Tratava-se de uma espécie de rejeição sociopolítica, de uma reação psicológica à ocupação.

Apesar disso, as inscrições em edifícios públicos eram feitas em latim, uma maneira de assim demonstrar autoridade e poder imperial. Exemplos de tais inscrições foram encontrados em Cesareia Marítima e em Jerusalém. Não parece muito provável que Jesus tenha aprendido latim, embora a inscrição sobreposta em sua cruz seja a expressão "rei dos judeus" em latim.

Galileia: Nazaré e Cafarnaum

Na Galileia, em meio às comunidades helenizadas de língua grega, vivia um grupo significativo de pessoas de tradição e religião judaicas. Essa população estava assentada em grande parte nas zonas rurais da região ou em pequenas cidades. Embora mantivessem suas tradições e costumes, a influência da língua grega e da cultura helenística era enorme, razão pela qual, muitos anos antes, o livro do profeta Isaías tenha se referido à região como a Galileia "dos gentios", descrição que manifesta claramente a percepção negativa e pejorativa que Jerusalém tinha dos cidadãos do norte palestino.

As escavações arqueológicas também corroboram as referências literárias, mostrando que a região adorava, entre outras, as seguintes divindades: Zeus, Atena, Afrodite, Pã e Ártemis.

Os judeus estavam localizados mais densamente em Nazaré e Cafarnaum, que não eram de fato centros urbanos e populacionais de grande importância na Galileia durante os anos em que Jesus levou à frente seu ministério. Em sua grande maioria, os habitantes dessas localidades estavam envolvidos com a agricultura, a pecuária e a pesca, havendo, portanto, a necessidade de artesãos, construtores e carpinteiros para o fornecimento de serviços e infraestrutura necessários na realização de seu trabalho cotidiano.

Uma dessas famílias de artesãos e carpinteiros teria sido provavelmente a de José, cujos antepassados se originavam da região da Judeia, especificamente da cidade de Belém, e haviam se deslocado para a Galileia, talvez como parte do projeto de judaizar a Palestina setentrional na época dos hasmoneus. Várias famílias da Judeia dirigiram-se para o norte naquele período em busca de trabalho e também para responder às necessidades da comunidade judaica na região.

O pequeno povoado de Nazaré localizava-se ao sul da Galileia, numa região predominantemente montanhosa e próxima ao vale de Jezreel. Seus habitantes falavam em geral o aramaico, embora houvesse pessoas que conhecessem um pouco o hebraico para manter as atividades das sinagogas, ao passo que os operários sabiam um pouco de grego para se comunicar nas diversas atividades da construção civil.

No início da era cristã, Nazaré não passava de uma aldeia bastante modesta, sem nenhum reconhecimento nacional (Jo 1.46), formada por poucas casas, geralmente precárias, cuja construção aproveitava as cavernas comuns na região com piso de terra. O povoado ficava a uma hora e meia de caminhada da cidade de Séforis, que, ao contrário, dispunha de um comércio dinâmico, uma economia próspera e um bom ambiente cultural.

Jesus cresceu na cidade de Nazaré, numa comunidade modesta em recursos econômicos, políticos e sociais. O ambiente familiar básico de Jesus não foi o dos grandes palácios reais, nem o do luxo e esplendor dos sacerdotes do templo, mas sim o da atmosfera sóbria, calma, meditativa, pausada, reflexiva e ponderada da Galileia rural, em Nazaré. Seu entorno familiar e educacional não estava rodeado de luxo, poder ou prestígio. O mestre teve a vida simples e difícil do campo, na qual seu trabalho diário de carpinteiro ou operário da construção exigia não apenas o melhor de sua energia física, mas também uma grande capacidade emocional, agilidade espiritual, virtude ética e valores morais.

Cafarnaum, por sua vez, embora não fosse uma grande cidade, era maior e mais importante que Nazaré. Localizada a noroeste do lago da Galileia, próxima à *Via Maris*, que facilitava os processos de comunicação e as atividades de comércio. Nessa cidade vivia uma das comunidades judaicas mais importantes da região e, por estar na divisa entre os reinos de Herodes Antipas e Filipe, contava com uma repartição de cobrança de impostos, indicando assim sua importância estratégica, comercial e fiscal. Alguns estudiosos estimam que no tempo de Jesus Cafarnaum abrigasse cerca de sete mil habitantes.

É muito provável que a mais importante estrutura física da cidade fosse a sinagoga, da qual se conservam até hoje fundações em pedra basáltica. A mulher doente que tocara na borda das vestes de Jesus havia se dirigido para a cidade de Cafarnaum, especificamente para os átrios da sinagoga, a fim de ser curada pelo Senhor (Mt 9.18-26; Mc 5.21-43; Lc 8.46-56). Esse episódio de cura revela que Jesus assistia regularmente a essa sinagoga, uma vez que a mulher o havia esperado naquele lugar, no momento exato.

Judeia: Jerusalém, Jericó e Belém

A grande maioria dos judeus da Palestina romana concentrava-se na região da Judeia, em particular na cidade de Jerusalém por causa da presença do templo e também da infraestrutura religiosa, política e social mais importante para a comunidade de tradição hebraica. Jesus visitou Jerusalém em várias ocasiões, como era o costume judaico da época, e não apenas ao final da vida, em razão de seu ministério itinerante (por exemplo, Mt 21.1-11; Mc 11.1-11; Lc 19.29-40; Jo 12.12-19), mas também como participante da peregrinação das famílias galileias que se dirigiam anualmente ao templo para celebrar suas festas (Lc 2.41-52).

As paisagens da região da Judeia variam entre desertos, montanhas, oásis e áreas férteis. A parte central onde ficam Jerusalém e Belém é essencialmente montanhosa; em direção ao norte, as montanhas são mais baixas, e o solo é fértil. Já ao sul, no caminho para a cidade de Hebrom, as áreas férteis vão dando lugar gradualmente ao deserto de Berseba; a leste, as montanhas cedem espaço ao famoso deserto da Judeia até chegar ao mar Morto e ao rio Jordão. Em direção ao oeste, as altas montanhas alcançam a Sefelá, ou montanhas baixas, antes de atingir as planícies que levam ao mar Mediterrâneo. Dessa forma, Jerusalém e Belém estão no centro da região da Judeia, ao passo que Jericó, a leste, fica próxima ao rio Jordão e das montanhas desérticas, onde os manuscritos do mar Morto foram encontrados nas cavernas de Qumran.

O deserto da Judeia tem desempenhado um papel preponderante na história judaica, pois, entre suas paragens e montanhas, refugiaram-se diversos grupos de combatentes e também multidões de peregrinos. Os primeiros, para organizar revoltas e estabelecer um esconderijo seguro. Já os segundos procuravam a solidão do deserto própria para exercícios espirituais, meditações e reflexões. Entre os primeiros, destacam-se os grupos que se revoltaram contra Roma no final do primeiro século e no início do segundo da era cristã, cuja evidência se encontra em *Wadi Maraba'at* e *Nahal Hever*. Em relação ao segundo grupo, havia religiosos que se retiraram para viver nas cavernas de Qumran. Também é possível que, durante algum tempo, João Batista tenha vivido entre os peregrinos (Mt 3.1-12; Mc 1.1-11; Lc 3.1-18; Jo 1.19-28), o qual certamente acabou preparando o caminho para que Jesus realizasse mais tarde seu ministério reconciliador.

A maioria das pessoas que viviam naquela região era de origem judaica, embora também houvesse um setor menor da população que havia se helenizado. Nessa região, Jerusalém marcava sua importância pelo templo e por ser o centro da dinâmica religiosa, social, econômica e política associadas à vida do povo judeu. Jericó desempenhava um papel fundamental em razão de à sua localização geográfica estratégica, porque, além da agricultura, a cidade era parada obrigatória aos peregrinos que se dirigiam a Jerusalém, vindos do norte, do sul ou do leste. Por ser a cidade do nascimento de Jesus, o prestígio da pequena vila de Belém afirmou-se e intensificou-se, de acordo com algumas narrativas dos Evangelhos (Mt 2.1-12; Lc 2.8-20).

A Jerusalém do início do primeiro século da era cristã era uma grande cidade, e sua glória atingira níveis extraordinários graças aos ambiciosos e faraônicos projetos de construção de Herodes, o Grande. A remodelação, o embelezamento e as transformações sofridas pela cidade e pelo templo haviam começado por volta do ano 20 a.C., e, durante o tempo de Jesus, a maioria dos projetos fora concluída, embora os trabalhos de construção hajam continuado após a morte de seu patrocinador. Além disso, a dinastia dos hasmoneus, particularmente com João Hircano, construíra um sistema de segurança e defesa da cidade que depois foi melhorada por Herodes.

Seria difícil especificar o número de habitantes da cidade de Jerusalém, em virtude das referências exageradas provenientes da Antiguidade. De acordo com Josefo, a cidade reunia durante as festas cerca de três milhões de pessoas! Com relação às vítimas de guerra contra Roma, o historiador assegura que foram capturados 97 mil prisioneiros, enquanto os mortos no conflito chegaram a 1,1 milhão!

Os números exagerados podem ser um bom indicador da natureza e violência dessa crise, como também revelar a magnitude e a extensão da cidade: a cidade de Jerusalém não era pequena segundo nenhum ponto de vista. Possivelmente era uma das cidades mais populosas do império Romano!

Fazendo uma sóbria avaliação das descobertas arqueológicas e analisando com ponderação a extensão da cidade na época de Jesus, podemos inferir que sua população atingia aproximadamente cem mil pessoas, uma cifra considerável para qualquer lugar e em qualquer momento. Durante as festas anuais, a cidade poderia chegar a abrigar até trezentos mil pessoas, somando-se visitantes e peregrinos. É preciso ainda acrescentar a esse número básico as comunidades rurais limítrofes. De fato, Jerusalém e seus arredores formavam um centro populacional de grande importância social, econômica e política para o império Romano.

Uma cidade com a natureza, extensão e densidade populacional da antiga Jerusalém necessitava de uma boa infraestrutura, capaz de oferecer a seus moradores uma vida saudável, sustentável e organizada. Para alcançar essa finalidade social e sanitária, os engenheiros de Herodes conceberam, entre outros projetos importantes, vários sistemas de aquedutos e de captação de esgoto, além de centrais para tratamento da água. Um dos aquedutos, por sinal, recebeu melhorias durante o governo de Pôncio Pilatos, a fim de captar água ao sul da cidade de Belém e distribuí-la em Jerusalém, perfazendo uma distância de 77 quilômetros.

A Jerusalém de Herodes e Jesus caracterizava-se por beleza e segurança. Em particular, alguns edifícios eram colossais. O palácio de Herodes, por exemplo, fora construído sobre uma plataforma especialmente preparada de 330 metros de comprimento por 130 metros de largura. O edifício também servia de pretoria ou habitação temporária do pretor romano, cujo palácio oficial situava-se em Cesareia Marítima, capital da província. Devemos mencionar ainda, entre as magníficas construções da época, a fortaleza Antônia, erguida em homenagem ao imperador romano Marco Antônio.

O edifício mais impressionante e importante da cidade, no entanto, era o templo, que havia sido renovado e restaurado por Herodes. A estrutura fora construída sobre uma esplanada retangular de 500 metros de comprimento e numa dimensão de 14,4 hectares. Sua construção necessitou de uma fundação especial feita de blocos de pedra, os quais mediam até 12 metros de comprimento, 3 de altura, 4 de largura, dos quais vários se conservaram até os nossos dias. Essa superfície correspondia a aproximadamente 144 mil metros quadrados, o que corresponde a cinco vezes o tamanho da acrópole em Atenas e dez vezes o da atual Basílica de São Pedro no Vaticano. Era, de fato, uma grande construção!

A segurança da cidade era feita por um complexo sistema de quartéis, muralhas e torres, que permitia uma vigilância contínua e resposta rápida aos possíveis ataques inimigos. Desse sistema destacam-se três torres em razão de sua importância histórica e beleza. A torre de Hípico, de 35 metros de altura, fora construída por Herodes e recebera essa denominação em homenagem a um amigo falecido. Sobreviveram até o presente algumas seções da antiga torre, na chamada torre de Davi, que está localizada muito perto da porta de Damasco, na cidade antiga de Jerusalém.

As outras duas torres de Fasael e Mariane sobressaíam-se pela beleza, altura e espaços internos. A primeira honrava o irmão de Herodes; a segunda, a esposa muito amada, a qual, no entanto, não teve nenhum escrúpulo em matar. As três torres cumpriam um grande papel na proteção militar da cidade, além de ser uma consignação muito clara e firme de autoridade e poder. A majestade e a elevação das torres representavam a forma física de manifestar e enfatizar, mesmo a distância, o poder do monarca: que não se detinha diante de nenhuma ameaça nem se negava nenhum gosto pessoal.

Outra cidade importante na Judeia era Jericó, detentora de uma longa tradição religiosa e cultural nas narrativas bíblicas (consulte, por exemplo, Js 6). A relevância da cidade, entretanto, não está vinculada unicamente às histórias da Bíblia, incluindo nelas a entrada das tribos israelitas na terra prometida, Canaã, mas também por ser um dos mais antigos assentamentos urbanos do mundo, local onde se podem identificar comunidades e povoados há mais de oito mil anos.

Embora a cidade de Jericó esteja localizada no coração do deserto da Judeia, em uma área de precipitação pluviométrica muito baixa, ela possui um bom número de fontes de água e oásis que a brindam com vegetação e beleza. Em sua paisagem há uma profusão de palmas de tâmaras, árvores frondosas, como o sicômoro, e uma grande variedade de belas flores, especialmente diversos tipos de rosas. Sua importância estratégica não estava no tamanho, pois não se tratava de uma cidade muito grande, mas em sua localização geográfica, uma vez que era a porta de entrada para Jerusalém logo depois da passagem pelo rio Jordão.

A beleza de Jericó, com sua vegetação abundante e ambientes paradisíacos, fez que reis e imperadores ficassem constantemente impressionados com a cidade. Inclusive, relata-se que Marco Antônio, para expressar seu amor a Cleópatra, presenteou-a com a cidade de Jericó. Herodes, para desfrutar de sua beleza e segurança, reforçou as muralhas da cidade e construiu um magnífico palácio de inverno e inúmeros edifícios públicos, entre os quais se destacam um teatro, uma hipódromo e uma fortaleza.

O famoso palácio de inverno de Herodes situava-se na saída da cidade, em direção a Jerusalém. Por causa de sua posição geográfica, muitos portadores de deficiência física, visual e mental se aglomeravam diante dos portões do palácio para implorar misericórdia e caridade dos transeuntes e peregrinos. Jesus, que passou várias vezes pelo lugar, deve ter visto nessas ocasiões o palácio e as pessoas que se aproximavam para pedir esmolas.

A pequena vila de Belém está localizada nas montanhas da Judeia, cerca de 8 quilômetros ao sul da cidade de Jerusalém. Na época de Jesus, consistia apenas em um grupo não muito grande de pequenas casas, construídas entre as cavernas das montanhas. A aldeia contava com um edifício de importância capital situado na estrada para Tecoa, a antiga cidade do profeta Amós, o Heródio: em essência se tratava de um palácio-fortaleza que Herodes havia construído na região a fim de passar uma temporada do ano.

A população de Belém era constituída em sua maioria por pequenos agricultores de trigo e cevada, e por pastores de cabras e ovelhas. Talvez por causa de sua capacidade em produzir grãos, o lugar tenha recebido o nome hebraico de Beit Lehem, que significa "casa do pão". Foi nessa região, de acordo com o testemunho bíblico, que a matriarca Raquel morreu ao dar à luz Benjamim, sendo enterrada em Belém (Gn 35.16-21), e que Boaz conheceu Rute, a moabita (Rt 3.1-18), que foi avó do rei Davi (Rt 4.21), que também era oriundo de Belém (1Sm 16.1-13).

Uma das famílias mais ilustres e importantes de Belém era a de José, que, embora morasse no norte, na Galileia, regressou à terra de seus pais para cumprir com as obrigações impostas pelo censo do imperador Augusto. De acordo com os relatos dos Evangelhos (Mt 1.18—2.12; Lc 2.1-7), Jesus nasceu em Belém da Judeia, no tempo do rei Herodes.

Governantes romanos e judeus no tempo de Jesus

Apresentamos a seguir uma relação dos governantes que tiveram responsabilidades políticas, administrativas, militares e religiosas na Palestina, durante a época de Jesus. São quatro grupos: dois judeus e dois cristãos. No entanto, embora os líderes judaicos locais possuíssem alguma autonomia e autoridade, o verdadeiro poder pertencia a Roma, que organizou um sistema eficaz de comunicação e de implementação de suas decisões imperiais.

Imperadores romanos
- Otávio Augusto: 24 a.C.-14 d.C.
- Tibério: 14-37
- Calígula: 37-41

- Cláudio: 41-54
- Nero: 54-68
- Galba: 68-69
- Oto: 69
- Vitélio: 69
- Vespasiano: 69-79
- Tito: 79-81
- Domiciano: 81-98
- Nerva: 96-98
- Trajano: 98-117

Governadores romanos na Palestina

- Copônio: 6-9 d.C.
- Ambíbulo: 9-12
- Rufo: 12-15
- Valério Grato: 15-26
- Pôncio Pilatos: 26-36
- Marcelo: 37
- Marulo: 37-41
- Cúspio Fado: 44-46
- Tibério Alexandre: 46-48
- Ventídio Cumano: 48-52
- Antônio Félix: 52-60
- Pórcio Festo: 60-62
- Luceio Albino: 62-64
- Géssio Floro: 64-66
- Vespasiano: 67-69
- Tito: 70
- Baso: 71
- Silva: 72-80
- Salvidemo: 80
- Longino: 85

Reis judeus

- Herodes, o Grande: 37-4 a.C.
- Arquelau: 4 a.C.-6 d.C.
- Herodes Antipas: 4 a.C.-39 d.C.

- Filipe: 4 a.C.-39 d.C.
- Herodes Agripa I: 39-41 d.C.
- Agripa II: 53-93

Sumos sacerdotes em Jerusalém

- Durante a monarquia de Herodes, o Grande:
  - Ananel
  - Aristóbulo
  - Ananel
  - Jesus

- Sob Arquelau, Herodes Antipas e Filipe:
  - Simão
  - José
  - Joazar
  - Eleazar
  - Jesus
  - Anás: 6-15 d.C.
  - Caifás: 18-36
  - Jônatas: 36-37
  - Teófilo: 37-41

- Sob Herodes Agripa I:
  - Simeão: 41-44
  - Matias
  - Elioneo

- Sob Agripa II: 53-93 d.C.
  - Ananias: 48-58
  - José
  - Anás II
  - Jesus
  - Josué
  - Matatias
  - Fanias

5

Crescimento e força, sabedoria e graça

Assim que cumpriram tudo o que a lei do Senhor exigia, voltaram para a sua cidade, Nazaré, na Galileia. E o menino crescia e se fortalecia, ficando cheio de sabedoria; e a graça de Deus estava sobre ele.

Lucas 2.39,40

Contexto familiar de Jesus

Os diversos fatores que contribuíram significativamente para o crescimento físico e intelectual e para o desenvolvimento emocional e espiritual de Jesus podem ser encontrados em três áreas fundamentais da vida: seu contexto doméstico familiar em Nazaré, a dinâmica social da comunidade e seu trabalho na Galileia. Nessa importante formação, colaboraram também programas educacionais ministrados nas sinagogas de Cafarnaum e Nazaré, bem como os diálogos que teve com os vários líderes religiosos do judaísmo, tanto nas peregrinações anuais à Cidade Santa como no templo e seus arredores. As interações que se destacavam nessas circunstâncias deram a Jesus a informação, o pano de fundo, a formação, os valores, o estilo, as prioridades, o conteúdo e a compreensão da vida e da existência humana que foram moldando sua personalidade de maneira gradual e sistemática.

Aquilo que ocorre ao redor de uma pessoa, em geral atividades repetitivas e simples, é capaz de marcar indelevelmente o caráter e o modo de ser do indivíduo. No caso de Jesus, as ações rotineiras aconteciam em uma casa específica, a de José e Maria, localizada em uma comunidade muito pequena no sul da Galileia, Nazaré. Naquele preciso espaço vital e familiar, Jesus foi educado nas antigas tradições dos judeus, aprendeu a profissão de carpinteiro, relacionou-se com parentes e amigos, teve contato com os diferentes níveis sociais, políticos e econômicos da região e estudou as diversas manifestações religiosas do judaísmo que coexistiam nas regiões da Galileia, ao norte da Palestina, e da Judeia, ao sul.

Para nossa análise do Jesus histórico, as ações diárias não são irrelevantes nem têm valor secundário, tampouco a dinâmica cotidiana e as interações da família de José e Maria com os diferentes setores da comunidade. De fato, para se obter uma compreensão mais extensa e profunda de Jesus e de seu ministério, devemos estudar as várias formas em que se realizavam as tarefas familiares, educacionais, profissionais e religiosas na região.

Para uma família judia piedosa do primeiro século, como era a de Jesus, o dia começava muito cedo, ao nascer do sol, com orações e bênçãos dirigidas ao Senhor, pois a manhã havia chegado e era recebida com louvor e ação de graças. Além de recitar e meditar em alguns dos salmos, também se repetia a oração fundamental do judaísmo, conhecida como o *Shemá*.

Essa oração judaica é composta de vários textos bíblicos do Pentateuco (por exemplo, Dt 6.4-9; 11.13-21; Nm 15.37-41) e começa da seguinte forma: *Ouve, ó Israel: o Senhor, nosso Deus, é o único Senhor* (Dt 6.4). Essa prece singular, proveniente de textos teológica e educacionalmente significativos da Torá, oferecia aos judeus a tônica religiosa e emocional que deveria orientar o restante das atividades e decisões do dia. Era uma maneira de começar as atividades diárias com um senso de direção espiritual, em conformidade com a tradição das leis de Moisés e com os ensinamentos dos grandes profetas, mestres e sábios do judaísmo.

Após as orações e meditações comuns ao romper da aurora, dava-se início às tarefas domésticas diárias e ao trabalho de cada ofício. Para as mulheres, as atividades rotineiras estavam inicialmente relacionadas à cozinha: a confecção e disposição dos alimentos. O processo incluía a preparação da farinha, com a moagem dos grãos de trigo e cevada, e a elaboração de tortas ou pães, geralmente assados em fornos de pedra em casa.

No mundo judeu do primeiro século, não havia utensílios de mesa, por isso era comum comer com as mãos. A dieta normal contava com azeite, grãos, verduras, frutas, leite, manteiga, queijo e vinho, e em ocasiões especiais acrescentava-se um pedaço de carne de ovelha ou de cabra, peixe ou frango. Nessa época, buscar água em poços, reservatórios ou rios era uma tarefa diária relacionada à rotina de preparar os alimentos e de cuidar da higiene da casa.

Nessa época, os vegetais conhecidos eram o grão-de-bico, o feijão, a ervilha, a cebola, o alho e o pepino. As frutas mais comuns eram tâmaras, melancias e romãs. Os guisados de grão-de-bico ou lentilha eram muito populares. Nas casas judaicas que observavam estritamente as leis dietéticas do Pentateuco, era comum antes das refeições abençoar a mesa e recitar orações para agradecer a Deus por sua bondade em dar-lhes o alimento.

Os homens que trabalhavam nos vários ofícios artesanais, como os carpinteiros, geralmente montavam sua oficinas na própria casa, começando a trabalhar logo no início da manhã, com o despontar do sol. Além disso, era nesse mesmo contexto imediato que se ensinavam as novas gerações de artesãos, pois se tratava de uma profissão e responsabilidade funcional que se transmitia na intimidade familiar, em um tipo de oficina anexa à casa, de geração em geração. Consistia, portanto, em um fórum de diálogos íntimos e significativos.

Este foi o contexto familiar da vida de Jesus: Maria levantava-se bem cedo para preparar a comida e fazer as tarefas domésticas; José dirigia-se à oficina para trabalhar e ensinar seus filhos, entre os quais estava Jesus. Em meio a todas essas responsabilidades diárias, manifestavam-se a piedade e a espiritualidade, aprendiam-se os valores morais e os princípios éticos, apreciava-se e respeitava-se a natureza, recordava-se a história, desenvolviam-se as habilidades de uma profissão e, além disso, as crianças cresciam física, emocional e espiritualmente, pois as tradições judaicas começavam a ser ensinadas em casa, no ambiente íntimo da família.

O ambiente social de Jesus

Uma informação valiosa que chegou até nós tanto por fontes literárias antigas (por exemplo, os Evangelhos canônicos) quanto pela avaliação adequada das descobertas arqueológicas diz respeito às diferenças sociais existentes na Palestina em que Jesus vivera no início da era cristã. As desigualdades que se manifestavam entre os diversos grupos da população, especificamente nas cidades da Galileia e da Judeia, revelavam uma sociedade marcada por grandes injustiças sociais e intensos desafios econômicos. As diferenças sociais e econômicas faziam parte da realidade cotidiana do povo.

De um lado, viam-se e admiravam-se os imponentes prédios construídos pelo rei Herodes, o luxo que imanava de seus palácios. Por outro, a pobreza extrema nas áreas rurais. Nas próprias cidades, não faltava gente que dependia diretamente do apoio e da solidariedade da comunidade. Famílias como a de Herodes e seus associados, com acesso ao poder econômico e às estruturas políticas do país, não eram muitas em comparação com vastos setores da população reduzidos à pobreza e à miséria, em geral em condições que mal lhes permitiam sobreviver. Tratava-se de uma sociedade em que sobravam mendigos.

As famílias endinheiradas e os grupos que detinham o poder dispunham de grandes recursos econômicos, multidões de servos e grupos de escravos, enquanto os setores marginalizados, oprimidos e despossuídos da sociedade palestina do primeiro século precisavam lutar todos os dias para atender às necessidades básicas da vida.

Em meio a essas dificuldades socioeconômicas, devemos mencionar também as pessoas que por contínuos problemas financeiros ou limitações de ordem física ou mental acabavam na mendicância, vivendo à entrada do templo ou nas portas das cidades. Na verdade, Jesus viveu em uma sociedade de contrastes, marginalização, opressão, ocupação, pobreza, doença e cativeiro. Ele vivenciou não somente tal realidade social, econômica, espiritual e política, como ainda em suas viagens, peregrinações e diálogos com toda gente tomou conhecimento das implicações decorrentes de tais dinâmicas individuais e coletivas, e percebeu a ansiedade, a dor, o desespero, os tormentos e as frustrações que diretamente se relacionavam a essas condições.

As cortes oficiais e os palácios reais do período de Herodes eram caracterizados por extravagância, luxo, festividades e esbanjamento. Tratava-se de ambientes de agitação, algazarras e celebrações contínuas, que exigiam uma boa infraestrutura econômica e um grande e permanente número de serviçais.

Além das tropas necessárias para manter a estabilidade social e fornecer a segurança pessoal dessas famílias, nos palácios havia funcionários reais de vários níveis, que trabalhavam em conjunto com criados e trabalhadores exigidos para manter tal estilo de vida extravagante; por exemplo, camareiros, copeiros, cozinheiros, caçadores, barbeiros, médicos, secretários, tesoureiros, cavalariços, assistentes e ajudantes de oficiais, e até carrascos, caso uma situação extrema de segurança individual ou coletiva o justificasse.

A guarda pessoal de Herodes, o Grande, por exemplo, possuía uma multidão de soldados à disposição, provenientes de diferentes regiões do império Romano. Desse grande grupo, alguns se tornavam ao longo do tempo funcionários de confiança do monarca, que, além de obter acesso ao poder e participar das decisões governamentais, chegaram a ter grande influência no desenvolvimento político, econômico, militar e social do país.

A toda essa profusão de criados e empregados deve-se acrescentar a parentela de cada um, que também vivia ou nas instalações palacianas ou em seus arredores, sendo dependentes e participantes das celebrações e dos atos oficiais. No mesmo contexto dos grandes palácios reais, encontravam-se ainda as esposas e concubinas do rei, e dos altos funcionários com seus respectivos servos, além dos funcionários de menor hierarquia e escravos, que viviam nas cortes essencialmente para servir, conforme as necessidades oficiais, pessoais e familiares dos poderosos.

Todo complexo sistema de celebração, segurança, administração pública e serviço doméstico exigia grandes somas de dinheiro para sua manutenção. Os recursos provinham dos impostos que eram cobrados das cidades e dos indivíduos. Na corte de Herodes, por exemplo, as necessidades econômicas eram tantas e tão contínuas que, de acordo com o historiador Flávio Josefo, o monarca certa vez mandou assassinar vários funcionários endinheirados do reino com o propósito de apropriar-se de suas fortunas.

É lógico que as reações da sociedade não eram positivas em relação a um sistema de impostos tão injusto, abusivo e desequilibrado que a oprimia e empobrecia, e menos ainda contribuía para melhorar e desenvolver suas condições sociais e econômicas. Tratava-se de um aparelho de opressão fiscal, cujo verdadeiro objetivo era atender aos caprichos e às excentricidades de governantes inescrupulosos, arrogantes e presunçosos.

Esse ambiente de opulência, riqueza e ostentação também se manifestava entre as famílias dos nobres que, da mesma forma que a realeza, queriam ostentar seus recursos econômicos, bom gosto e poder social e político. As expressões de prepotência e vaidade eram perceptíveis em particular nas casas luxuosas, nos frequentes banquetes e, até mesmo, nos grandes monumentos funerários. O orgulho e a arrogância dos anfitriões ficavam patentes na qualidade e ostentação dos jantares e também no número de convidados. A maioria das pessoas ricas vivia na cidade de Jerusalém, entre as quais se destacavam comerciantes, latifundiários, cobradores de impostos e funcionários do governo.

Juntamente com os grandes comerciantes, estava um grande grupo de proprietários de lojas, artesãos e agricultores que também contribuíam para a estabilidade social e o desenvolvimento econômico do país. Eles não eram necessariamente muitos nem possuíam grandes riquezas, mas colaboravam para o equilíbrio integral da Palestina. Eram proprietários de armazéns de alimentos e de artigos de primeira necessidade para o consumo diário; eram donos de pensões e tabernas destinadas a viajantes e visitantes; além disso, eram fornecedores de animais e outros produtos necessários aos peregrinos, a fim de que pudessem oferecer sacrifícios no templo, preparar a ceia da Páscoa e levar lembranças das viagens. Em suma, tais negociantes ofereciam a infraestrutura comercial e administrativa necessária para a convivência diária.

Nas zonas rurais, os agricultores cultivavam pequenas propriedades de terra para sua subsistência, vendendo o excedente nas grandes cidades. Aos colonos eram arrendadas terras de grandes proprietários para a agricultura e a pecuária. As relações entre eles, no entanto, nem sempre eram as melhores nem as mais cordiais, pois ocasionalmente os latifundiários exigiam dos colonos somas exorbitantes e rendas injustas, que por vezes equivaliam a quase todo o lucro do ano, deixando os trabalhadores sem os recursos necessários para o sustento e sobrevivência de suas famílias, nem para continuar com uma operação agrícola sustentável.

Os trabalhadores autônomos trabalhavam por hora ou tarefa, e todo dia se viam na incerteza e na preocupação de obter o que fazer. Uma ocupação profissional cercada de incertezas. Os pastores cuidavam dos rebanhos nos campos da Palestina, mas nem por isso desfrutavam de melhor reputação nem de maior prestígio. Seus costumes e sua cultura eram muito diferentes daqueles que se exerciam nas cidades e nos demais centros urbanos. Os escravos, que normalmente não trabalhavam na agricultura palestina, serviam em geral nas tarefas domésticas de famílias abastadas, mas seu *status* social e econômico era frágil e precário.

Dentro de semelhante estrutura econômica e dinâmica social, poucas eram as famílias abastadas, ao passo que os setores empobrecidos eram majoritários. A pobreza não decorria apenas de uma distribuição imprópria e injusta da riqueza; também havia muita gente que por motivos físicos, emocionais ou sociais não podia trabalhar, não conseguia emprego, era ociosa ou simplesmente não recebia a compensação adequada por seu trabalho. Com efeito, tal condição laboral e social gerava mendigos, que viviam vagando pelas cidades ou arredores do templo, conforme indicam as frequentes referências registradas nas Escrituras (por exemplo, At 3).

A Palestina que presenciou o ministério de Jesus nos primeiros anos da era cristã sofria ainda de uma franca decadência moral, sendo o clima geral de desespero emocional, instabilidade social, opressão política, ocupação militar, crise econômica e desorientação espiritual. Essas dinâmicas complexas na sociedade palestina proporcionaram o contexto ideal para uma recorrente desestabilização política e o desenvolvimento repetitivo de revoltas nacionalistas e insurreições populares.

As diversas sublevações e reações violentas de alguns setores campesinos, por exemplo, na Galileia, foram consequências, entre outros fatores, das profundas divisões sociais na comunidade, das graves dificuldades econômicas da região, de complicações reais na dinâmica de trabalho, das atitudes irracionais e despóticas dos governantes, do desespero crescente dos cidadãos e do ressentimento contínuo de indivíduos e comunidades contra a ocupação romana. O desenvolvimento e a interação desses ingredientes provocaram as contínuas revoltas armadas na Palestina e também serviram de base para a rejeição pública e privada do sistema oficial imposto pelo império Romano, cuja manutenção, no tempo de Jesus, estava a cargo da administração implacável de Herodes e sua família.

Em meio a tanta dor e angústia, com alguma regularidade se erguiam na Palestina combatentes da liberdade (bem como marginais e criminosos!), que tentavam derrubar o regime e substituí-lo por outro mais justo e digno. O objetivo desses movimentos de independência era duplo: acabar com a presença do império Romano na região e livrar-se da administração de Herodes. O primeiro propósito dizia respeito à ocupação romana, particularmente à presença impiedosa e cruel das legiões militares do império, prontas para enfrentar e eliminar qualquer princípio ou tentativa de rebelião. O segundo tinha como objetivo eliminar de uma vez por todas uma administração nociva e destrutiva, cuja filosofia administrativa era baseada na megalomania, no ressentimento, na perseguição, no desperdício, na imoralidade, no descontrole e na paranoia.

Foi nesse ambiente geral e relacional que Jesus de Nazaré cresceu e se desenvolveu física, emocional e espiritualmente. Essa foi a realidade social que preparou as condições que levaram os judeus à guerra contra Roma. Eis o ambiente econômico que serviu de referência a suas parábolas e ensinamentos e também o contexto político e militar que culminou com a derrota esmagadora dos rebeldes judeus e com a queda da cidade de Jerusalém, ocasionando a total destruição do templo em 70 d.C.

Na verdade, o Jesus do Novo Testamento viveu em um momento extraordinário da história da Palestina, no qual as diversas dinâmicas manifestas na sociedade exigiam uma nova abordagem ao mundo da religião, uma nova forma de pedagogia e uma nova compreensão da importância dos valores éticos, dos princípios morais e dos fundamentos políticos que governam indivíduos e comunidades.

A educação

A educação desempenhou um papel fundamental na vida e no ministério de Jesus de Nazaré. Sua importância fica evidente no estudo cuidadoso de suas mensagens e parábolas, e também ao se analisar as declarações das pessoas que o ouviram ou com ele compartilharam. Por exemplo, Nicodemos, de acordo com o evangelho de João, reconhecia a capacidade pedagógica do Senhor, definindo-o como um bom mestre e rabino (Jo 3.2). Além disso, a comunidade que testemunhou suas atividades de ensino também reconhecia sua competência pedagógica, afirmando que ele ensinava não como os escribas e fariseus, mas como quem tinha autoridade (Mt 7.28,29). Por essas declarações, torna-se evidente que Jesus era famoso, entre outras razões, por seu trabalho educacional.

Os processos pedagógicos ocupam um lugar de honra na formação integral das pessoas. Os primeiros anos de vida e educação são de singular importância nesse desenvolvimento, fornecendo as bases filosóficas, o quadro ético e o contexto prático para um saudável amadurecimento emocional e bom crescimento espiritual. No caso particular de Jesus, os importantes processos educativos são dados no contexto do judaísmo de sua época, em particular no ambiente familiar, e por meio das instituições educacionais estabelecidas na Galileia, especificamente em Nazaré e, depois, em Cafarnaum.

Educação no antigo Oriente Médio e em Israel

As evidências literárias e a interpretação das descobertas arqueológicas revelam que, desde o segundo milênio a.C., várias instituições destinadas à educação fundamental principalmente de jovens foram criadas no Oriente Médio. Embora a princípio tais empreendimentos fossem, na maioria, excepcionais, ao longo do tempo foram ganhando popularidade e regularidade, depois de demonstrar a importância de seus resultados.

Da mesma maneira como ocorria no Egito, na Mesopotâmia, na Babilônia, em Ugarit e Canaã, regiões onde foram encontrados textos didáticos, o antigo Israel também possuía escolas e documentos que serviam de suporte aos processos de ensino e aprendizagem. A Bíblia alude a esses importantes processos educacionais em várias passagens significativas.

Em primeiro lugar, o testemunho bíblico destaca a educação fornecida aos jovens, a fim de que pudessem servir no templo e cumprir suas funções de forma adequada (1Sm 1.22-28; 2Rs 12.3). O livro de Provérbios enfatiza fortemente os processos pedagógicos ao descrever a relação entre professor e aluno como sendo a de pai e filho (Pv 1.8). Além disso, o processo educacional se manifesta nos círculos proféticos, uma vez que as Escrituras referem-se aos discípulos dos profetas (Is 8.16; 2Rs 6.1,2).

Junto com as práticas pedagógicas relacionadas à religião, é preciso registrar que também recebiam algum tipo de educação formal os funcionários e as pessoas que exerciam alguma responsabilidade oficial nos governos. A necessidade educacional ganha destaque com a instituição e o desenvolvimento da monarquia em Israel. Possivelmente, tais processos no início enfatizassem a memorização de informações históricas, administrativas e políticas, em que o professor pedia a seus alunos que não se esquecessem dos ensinamentos e, especialmente, que não subestimassem a importância dos valores da bondade e da justiça (Pv 3.1,3; 5.1; 29.15).

Com o passar do tempo e ainda com o desenvolvimento de melhores instalações físicas e do uso de novas ferramentas pedagógicas, a educação foi sendo disseminada aos diversos setores da sociedade. Nas comunidades judaicas no primeiro século, por exemplo, a escola não estava mais reservada apenas aos jovens que se preparavam para ter responsabilidades políticas ou religiosas. Uma das forças que favoreceram os processos pedagógicos democráticos na sociedade, além do uso de papiros e pergaminhos, foi a helenização da Palestina, com a divulgação das obras dos filósofos gregos.

O ambiente favorável à busca intelectual e reflexão existencial proporcionou à comunidade judaica uma oportunidade única de estudar a Torá e aprofundar suas doutrinas. Enquanto o helenismo procurava propagar o estilo de vida, os ensinamentos e valores gregos, os judeus aproveitavam-se do aparato educacional helenístico para aprofundar sua fé e refletir sobre os valores que justificavam a razão de ser do povo de Israel desde suas origens.

A literatura judaica do período revela que os rabinos incentivaram a educação apenas dos meninos, mesmo que suas recomendações não fossem seguidas por todos os pais. A ênfase temática nessas escolas era o estudo das implicações práticas e concretas da lei. O objetivo era analisar exemplos concretos de atuação na vida que servissem de modelo moral e ético para as novas gerações.

No tempo de Jesus, os meninos hebreus que frequentavam a escola em geral se dirigiam às sinagogas, onde os processos de ensino e aprendizagem tinham lugar. Já as meninas permaneciam em casa, aprendendo as tarefas tradicionais da administração familiar, cuja importância era fundamental para a estabilidade da família e da comunidade.

O currículo era estruturado em, pelo menos, três níveis básicos. O primeiro, cursado na *bet sefer* (casa do livro), tinha por finalidade aprender o alfabeto, a ler e escrever, e iniciar o estudo da Bíblia. Passava-se então à *bet talmud* (casa da instrução), para se estudar especificamente a Torá ou lei oral. Mais tarde, os jovens que desejassem avançar nos estudos, chegavam à *bet midrash* (casa da interpretação), na qual um grupo de alunos ficava sob a orientação de um rabino proeminente, prosseguindo assim com o estudo sistemático e aprofundado da lei. Cada um desses níveis exigia não somente capacidade intelectual do aluno, mas também disposição pessoal e familiar para se alcançar os objetivos educacionais propostos.

Em conformidade com as recomendações de alguns rabinos antigos, os meninos deveriam iniciar o estudo da Bíblia com a idade de 5 anos. Depois, aos 10, estudar a Mishnah; aos 13, era importante observar as ordenanças e os mandamentos divinos; com a idade de 15 anos, deveriam estudar com profundidade e regularidade algumas tradições que com o tempo foram incorporadas ao Talmude. As recomendações rabínicas mostram que havia um tipo de currículo que orientava a filosofia educacional, que guiava as práticas de ensino e que definia a que temas e livros os alunos deveriam ser expostos no processo.

Os procedimentos educacionais não eram realizados somente em salas de aula ou edifícios projetados especialmente para essa finalidade. Os espaços abertos, ao ar livre, eram os contextos comumente usados para a antiga dinâmica pedagógica. O entorno funcionava então como recursos audiovisuais, a fim de facilitar uma comunicação eficaz, o bom desenvolvimento das ideias e a ilustração dos assuntos. Dessa forma, a educação tinha lugar nos campos, nas estradas, nas margens de rios e mares, debaixo de uma árvore, às portas da cidade e até mesmo nas praças de mercados.

Os cenários básicos para as aulas e o ambiente fundamental do ensino eram a própria vida, tanto nas comunidades rurais quanto nas urbanas. O contexto externo da educação fazia que muitas vezes o ensino fosse itinerante, pois a instrução se dava na jornada contínua dos professores com seus alunos, nas viagens a diversas cidades. Nesses processos, a repetição de ideias e reiteração dos conceitos serviam de recursos didáticos para a compreensão e a aprendizagem.

A educação de Jesus

Jesus de Nazaré, portanto, cresceu e se desenvolveu na estrutura educacional judaica em vigor no primeiro século, a qual contribuiu decisivamente na formação integral de sua personalidade como judeu, rabino, pregador, curador e mestre; afinal, Jesus era um homem de seu tempo e de sua cultura. Ele cresceu em meio às forças pedagógicas do judaísmo, que privilegiavam a Torá em seus processos educativos, informativos e transformadores dos indivíduos e comunidades. Como consequência, tais metodologias e conteúdos foram usados por Jesus para chamar, organizar e instruir seus amigos, colaboradores, seguidores e discípulos.

De acordo com os relatos dos Evangelhos, Jesus foi um mestre sábio, de personalidade forte, decidida e firme. As metodologias educacionais utilizadas levavam-no a visitar continuamente as diversas cidades, sinagogas, comunidades e campos palestinos de sua época. Ele usava a imaginação na apresentação de seus ensinamentos e, pela mesma razão, eram frequentes a linguagem figurada, as descrições poéticas e as parábolas. Além disso, seu desejo de comunicar-se eficazmente e promover uma aprendizagem inovadora motivaram-no a usar a reiteração como estratégia comum de ensino.

Os Evangelhos canônicos não indicam explicitamente que Jesus tenha frequentado alguma escola de maneira oficial ou formal. Embora se saiba da existência de uma sinagoga em Nazaré, onde possivelmente funcionasse uma escola, não temos certeza sobre quão generalizada estivesse a disseminação de escolas fora da cidade de Jerusalém e dos centros judaicos mais amplos. No entanto, uma avaliação detida das atividades e do ensino de Jesus deixa claro que ele recebera um bom modelo pedagógico em algum lugar, que pode ter sido em casa ou na sinagoga, e que posteriormente ele aplicou em sua vida e ministério.

O modelo pedagógico em forma de diálogo fica claramente indicado logo no início nas narrativas dos Evangelhos, quando estas relatam que Jesus, ainda criança, "se perdera" no templo, e que só foi encontrado por seus pais três dias depois dialogando com os doutores da Lei, que se surpreenderam com sua sabedoria e conhecimento (Lc 2.41-52). A narrativa dessa atividade educacional de Jesus evidencia que ele começou a desenvolver seu estilo pedagógico logo no início da vida. Esse relato de sua infância revela ainda que as comunidades cristãs primitivas, particularmente a do evangelista Lucas, entendiam que a importância da educação na vida de Jesus despertara precocemente, sendo desenvolvida e aplicada ao longo dos anos e da prática.

Talvez na pequena aldeia de Nazaré não funcionasse uma escola oficial com os diversos níveis de ensino propostos pelos rabinos (ou seja, *bet sefer*, *bet talmud* e *bet midrash*), entretanto o Novo Testamento reafirma constantemente que Jesus sabia ler e escrever e que analisava a vida e a existência com capacidade crítica desde os primeiros anos. Sua educação básica talvez tenha sido dada em alguma escola local ou, bem possivelmente, em casa, já que uma das responsabilidades básicas dos pais para com os filhos era ensinar-lhes a Torá, ou lei.

As narrativas dos Evangelhos não informam se o jovem Jesus teria ido a Jerusalém para fazer parte de um grupo de discípulos sob orientação de um professor ou rabino proeminente na época. Na verdade, já adulto, quando ensinava no templo de Jerusalém durante as celebrações da festa dos tabernáculos, Jesus surpreendeu os líderes judeus do lugar com sua capacidade, conhecimento e sabedoria, pois estes não sabiam onde ele havia aprendido tantas doutrinas e novas interpretações da lei (Jo 7.15, *sem ter estudado*, diz o texto). É importante notar ainda que Jesus se sentia muito à vontade para visitar várias sinagogas da região e para participar livremente de suas liturgias e celebrações (por exemplo, Mt 13.54; Lc 4.15,16), ocasiões em que as pessoas o ouviam e se admiravam de sua inteligência.

Para a comunidade em geral, Jesus era um rabino, claramente reconhecido como mestre por seus discípulos (Mt 26.25), pelos seguidores de João Batista (Jo 1.49), pelo povo (Jo 6.25) e até mesmo por pessoas de importância e prestígio na sociedade, como Nicodemos (Jo 3.2). E, embora o termo hebraico "rabi" tenha adquirido nos séculos seguintes um significado acadêmico, técnico e profissional, no primeiro século estava associado aos mestres que eram apreciados, distinguidos e respeitados pela sabedoria que demonstravam em seus ensinamentos e pela prudência que manifestavam em suas ações e na vida.

Conforme a tradição dos grandes rabinos, filósofos e mestres da época, Jesus era seguido por discípulos através da Palestina do primeiro século, em virtude de seu programa educativo itinerante. Além de aprender e crescer espiritual e profissionalmente com seu mestre, os discípulos o apoiavam e ajudavam em algumas tarefas básicas, como transportá-lo de barco, procurar um jumento para levá-lo a Jerusalém e preparar a ceia de Páscoa. Não eram apenas "estudantes" no sentido atual do termo, mas formavam uma comunidade de apoio mútuo e companheirismo. Os processos de educação e aprendizagem não eram estáticos, mas revelavam características dinâmicas e inovadoras; por exemplo, o diálogo, a observação, a análise, a reflexão pessoal e coletiva e a avaliação crítica e sóbria da vida e existência humanas.

Uma diferença fundamental entre os discípulos de Jesus e os seguidores de outros importantes rabinos da época estava no fato de que os antigos mestres não procuravam alunos; estes é que buscavam um líder reconhecido e lhe pediam admissão ao grupo de estudantes. No caso singular de Jesus, o mestre identificava e chamava pessoalmente seus seguidores nos diversos contextos sociais da Galileia, convidando-os e desafiando-os a participar de seu grupo. Além disso, é muito importante salientar que Jesus não admitia em seu grupo de seguidores e alunos aqueles que não estivessem dispostos a viver seus ensinamentos e valores (Mt 8.18-22).

De especial relevância no estilo educacional de Jesus era a importância que ele conferia à oração, junto com manifestações concretas da misericórdia divina que demonstrava, vivia e afirmava. O Senhor não apenas ensinava a teoria e as virtudes da oração (Mt 6.5,6), mas também vivia uma vida de oração, legando esse modelo como um dos principais elementos da forma de vida que encorajava em seus seguidores.

Em suas orações, Jesus deixava claro seu conceito de Deus: a força vital que lhe permitia responder com sabedoria às reivindicações mais profundas e imediatas das pessoas necessitadas, como doentes, marginalizados, oprimidos e cativos. De acordo com relatos dos Evangelhos, Jesus encontrava na oração o espaço adequado para falar com Deus de assuntos de suma importância (por exemplo, o reino de Deus e o perdão), os quais posteriormente se tornaram nos principais temas de sua mensagem e parábolas.

O mundo da religião

A vida de Jesus também era afetada diretamente pelo mundo da religião, pela atmosfera espiritual e moral, pelos diálogos teológicos e dinâmica ética que se manifestavam nas sinagogas e também em suas viagens e peregrinações ao templo. Havendo sido criado em um lar praticante da religião judaica, formado nas tradições legais, proféticas e sapienciais do povo de Israel, Jesus recebera muito cedo na vida as informações básicas e substanciais sobre essa fé; por exemplo, as relacionadas às regras alimentares, às prescrições litúrgicas e às festas nacionais. Além disso, desde muito jovem, teve acesso a intermináveis reflexões sobre a Lei, em que os líderes religiosos da época se esforçavam intensamente para explicar os mandamentos divinos e aplicar tais lições à vida cotidiana.

Jesus foi criado em Nazaré, na região galileia do primeiro século cristão, na qual o judaísmo, além de ser uma força religiosa significativa, contribuía de forma essencial para as realidades sociais, econômicas e políticas do país. A família de José e Maria era israelita e faziam parte da religião e da cultura que via na libertação do Egito um marco importante da história nacional. O menino Jesus fora ainda circuncidado no oitavo dia, de acordo com os costumes de seu povo, e desde cedo em sua vida frequentava com os pais as sinagogas galileias e participava das peregrinações ao templo em Jerusalém.

As narrativas bíblicas e também as extrabíblicas confirmam todos esses dados e nunca põem em dúvida a raça, a identidade e a cultura de Jesus. Como os fatores étnicos, familiares, religiosos e sociais possuem força vital na formação do caráter e da personalidade dos indivíduos, todas essas dinâmicas convergiram para os processos de educação e formação que forneceram a Jesus sua identidade étnica e sua infraestrutura ética, moral e espiritual.

As práticas religiosas na época de Jesus eram muitas e complicadas, possuindo dois focos principais. O primeiro, e talvez o mais importante, relacionava-se às atividades do templo em Jerusalém. Como parte desse importante contexto religioso e espiritual, as peregrinações a Jerusalém com o propósito de participar das festas judaicas anuais desempenhavam um papel fundamental e protagonista: não se tratava apenas da viagem em si e das oportunidades de diálogo, reflexão e educação que proporcionavam, mas também dos processos pedagógicos formais e informais associados a esses programas anuais, particularmente no templo.

As festas eram ocasiões importantes para recordar, afirmar e celebrar as origens e a história do povo de Israel, e também para a reflexão sobre as implicações contextuais dessa singular história sagrada, de acordo com as narrativas das Escrituras. Semelhantes objetivos se recobriam de maior importância quando transcorridos em um momento histórico de ocupação política e militar e em um contexto religioso de legalismo.

O templo era o único lugar reconhecido oficial e legalmente pelas autoridades judaicas no qual os devotos poderiam apresentar seus sacrifícios e ofertas diante de Deus. Como espaço sagrado com a infraestrutura física e litúrgica adequada para atender às múltiplas normas de culto e responsabilidades sacrificiais, era aí que as ofertas eram recebidas por Deus de forma agradável.

A fim de cumprir com todas essas exigências, além do sumo sacerdote e da aristocracia religiosa, estima-se que sete mil sacerdotes adicionais trabalhassem alternadamente nos sacrifícios e nas tarefas regulares maiores e menores do templo. A maioria desses religiosos vivia fora de Jerusalém e se dirigia à Cidade Santa quando lhe competia participar das cerimônias. Tratava-se de uma grande equipe de trabalhadores da religião que cuidava dos meticulosos detalhes do culto, incluindo os mais insignificantes e secundários regulamentos religiosos.

O programa de sacrifícios e cerimônias religiosas estava organizado em turnos semanais, motivo pelo qual serviam no templo uns cinquenta sacerdotes por dia. As cerimônias que preparavam os sacrifícios eram vistosas e

Crescimento e força, sabedoria e graça **93**

solenes, sendo as vestimentas sacerdotais preparadas em conformidade com as normas contidas na Torá ou no Pentateuco. O clima era de alegria, celebração e espiritualidade, no qual o emocional e o espiritual se uniam à solenidade do espaço e à preparação da liturgia. De acordo com os entendimentos rabínicos, eram momentos para o encontro entre o divino e o humano, era o espaço vital para a visitação divina e o contexto impostergável do perdão humano.

O templo não era apenas o centro dos sacrifícios, com suas diversas qualidades emocionais e espirituais, como também um espaço sagrado muito importante para a educação religiosa dos vários grupos judeus que viviam na vizinhança do lugar ou que chegavam a Jerusalém anualmente para participar das diversas festividades e celebrações. Esse era o contexto educacional mais importante e vital para se receber instruções religiosas fundamentais, formando-se assim fóruns pedagógicos que punham em evidência as variadas perspectivas teológicas dos diferentes setores do judaísmo. Um bom exemplo de semelhante diversidade teológica e doutrinária apresenta-se no embate entre as comunidades dos fariseus e as dos publicanos.

Era no templo de Jerusalém, que, durante os anos do ministério de Jesus, desfrutava de um esplendor físico até então desconhecido, que os levitas e os sacerdotes cumpriam seu trabalho com regularidade, dignidade e respeito. Eles eram responsáveis não apenas pela manutenção das instalações físicas, mas também pela eficácia e lealdade aos complexos processos relacionados ao sistema sacrificial. O sistema de sacrifícios incluía desde a seleção e a preparação dos animais a ser apresentados diante do altar até a execução do sacrifício e a posterior eliminação da carne e do sangue. Tratava-se de um trabalho forte, árduo, pesado, tedioso, complexo, extenso e contínuo!

O segundo foco distintivo da religião judaica, durante a primeira metade do primeiro século da era cristã, referia-se eminentemente ao conhecimento e à apreciação da lei de Moisés, e também ao desenvolvimento dos sistemas de interpretações jurídicas destinadas a ajudar e incentivar as comunidades praticantes e seus membros a cumprir rigorosamente as estipulações divinas. Os mestres e doutores da lei na época de Jesus haviam identificado e codificado 613 mandamentos que deviam ser cumpridos com fidelidade e exatidão. Sem dúvida, tratava-se de uma tarefa complexa operar tal sistema interpretativo cujo propósito era ajudar pessoas praticantes a entender, apreciar e cumprir importantes regulamentos espirituais.

Para os praticantes da religião judaica, todas essas disposições legais e litúrgicas tinham implicações importantes não somente de caráter pessoal, mas também social e familiar. Cumprir com fidelidade e de forma correta a totalidade desses regulamentos religiosos apresentava-se como um dos mais importantes objetivos da vida, de acordo com os ensinamentos rabínicos da época.

O cumprimento dos mandamentos relacionados às leis sabáticas, dos regulamentos dietéticos e das complicadas questões legais de pureza religiosa e litúrgica era de importância capital para qualquer família praticante do judaísmo nos tempos do Novo Testamento. Os praticantes deveriam conhecer muito bem, por exemplo, as exigências a respeito das comidas, que incluía não somente a identificação necessária dos animais puros e impuros, como também a cautela e a responsabilidade nas formas adequadas de matá-los e sangrá-los a fim de assegurar a pureza religiosa das carnes.

Ainda com relação às leis dietéticas, não se deveriam misturar carne e leite e produtos derivados como, por exemplo, manteiga e queijo, tudo em conformidade com as regras e disposições estabelecidas. Além disso, todo o processo estava relacionado à questão da pureza e da limpeza, o que incluía, além dos utensílios de cozinha e dos alimentos, as mãos e até mesmo o corpo dos comensais. Enfim, tratava-se de um processo físico muito complicado, envolvendo uma complexa compreensão religiosa e espiritual da vida.

Um problema real enfrentado pelos judeus, em especial pelos que viviam na Galileia, dizia respeito ao tratamento e relacionamento com indivíduos e comunidades não judaicos. Um possível relacionamento era afetado diretamente pelo potencial de contaminação religiosa que representava o trato da comunidade judaica com os grupos identificados como pagãos, helenísticos ou gregos. Em muitas ocasiões, tais preocupações religiosas levavam os grupos mais conservadores e tradicionais entre os judeus a evitar qualquer contato com indivíduos de origem gentia e até mesmo passar por comunidades helenísticas.

Embora muitas famílias judias se preocupassem em seguir todas essas leis, não devemos acreditar que naquela época a prática religiosa fosse monolítica, completa, absoluta, total. Também havia indivíduos, famílias e comunidades que não seguiam tão rigorosamente as prescrições da lei, ou mesmo outros que simplesmente não viviam em conformidade com as normas religiosas. As famílias judias que haviam recebido influências helenísticas não estavam muito preocupadas em respeitar estritamente os estatutos e a lei de Moisés; portanto, sentiam-se à vontade na relação com o mundo gentio e com a sociedade helenística de fala grega.

O povo judeu que não morava em Jerusalém e seus arredores precisava cumprir as práticas litúrgicas regulares e significativas nas sinagogas. O culto

Crescimento e força, sabedoria e graça

celebrado nesses centros educativos consistia nas seguintes partes: a oração, na qual se recitava o *Shemá* (Dt 6.4-9; 11.13-21; Nm 15.37-41) e as chamadas dezoito bênçãos; a leitura das Escrituras hebraicas, tanto da lei (At 13.15) quanto dos profetas (Lc 4.16-19); o ensino e a explicação do dia (Lc 4.20,21; At 13.5,14-41; At 14.1); e a despedida, que era a bênção sacerdotal proferida pelo sacerdote presente ou pelo líder da sinagoga (Nm 6.24-26).

As sinagogas tradicionalmente desempenhavam um papel essencial na educação religiosa do povo judeu, um papel educacional que também foi cumprido no tempo de Jesus. Ruínas de antigas sinagogas foram encontradas em cidades onde havia alguma comunidade judaica na Diáspora e também em Jerusalém. Enquanto na Cidade Santa o templo era o centro solene, único e especial para a realização de sacrifícios e celebração das festas anuais, cuja liderança cerimonial era exercida exclusivamente pelos sacerdotes, a sinagoga era o local da instrução diária, onde os mestres da lei cumpriam suas responsabilidades de forma regular e constante.

No primeiro século da era cristã, as funções da sinagoga no judaísmo haviam se multiplicado. Seu objetivo básico não era substituir as atividades oficiais do templo, mas sim servir de centro educacional para os praticantes, quando estes não podiam se dirigir até o templo ou porque não fosse a época das festas, ou por causa da distância, ou ainda outras razões físicas, emocionais, espirituais ou políticas.

Na Palestina, por exemplo, havia muitas sinagogas durante o ministério de Jesus, na Galileia e Judeia. Eram estruturas privadas, cujos proprietários as colocavam a serviço da comunidade para lembrar e afirmar as tradições culturais e para celebrar a história nacional judaica. E, embora as sinagogas constituíssem essencialmente pontos de encontro, e não lugares de culto, as cerimônias dos sábados e dos dias festivos incluíam como componente mais importante a leitura da Torá, texto que era lido por completo, de modo contínuo e regular, em ciclos de três anos.

Cada passagem da Torá lida semanalmente era associada a um trecho da literatura profética. A leitura era feita em hebraico, e, em seguida, o texto bíblico era traduzido ou explicado em aramaico, para facilitar sua compreensão e significado. Liam os textos bíblicos os membros da comunidade competentes para a tarefa, ou um visitante ilustre que participasse da reunião. O que certamente era o caso de Jesus quando compareceu à sinagoga de Nazaré, de acordo com as narrativas do Evangelho (Lc 4.16-30; Mt 13.53-58; Mc 6.1-6). Ao visitar a cidade onde fora criado, como era sábado, Jesus compareceu à sinagoga e levantou-se para ler o texto sagrado, no livro do profeta Isaías (Lc 4.16; cf. Is 61.1-3).

A maioria das sinagogas palestinas foi destruída pelos exércitos romanos como resposta à insurreição popular judaica dos anos 66-73 d.C. De modo geral, as pesquisas arqueológicas descobriram os edifícios construídos sobre as ruínas, os quais revelam uma estrutura física semelhante: um edifício retangular sem abside, sustentado por colunas em forma linear em seu interior, com assentos colados às paredes e um estrado onde ficava uma cópia da Torá; havia um aposento no qual se guardavam os livros sagrados. A entrada do edifício estava voltada em direção à cidade de Jerusalém.

Uma das formas religiosas mais comuns para se afirmar a piedade dos fiéis nas comunidades judaicas era o jejum. A prática, de acordo com as Escrituras, começara cedo na história nacional: na lei de Moisés, as disposições relativas à comemoração do dia nacional de lamento e perdão indicam claramente que o povo deveria jejuar especificamente no décimo dia do sétimo mês do ano (Lv 23.27). Além disso, o jejum era praticado nos momentos de crise pessoal ou nacional, porque era uma maneira de se apresentar diante de Deus.

A intensidade do jejum podia variar de acordo com as condições da pessoa ou da natureza da dificuldade. Havia jejuns parciais e simples, em que a pessoa praticante evitava alguns alimentos ou comia com moderação. Outras formas eram absolutas e completas, nas quais o fiel não se alimentava nem mantinha relações sexuais, não podendo nem mesmo tomar banho. As pessoas com alguma dificuldade de saúde estavam isentas de tais práticas.

Várias práticas sistemáticas de jejum encontravam-se estabelecidas na época de Jesus: os fariseus, por exemplo, jejuavam todas as segundas e quintas-feiras. Eles possivelmente haviam escolhido esses dias da semana porque acreditavam que Moisés subira o monte Sinai para receber as tábuas da lei numa segunda--feira e, depois, retornara de lá numa quinta-feira. Como esses dias também eram os de maior intensidade das atividades litúrgicas e legais em Jerusalém, alguns estudiosos entendem que os fariseus os escolheram para jejuar a fim de manifestar publicamente a piedade que professavam. Jesus reagiu negativamente a tal manifestação religiosa, acusando os fariseus de hipócritas (Mt 6.16-18).

As festas solenes

As festas no antigo Israel eram celebrações com um duplo propósito: educacional e, além disso, uma boa oportunidade para desfrutar e comemorar. O povo separava essas datas para lembrar algumas das ações e intervenções redentoras de Deus na história humana ou na natureza. Eram intervalos de tempo privilegiados, distribuídos ao longo do ano a fim de fornecer ao povo de Israel uma excelente oportunidade para recordar e agradecer as dádivas e proteção divinas.

Jesus de Nazaré, como bom praticante da religião judaica, deve ter participado de todas essas festas. De fato, ele deve ter relembrado e reafirmado a libertação do Egito, a peregrinação pelo deserto do Sinai até a chegada à terra prometida, bem como a intervenção redentora de Deus na Pérsia, ao celebrar a festa da luzes, ou Purim.

As principais festas históricas eram a Páscoa, o Pentecostes e a dos tabernáculos. Nessas magníficas oportunidades, esperava-se a vinda ao templo de todos os varões do povo de Israel, e não apenas daqueles que viviam na antiga Canaã, ou nas terras palestinas, mas também dos que estavam na Diáspora, espalhados por diferentes lugares do mundo.

Além dessas três, havia outras festas de importância nacional; por exemplo, o Dia da Expiação, o Dia da Dedicação e a festa do Purim. Devem ser acrescentadas ainda, por sua importância espiritual e nacional, a festa de ano-novo, a observância do sábado e as cerimônias do primeiro dia de lua nova no mês, também conhecidas como as neomênias.

As festas, cuja origem possivelmente era rural, foram reinterpretadas com o passar dos anos e acabaram relacionadas a algum evento de importância na história nacional do povo de Israel como um todo. Por esse motivo, as festividades nascidas em contextos locais e principalmente agrícolas foram transformadas em celebrações nacionais e históricas.

A Páscoa

A primeira grande festa anual judaica era a Páscoa (*Pessach*, em hebraico), que revivia e agradecia a libertação dos israelitas do jugo vivido nas terras egípcias. A festa lembrava e celebrava com imenso regozijo a intervenção redentora do anjo exterminador, enviado pelo Senhor como parte das chamadas "pragas do Egito" para ferir mortalmente os primogênitos egípcios, sem causar danos aos israelitas.

Sua celebração entrava em vigor com a festa dos pães sem fermento e possuía uma duração de uma semana, começando no dia 14 de *nisã*, data que corresponde no nosso calendário aos meses de março ou abril. Como no Israel antigo o calendário era lunar, os judeus numeravam os dias a partir da primeira lua nova. A festa dos pães sem fermento caracterizava-se por agradecer e dedicar a Deus os frutos das novas colheitas do ano. As datas mais solenes e importantes das celebrações eram o primeiro e o último dias, além do sábado que ocorria entre os dias 14 e 21 do mês.

As narrativas do Pentateuco (por exemplo, Êx 12) serviam de base para as celebrações da Páscoa, especialmente após o exílio na Babilônia. A ceia pascal era a princípio realizada de pé, a fim de simbolizar que a libertação do Egito fora um evento rápido, feito às pressas, pronto para a viagem de libertação através do deserto para finalmente se chegar a Canaã, a terra prometida.

Ao longo do tempo, no entanto, a festa da Páscoa foi recebendo novas liturgias e rituais que sublinhavam a natureza teológica e a importância histórica do evento e da celebração. A ceia conjunta, por exemplo, tornou-se uma grande oportunidade para que a família, especialmente as novas gerações, pudesse afirmar e evocar a memória da épica redentora de Deus.

Pentecostes

A festa de Pentecostes, também conhecida como a das semanas (em hebraico, *shebuot*), era celebrada sete semanas após a festa dos pães sem fermento. O objetivo básico era agradecer a Deus pela colheita do trigo, do centeio e da cevada. Tanto a festa dos pães sem fermento quanto a de Pentecostes eram festas de origem rural e agrária, pois celebravam, respectivamente, o início e o fim da colheita de cereais.

A interpretação teológica dessa celebração com o decorrer do tempo relacionou-a com a renovação da aliança de Deus com Moisés e seu povo, no monte Sinai. A festa recordava com alegria e devoção a extraordinária revelação divina no monte de Deus, e renovava o compromisso nacional e individual com os valores e preceitos do decálogo ou da lei mosaica.

A celebração de Pentecostes abrangia a preparação de banquetes, para os quais familiares, amigos e vizinhos eram convidados. A educação, nesse contexto original, era realizada no ambiente familiar mais íntimo, mas também incorporava outras pessoas da comunidade. Afinal, tratava-se da celebração da aliança de Deus com seu povo!

Tabernáculos

A terceira das grandes festas em Israel chamava-se festa dos tabernáculos (*sucot*, em hebraico). Inicialmente comemorava o final da colheita e o estoque dos produtos agrícolas. Sua celebração ocorria no outono, durante os dias 15 e 22 do mês de *tisri*, ou *etanim*, equivalente aos meses de setembro e outubro.

Tratava-se de uma celebração de alegria e bem-estar pelos frutos da terra que Deus concedera ao povo.

A festa teve sua origem nas atividades relacionadas com o período de colheita dos frutos, quando o povo levantava cabanas, choças, tabernáculos ou tendas nos campos e vinhas. Posteriormente, o povo reinterpretou a celebração, relacionando-a à época em que os israelitas passaram no deserto, em peregrinação à terra prometida, Canaã. Durante a festa, o povo permanecia acampado em tendas provisórias a fim de relembrar esse importante período da história nacional.

O simbolismo da água detinha uma singular importância na comemoração. Em Jerusalém, todos os dias das festividades, o sumo sacerdote espargia o altar com água extraída do tanque de Siloé. O objetivo era lembrar o que Deus fizera no meio do deserto: fazer brotar água das rochas para sustentar a jornada dos israelitas em direção à terra prometida! No primeiro dia de celebração, o átrio das mulheres no templo era iluminado com grandes candelabros, uma maneira simbólica de lembrar a nuvem de Deus que guiara o povo em sua peregrinação pelo deserto do Sinai.

O Dia da Expiação

O Dia da Expiação era a oportunidade fundamental e especial que o povo de Israel tinha anualmente para se reconciliar com Deus. Essa celebração solene oferecia à comunidade o caráter de santidade exigido pelo Senhor, que então recebia o perdão dos pecados e de todos os atos que poderiam apartá-la de Deus. Tratava-se, portanto, do momento significativo e especial de obtenção do perdão de todos os pecados cometidos durante o ano e que não haviam sido perdoados. A atmosfera emocional era de contrição; e a dinâmica espiritual, de arrependimento.

A festa fora ganhando importância ao longo dos anos, sendo celebrada no dia 10 de *tisri*, ou *etanim*, nos meses de setembro e outubro, ainda no outono. As características fundamentais dessa comemoração eram as seguintes: um ambiente solene dos atos e a atitude penitencial das pessoas. Nesse contexto de piedade e devoção, entrava em vigor um jejum estrito e evitavam-se todos os tipos de esforços e trabalhos.

O objetivo fundamental do dia era a obtenção do perdão de todos os pecados da comunidade, incluindo os do sumo sacerdote e os dos líderes do povo. Além disso, as cerimônias procuravam expiar as falhas e as impurezas que os ritos regulares e tradicionais não haviam sido capazes de absolver. O santuário era também purificado da inevitável contaminação pelo contínuo contato com pessoas pecadoras. Esse era o único dia em que o sumo sacerdote podia entrar no Santo dos Santos.

O Dia da Dedicação

A festa da Dedicação, ou *Chanucá*, recordava o dia em que Judas Macabeu purificara o templo de Jerusalém, após a profanação a que havia sido submetido pelo atos infames, hereges e impróprios de Antíoco IV Epifânio, no ano 167 a.C. O próprio Judas havia instado que esse ato heroico fosse lembrado, sendo celebrado no dia 25 do mês de *quisleu*, em dezembro.

No tempo de Jesus, essa celebração era conhecida por seu nome grego Encenias, que significa inauguração. Era uma data de contentamento e total felicidade, em que se faziam procissões, cantavam-se hinos e salmos para relembrar tal evento histórico; além disso, eram oferecidos sacrifícios significativos no templo. A festa também era conhecida como festa das luzes, pois se acendiam candelabros no templo, nas casas e nas sinagogas.

A festa do Purim

Essa festa era comemorada nos dias 14 e 15 do mês de *adar*, em fevereiro e março, sendo precedida no dia anterior por um jejum. A celebração recordava a intervenção redentora de Deus ao salvar os judeus de um extermínio certo preparado por Hamã no Império Persa, sob o governo do rei Assuero. Trata-se de uma festa diferente não tanto por suas origens religiosas e espirituais, mas sim porque enfatiza elementos mais seculares e profanos.

O nome "Purim" está associado à forma como Hamã escolheu o dia para realizar a grande matança dos judeus: tirar a sorte! Em hebraico, *purim* significa "sorte". No tempo de Jesus, não parece que essa celebração tivesse uma grande importância no calendário judaico oficial.

A festa de ano-novo

A comemoração de ano-novo ocorre no outono, no primeiro dia do mês de *tisri*, ou *etanim*, em setembro e outubro, de acordo com o calendário lunar judaico. No Israel antigo, essa festa estava possivelmente relacionada à teologia da realeza do Senhor, em especial com sua entronização anual na cidade de Jerusalém, de onde Deus governava sobre o monte Sião. A celebração manifesta o senhorio divino e destaca seu poder sobre a humanidade.

Depois de algum tempo, essa festividade começou a refletir o julgamento de Deus sobre as nações. Por essa razão, a atmosfera psicológica, emocional e espiritual dessa festa é de conversão, arrependimento e solenidade. As celebrações de ano-novo atingem o clímax com a celebração do Dia da Expiação, também conhecido como *Yom Kippur.*

A celebração do sábado

A celebração do sábado, ou Sabbath, tinha particular importância para Israel não somente pela frequência semanal de sua observância, mas também pelo caráter teológico, espiritual e por suas implicações educacionais. Era o dia especial, especificamente prescrito nos Dez Mandamentos, instituído para rememorar o pacto ou aliança que Deus fizera com o povo de Israel, bem como uma afirmação importante do descanso divino na criação.

O cumprimento desse mandamento bíblico devia ser realizado com fidelidade e alegria, e ainda exigia o descanso absoluto de todo tipo de trabalho. Significava a lealdade do povo e era também uma demonstração para as demais nações da natureza santa de seu relacionamento com Deus. Com a observância do dia do descanso, do sábado, o povo de Israel fornecia um eloquente testemunho público de sua identidade nacional, bem como de seu compromisso com o Deus da criação e da aliança.

O sábado começava ao pôr do sol da sexta-feira e terminava com o ocaso do sábado. Toda a família participava da celebração, que exigia uma série de preparativos: a disposição e a preparação dos alimentos, que cumpriam, assim, regras dietéticas específicas, e até mesmo o uso de roupas especiais, que deveriam ser as melhores.

O contexto psicológico da celebração não era a de um tempo livre marcado pela preguiça, mas o período de qualidade necessário à rememoração da felicidade de se haver feito o trabalho semanal de forma responsável — uma consequência direta do exemplo divino, ou seja, o descanso após os primeiros seis dias da criação. No templo, as atividades litúrgicas aumentavam, pois, aos sacrifícios diários regulares, acrescentavam-se a imolação de dois cordeiros e a apresentação das ofertas pertinentes.

Neomênias

A celebração do primeiro dia da lua nova, ou *neomênia*, tinha grande importância nas culturas que baseiam seu calendário litúrgico nas fases da lua. Nesse dia, em conformidade com as disposições da lei mosaica, deviam ser sacrificados touros e carneiros, além dos holocaustos regulares pelo pecado humano. A ênfase teológica e espiritual do dia recaía nos louvores a Deus, expressando assim a gratidão do povo pelos benefícios e dádivas recebidos do Senhor.

Da perspectiva antropológica, essa celebração era de fundamental importância, pois fornecia ao povo e seus líderes religiosos as chaves naturais necessárias para organizar o calendário anual. Dessa forma, eles poderiam cumprir eficazmente as disposições e os mandamentos associados aos dias específicos do calendário.

As outras festas judaicas eram o ano do Jubileu (Lv 25.8-11; 27.17-24; Nm 36.4), comemorado a cada cinquenta anos, e a santa convocação, no dia 22 de *tisri*, ou *etanim*, que no calendário solar recai entre os meses de setembro e outubro (Lv 23.36; Nm 29.35-38).

Os vários grupos religiosos, políticos e militares

No tempo de Jesus, os variados setores religiosos da comunidade expressavam diferenças na interpretação e na aplicação da lei de Moisés. Embora os religiosos judeus alegassem que a lei era a manifestação suprema da revelação da aliança ou do pacto de Deus com seu povo, havia discrepâncias quando se tratava de compreender e atualizar concretamente seus ensinamentos. As diferenças, ao longo do tempo, foram aumentando a ponto de separar os judeus observadores da lei em grupos ou partidos religiosos. Acrescente-se a isso as novas realidades sociais, políticas e econômicas do povo, como, por exemplo, a ocupação romana, que exigiam novas aplicações da lei com as quais nem todos os setores do judaísmo concordavam.

Embora seja possível discernir no judaísmo da época neotestamentária alguns claros elementos de unidade e continuidade teológica e hermenêutica, também se podem identificar várias diferenças evidentes nas expressões religiosas e litúrgicas. No estudo da religião judaica do período, podemos inclusive descobrir e analisar diversas correntes teológicas de interpretação da lei. Essas correntes procuravam descobrir o significado dos mandamentos e ordenanças bíblicas em interpretações que nem sempre coincidiam.

As diferenças na compreensão sobre a lei não se deviam apenas às diferentes perspectivas e tendências teológicas, filosóficas e pedagógicas de seus intérpretes. Alguns estudiosos sugerem que a divergência hermenêutica poderia estar relacionada ao domínio dos governantes selêucidas na Síria e na Palestina, a partir do século 3 a.C., que exerceram uma pressão intensa e constante

Crescimento e força, sabedoria e graça

para promover e incentivar os judeus a abandonar sua religião e costumes, a fim de incorporar os valores, ensinamentos e princípios éticos e morais produzidos pelo helenismo.

Tais pressões governamentais impróprias provocaram uma reação decidida e violenta por parte dos macabeus. Essa importante insurreição, que conseguiu finalmente evitar a completa helenização do judaísmo, é o símbolo indiscutível de autoridade moral, firmeza ética, valor espiritual, sabedoria política e determinação militar desse grupo de combatentes.

Após o triunfo dos macabeus, os vários grupos de judeus piedosos, tradicionalmente conhecidos em hebraico como *hasidim*, não concordaram sobre as formas de compreender as relações entre o mundo da política e as diferentes dinâmicas que se manifestam na religião. Um dos temas de maior conflito e dificuldade era teológico e soteriológico: a salvação definitiva do povo viria da intervenção divina e não das decisões políticas dos governantes. Enquanto um setor esperava a ação divina na história humana e na sociedade, outro desenvolvera o tema da esperança apocalíptica e escatológica.

Com o tempo, e conforme as instituições nacionais ganharam mais força e estabilidade, as diferenças entre os diversos setores judeus foram se aprofundando, até atingirem pontos concretos de ruptura teológica e política. No despontar do primeiro século a.C., surgiram diferentes grupos religiosos, políticos e até mesmo militares no judaísmo palestino, que enfatizavam diferentes aspectos da interpretação da lei. Foram esses grupos que tiveram contato com Jesus e seus discípulos.

Entre eles, podemos identificar alguns que apresentam certa identidade ideológica, política, religiosa, econômica e social: os essênios, os fariseus, os zelotes, os saduceus, os herodianos e os samaritanos.

Os essênios

Os essênios eram uma comunidade de judeus que rejeitavam o culto oficial no templo de Jerusalém porque, de acordo com suas crenças, era realizado por um corpo de sacerdotes que havia se desviado da correta interpretação da lei desde a época dos hasmoneus. Ao deixar de participar das atividades litúrgicas no templo, alguns essênios possivelmente se refugiaram em cavernas no deserto da Judeia, perto do mar Morto, a fim de organizar um culto alternativo fundamentado nas interpretações da lei que consideravam corretas.

A finalidade teológica dos essênios era conservar e restaurar a santidade do povo, que, segundo diziam, estava sendo conduzido por líderes religiosos falhos, corruptos e impuros. O objetivo de seu exílio voluntário das dinâmicas religiosas oficiais em Jerusalém era o de eliminar, ou pelo menos reduzir, as chances de contaminação espiritual, religiosa, ritual, litúrgica, produzida no templo. Os essênios entendiam que eram eles próprios um templo espiritual que substituía, talvez temporariamente, o templo, até que fossem extintas as cerimônias indignas em Jerusalém realizadas por sacerdotes que consideravam inapropriados.

No que diz respeito aos essênios, possuímos atualmente uma literatura suficiente para compreendermos seu modo de vida e suas crenças. Em primeiro lugar, temos as obras de Flávio Josefo que descrevem como eles viviam e seus postulados teológicos mais importantes. Além disso, temos as descobertas das cavernas de Qumran, que nos oferecem informações valiosas em torno das prioridades teológicas, do modo de vida, das doutrinas fundamentais, das interpretações bíblicas e das práticas diárias dessa corrente religiosa.

Os fariseus

Os fariseus surgem dos grupos de judeus piedosos, os *hasidim*, que rejeitavam tenazmente o que eles chamavam de usurpação pelos hasmoneus do poder político e religioso do povo. O nome hebraico *perushim* refere-se a "separados" ou "segregados", escolhido para realçar a distância que queriam manter das interpretações teológicas da lei propostas pelos grupos judaicos oficiais da época.

Para os fariseus, suas prioridades teológicas estavam relacionadas com as interpretações das leis a respeito da pureza ritualística não somente no âmbito do templo, mas também na dinâmica social e secular, ou seja, fora dos contextos litúrgicos imediatos. O zelo de cumprir inclusive as mais minuciosas regras litúrgicas levou-os a compilar uma série de tradições compreendidas como a Torá oral, prescrições que eles guardavam, apreciavam e afirmavam ser provenientes de Deus.

Em conformidade com essas interpretações legais e com a compreensão teológica dos fariseus, a Torá oral fora entregue a Moisés junto com a Torá escrita. Semelhante concepção teológica demonstra claramente a autoridade jurídica, espiritual e moral que os fariseus atribuíam a tais tradições orais.

Para a comunidade farisaica, a lei deveria reger todas as dimensões da vida e, segundo esse entendimento, as interpretações das leis de Moisés foram pouco a pouco superando em importância, para todos os efeitos, as práticas de culto. Os fariseus sacralizaram suas interpretações da lei de tal forma que isso os levou a rejeitar outras formas de entender as tradições mosaicas. Uma vez

Crescimento e força, sabedoria e graça

que consideravam que suas interpretações teológicas possuíam força de lei divina, rompia-se assim a possibilidade de comunicação e diálogo frutífero com outros setores do judaísmo da época do Novo Testamento.

Em conjunto com a lei, os fariseus apreciavam o estudo e a aplicação dos ensinamentos dos profetas, os salmos, a literatura de sabedoria e o restante dos livros da Bíblia hebraica. Defendiam a doutrina da vida após a morte e entendiam que as pessoas seriam recompensadas por Deus depois de um julgamento, de acordo com as obras que houvessem realizado durante a vida. Além disso, os fariseus esperavam a vinda de um Messias da casa de Davi, que libertaria o povo de seu cativeiro e opressões, e que traria paz a Israel e ao mundo.

Em virtude da piedade demonstrada que demonstravam, os fariseus eram respeitados e apreciados pela comunidade judaica em geral. Inclusive, as autoridades do templo atendiam, e valorizavam, às recomendações dos fariseus sobre assuntos relacionados a purificação, sacrifícios e ofertas.

Na época de Jesus, grande parte dos fariseus era formada por escribas e doutores da lei. Ao longo do tempo, os fariseus tornaram-se especialistas na interpretação da lei, tanto em suas implicações e dimensões legais quanto nas dinâmicas e práticas religiosas. De fato, havia até mesmo escolas para ensinar as interpretações farisaicas da lei, e em geral eram os fariseus os escolhidos para interpretar a Torá nos cultos semanais das sinagogas.

Com referência ao mundo da política e suas relações com os governantes do dia, os fariseus expressavam diversas posições e tendências. Todos eles reivindicavam a soberania divina sobre a natureza e sobre a história humana, embora alguns tolerassem a submissão ao poder do império Romano desde que as autoridades políticas não se imiscuíssem nas práticas religiosas e interpretações teológicas. No entanto, um setor entre os fariseus não admitia qualquer tipo de colaboração com governos que não reconhecessem Deus como único rei.

De acordo com as narrativas dos Evangelhos, Jesus de Nazaré conhecia muito bem esse grupo, pois mantinha contato com seus membros e até mesmo chegou a visitar alguns de seus dirigentes (Lc 7.36-50). É possível que o Senhor pertencesse a uma comunidade relacionada com os fariseus (por exemplo, Lc 7.36; 11.37; 13.31; 14.1; Jo 3.1; 7.50-51), o que explicaria assim seu conhecimento das doutrinas do grupo e suas fortes críticas a essa corrente religiosa da comunidade (por exemplo, Mt 9.24; 12.14,24; 16.1-12; 2215; Jo 7.32; 9.16; 11.47-48,57). Talvez Jesus tenha rompido com eles em razão de seu fundamentalismo religioso, algo que os impedia de compreender que, no mundo da religião e na sociedade em geral, o mais importante são as manifestações concretas de amor e misericórdia.

Os zelotes

Assim como os fariseus sustentavam a esperança na vinda do Messias para livrar o povo de Israel de seu cativeiro, um grupo entre eles compreendeu que a resistência armada e militante era uma forma adequada de promover a redenção nacional. Os dissidentes estavam bem conscientes da importância política da religião e tentavam fazer valer a soberania do Senhor sobre o povo de Israel, através da violência e da luta armada. É possível que o nome "zelote" aluda ao zelo que manifestavam em relação a Deus e ao cumprimento da lei, e tenha sido adotado por eles mesmos a fim de manifestar suas doutrinas.

Embora no início os zelotes fossem reduzidos em número, o grupo foi adquirindo fama e respeito entre alguns setores judaicos por causa de suas demonstrações históricas e políticas em meio ao povo, particularmente pelo chamamento às armas promovido por Judas, o Galileu. É importante observar a respeito das façanhas militares de Judas que sua fundamentação era primária e eminentemente teológica: o povo de Israel não podia aceitar a escravidão e a opressão de quaisquer povos estrangeiros, pois o Senhor era seu verdadeiro rei e redentor.

Os zelotes entendiam que o uso da força para obter a libertação nacional era apropriado, que a resistência armada era uma opção válida e necessária diante da ocupação romana. Estando dentro da tradição teológica geral dos fariseus, também acreditavam que a redenção viria unicamente do Senhor.

Além dessa compreensão básica da teologia, os zelotes entendiam ser apenas colaboradores no processo histórico da salvação política do povo. Na verdade, as atividades desse grupo visavam inicialmente à conformidade da lei e continuavam no campo político, pois estavam certos de poder fazer uso de armas quando o propósito era a libertação do povo de Israel. Morrer na luta era uma honra, uma vez que o martírio e a imolação santificavam e glorificavam o nome do Senhor.

À medida que aumentava a pobreza e opressão do povo, os zelotes tornavam-se mais populares na comunidade. Sua luta final contra o império Romano, no entanto, não só terminou na esmagadora derrota militar do grupo, mas causou ainda uma grande catástrofe nacional. De acordo com as narrativas dos Evangelhos, Jesus de Nazaré não aceitava as inquietações e o programa violento promulgado pelos zelotes, pois sua compreensão sobre a violência não era a mesma adotada por aquela corrente, que acreditava ser válido e necessário qualquer método violento capaz de acabar com as condições opressivas do império Romano na Palestina. No centro da mensagem de Jesus estavam a paz e a não violência, baseadas na implantação da justiça.

Os saduceus

Os saduceus formavam um importante grupo que provinha geralmente dos setores econômicos e políticos privilegiados da sociedade judia na Palestina. Eles pertenciam à chamada alta sociedade e eram membros de famílias cultas, aristocráticas e sacerdotais. Em essência, tratava-se de uma corrente religiosa da comunidade ligada à antiga linha ideológica dos hasmoneus, mantendo assim um bom relacionamento com as autoridades romanas e com as forças militares de ocupação nacional.

Usando de sua sagacidade política, os saduceus tornaram-se com o tempo os representantes da comunidade judaica perante as autoridades do império Romano. Embora na época de Herodes, o Grande, eles tenham sofrido sérias dificuldades com esse governo, com os sucessores se deram muito melhor.

É provável que o nome "saduceus" esteja relacionado ao sacerdote Zadoque, figura de grande importância durante o reinado de Davi, de cuja linha sacerdotal surgiram os zadoquitas. É muito possível que o nome tenha sido atribuído por alguns adversários como uma forma de crítica social e política, indicando o relacionamento e a proximidade do grupo com as autoridades romanas da época.

Os saduceus acreditavam que o povo de Israel era uma nação santa e que sua natureza sagrada estava garantida pelo pacto ou aliança estabelecida por Deus no monte Sinai. Afirmava-se continuamente a santidade nacional e era ela reiterada pelos sacrifícios e pelas cerimônias realizadas todos os dias no templo. Eles entendiam que as celebrações litúrgicas diárias eram suficientes para perdoar os pecados do povo, dispensando assim qualquer atividade religiosa adicional, bem como outros regulamentos e ações que visassem assegurar a pureza ritual do povo judeu.

Do ponto de vista teológico, os saduceus eram amantes da lei, mas não acreditavam nos extremismos legais em que os fariseus estavam imersos. Não aceitavam a lei oral, composta por ensinamentos tradicionais de mestres supostamente inspirados por Deus, nem davam importância aos textos bíblicos dos profetas e seus escritos. Também rejeitavam a doutrina da vida após a morte, como era o caso dos fariseus, nem mesmo chegaram a desenvolver uma teologia forte baseada na esperança escatológica.

A popularidade dos saduceus na comunidade não era tão grande quanto a dos fariseus, embora detivessem um grande poder político e o reconhecimento das autoridades romanas. A influência exercida na sociedade era fundamentada em suas relações com o império Romano, e não no apreço e valorização que recebiam do povo judeu em geral. Os saduceus rejeitaram com veemência a mensagem de Jesus porque ela ameaçava a estabilidade política, o prestígio social e a segurança econômica de que desfrutavam. Compreenderam que um líder como o pregador de Nazaré prejudicava seus interesses nacionais diante do império Romano, motivo pelo qual tentaram eliminar Jesus.

Os herodianos

Em sua maioria, os herodianos formavam um grupo de judeus que se relacionavam diretamente com os setores mais conservadores e reacionários dos saduceus. Como estavam diretamente associados ao poder político exercido pelo império Romano na Palestina, eles confirmavam e respaldavam publicamente como seu líder a figura de Herodes, o Grande, bem como a de seus descendentes, que eram representantes das forças invasoras de ocupação. Em razão de suas estreitas e subservientes relações com as forças militares e políticas romanas, os herodianos não detinham o apreço popular e o respeito das massas de judeus na Palestina.

Mesmo com as mudanças na administração política na região, os herodianos conseguiram manter-se próximos ao poder, permanecendo nos palácios dos descendentes de Herodes. O grupo rejeitou os ensinamentos de Jesus, pois este era visto como ameaça à autoridade e ao poder político de Herodes e sua dinastia, os quais, por sua vez, representavam Roma naquela região.

Os samaritanos

As diferenças entre as populações que historicamente habitaram o reino do norte, com a capital em Samaria, e o reino do sul, com o centro político em Jerusalém, eram suficientemente grandes e geraram suficiente hostilidade entre os diversos grupos componentes. Esses conflitos políticos e religiosos manifestaram-se no período de reconstrução do templo, quando os judeus que haviam regressado do exílio na Babilônia não permitiram que os samaritanos participassem do projeto de restauração por considerá-los impuros.

Os samaritanos não eram reconhecidos como israelitas porque os assírios, após a conquista do reino do norte, haviam deportado a população nativa e a substituído por pessoas de outras partes do império, provenientes de diferentes culturas e etnias. Com o passar do tempo, apesar de as novas comunidades de Samaria terem adotado a religião e os costumes locais, as autoridades de Jerusalém nunca chegaram a reconhecê-las como parte do povo de Israel.

A permanente situação de confronto e rejeição por parte da comunidade judaica encorajou os samaritanos a desenvolver os próprios costumes, teologias, práticas e tradições religiosas. Por exemplo, eles mantinham um grupo sacerdotal distinto com práticas e cerimônias peculiares, realizando suas atividades litúrgicas no templo que haviam construído no monte Gerizim. Suas Escrituras Sagradas aceitavam apenas a Torá como fonte de autoridade e guia moral e litúrgico.

No tempo de Jesus, a região de Samaria encontrava-se fortemente helenizada, e a hostilidade contra os judeus manifestava-se constantemente. Um dos caminhos para se chegar a Jerusalém a partir da Galileia era atravessar a terra dos samaritanos. De acordo com narrativas dos Evangelhos (Jo 4), Jesus teve uma importante conversa com uma mulher da comunidade samaritana, na qual se destacam as diferenças, os conflitos e as hostilidades entre os judeus e os samaritanos.

O estudo desse diálogo do mestre com a mulher de Samaria indica que foi ela quem levou as boas-novas de Jesus à comunidade a que pertencia. De especial importância na narrativa é o fato de que Jesus superou quaisquer diferenças étnicas e preconceitos sociais para se iniciar essa conversa.

De acordo com João, Jesus precisara passar por Samaria. Tal registro, longe de ser apenas uma declaração geográfica, apresenta muito mais uma importante afirmação teológica. A necessidade real de Jesus, diferente da gerada pelas várias alternativas entre caminhos antigos, era o desejo que tinha de pregar aos samaritanos, razão para o evangelista João incorporar em sua mensagem essa pregação. Enfim, foi a forma de indicar que a mensagem cristã ultrapassava os preconceitos e as hostilidades que tanto mal haviam causado às comunidades samaritanas e judaicas.

6

O nascimento de Jesus Cristo

O nascimento de Jesus Cristo foi assim: Maria, sua mãe, estava comprometida a casar-se com José. Mas, antes de se unirem, ela achou-se grávida pelo Espírito Santo.

MATEUS 1.18

A respeito do evangelho, dos Evangelhos e dos evangelistas

A palavra em português "evangelho", que significa "boa-nova", vem do grego *euaggélion* e refere-se em especial à transmissão de uma notícia importante, significativa e boa. Na perspectiva cristã, a mensagem transmitida é a boa-nova de salvação relacionada com a vida e obra de Jesus, também reconhecido como o Messias ou o Cristo de Deus. A fusão entre o nome do protagonista dessa notícia e suas funções messiânicas produziu a importante designação "Jesus Cristo".

Embora o Novo Testamento inclua quatro documentos ou livros reconhecidos tradicionalmente como Evangelhos (Mateus, Marcos, Lucas e João), do ponto de vista da fé cristã só existe um "evangelho": a mensagem de Jesus Cristo, o filho de Deus, que pela vontade divina tomou forma humana, ou seja, encarnou-se (Jo 1.14), tornando-se o autor indiscutível da salvação. Essas afirmações teológicas constituem a base mais importante da pregação cristã ao longo da história.

Os quatro Evangelhos incluídos no Novo Testamento apresentam a "boa notícia" de Deus para a humanidade, ou o "evangelho" de Jesus Cristo. Eles foram escritos com o objetivo de expor a natureza e as atividades do originador de tais notícias, com base na fé e na segurança de que Jesus era a resposta divina às necessidades humanas. Os quatro Evangelhos canônicos

112 JESUS DE NAZARÉ

foram redigidos para afirmar que Jesus cumprira as expectativas messiânicas do povo de Israel, anunciando a chegada do reino de Deus em meio à história da humanidade.

O apóstolo Paulo, na mesma tradição teológica, indica que seu "evangelho" é o anúncio e a proclamação da graça divina, que consiste fundamentalmente na aceitação de Jesus como enviado de Deus ao mundo com intenção redentora não apenas para o povo de Israel, mas para toda a humanidade (Rm 1.1,9,16; 16.25; 1Co 15.1; Gl 2.7; 2Tm 2.8). As pessoas de diferentes culturas e línguas têm acesso à salvação por meio da aceitação de Cristo como Senhor e Salvador (Rm 1.5; 5.1; 6.14,22,23).

Os evangelistas foram indivíduos que receberam a importante tarefa de compilar, estudar, analisar, revisar e escrever o evangelho de Deus, que consistia ao mesmo tempo nas memórias da vida e obra de Jesus de Nazaré, aliadas às interpretações de seus feitos declarações, bem como em sua morte, ressurreição e ascensão.

Não se tratava de escritores independentes e imparciais que procuraram escrever a biografia de uma ilustre personagem histórica, mas sim pessoas de fé e senso de direção, de convicções profundas e graves, homens que aceitaram e incorporaram em sua vida os valores promulgados e confirmados por Jesus Cristo, o qual apresentavam em seus escritos. Os evangelistas eram representantes das comunidades de crentes que tinham como objetivo celebrar, afirmar e aplicar os ensinamentos de Jesus em meio a suas realidades cotidianas.

O principal papel dos evangelistas era anunciar a boa-nova de Deus trazida por Jesus Cristo à humanidade (At 21.8; Ef 4.11; 2Tm 4.5). A intenção básica de seus escritos não era a apresentação detalhada de todos os eventos e circunstâncias que moldaram as palavras e os atos de Jesus. De acordo com João, o propósito dos Evangelhos era que as pessoas acreditassem que *Jesus é o Cristo, o Filho de Deus* e para que, crendo, tivessem *vida em seu nome* (Jo 20.31). De fato, os autores tinham um propósito evangelístico claro e explícito! No entanto, embora a intenção fosse teológica e missionária, muitas informações a respeito de Jesus não seriam de domínio público se não existissem os Evangelhos canônicos.

Os evangelistas redigiram os Evangelhos para apresentar o evangelho de Jesus Cristo, o qual se articula através de narrativas em torno da pessoa de Jesus de Nazaré. Os textos tinham o objetivo de edificar igrejas e formar os crentes, compartilhar esse testemunho com várias pessoas, a fim de que aceitassem as

O nascimento de Jesus Cristo

boas-novas de Deus, e de manter e garantir a memória histórica dos eventos que desempenhavam uma grande importância espiritual para a comunidade de fé. O material usado para compor seus escritos originava-se da memória transmitida oralmente após a ressurreição de Cristo e de alguns documentos que compilavam parcialmente tais tradições orais e as fixaram na forma escrita.

O material incluído nos Evangelhos canônicos alude diretamente à vida de Jesus Cristo, e as igrejas aceitaram esses documentos como autorizados e dignos de confiança. Do ponto de vista literário, por exemplo, existem sermões, orações, parábolas, oráculos, ensinamentos e episódios de Jesus ou sozinho, ou com seus discípulos, ou em disputa com adversários. E, da perspectiva temática, é possível identificar várias seções principais, que correspondem a uma introdução geral, um corpo do material e a conclusão da obra.

As narrativas sobre a infância de Jesus, que pertencem a um tipo de introdução temática e teológica dos Evangelhos, incluem alguns detalhes importantes a respeito de seu nascimento. Em seguida, temos o corpo da obra, ou seu centro literário, apresentando os discursos e as ações, os sermões e os ensinamentos, as parábolas e os milagres, além de outras palavras e atos de Jesus. Por fim, os Evangelhos registram os relatos da Paixão, ou a conclusão do texto, descrevendo os dias finais de Jesus com seus discípulos e apresentando as reações do mestre diante da traição, perseguição, prisão, tortura e crucificação. Os episódios revelam que, logo após a morte, Jesus Cristo ressuscitou e ascendeu ao céu. Todas as obras foram elaboradas da perspectiva da fé.

Os relatos da infância

A introdução oferecida pelos Evangelhos canônicos à vida de Jesus, o fundador e líder do cristianismo, focaliza-o em seu ambiente doméstico básico. Conquanto de uma perspectiva teológica as revelações divinas sobre o Messias comecem muito mais cedo, com as profecias veterotestamentárias (por exemplo, 2Sm 7.1-29; Is 7.14; 9.1-9), os relatos da infância ressaltam o início da vida de Jesus na história da humanidade. São relatos que o mostram em meio a uma série extraordinária de acontecimentos em torno de seu nascimento.

Uma leitura detida de todas essas histórias deixa claro o fato de a intenção fundamental dos autores ser muito mais teológica do que histórica. O objetivo principal de tais relatos é indicar que o nascimento de Jesus foi uma experiência singular, única, especial, excepcional, milagrosa. Sobre o nascimento de Jesus, é necessário e decisivo ressaltar que Maria não teve um parto rotineiro! Tratou-se de um acontecimento extraordinário, cercado por eventos espetaculares, revelações ímpares, experiências significativas, teofanias incríveis, virtudes surpreendentes.

Dessa forma, desde o início da narrativa, Mateus não descreve apenas o nascimento natural de Jesus de Nazaré na cidade de Belém, situada na região da Galileia na Palestina antiga, mas também o "nascimento de Jesus Cristo" (Mt 1.18), a quem o anjo de Deus descreve claramente e sem delongas como aquele anunciado pelo profeta Isaías (Is 7.14-17) que "salvará seu povo dos seus pecados" (Mt 1.21).

O objetivo fundamental desses relatos é situar a nossa personagem em uma dimensão teológica e messiânica ampla, profética e especial, pois revelam uma série de milagres que enfatizam a importante tradição de nascimentos de figuras ilustres do Antigo Testamento. No evangelho de João, por exemplo, o início da vida de Jesus apresenta essa mesma intenção, pois destaca os níveis eternos, criativos e cósmicos da encarnação: *No princípio era o Verbo, e o Verbo estava com Deus, e o Verbo era Deus* (Jo 1.1).

A adequada compreensão do nascimento de Jesus deve levar em consideração o grupo dos relatos de nascimento das figuras ilustres da história do povo de Israel. Esses relatos servem para realçar a natureza especial e as funções divinas que deveriam ser desempenhadas posteriormente por tais personagens. Trata-se de passagens carregadas de simbolismos e imagens de significados espirituais e teológicos, marcadas pela imaginação e pela revelação divina.

Entre esses relatos, por exemplo, o do nascimento de Isaque (Gn 18.9-15), de Sansão (Jz 13), de Samuel (1Sm 1) e de João Batista (Lc 1.5-25), destaca-se o fato de a mãe ser estéril ou não estar em idade de conceber. Na narrativa acerca do nascimento de Moisés, destacam-se os perigos enfrentados pelo recém-nascido, bem como as intervenções milagrosas que lhe preservaram a vida (Êx 2.1-10). Em todas essas passagens enfatiza-se claramente a manifestação completa e extraordinária do poder divino, capaz de transformar as circunstâncias adversas e potencialmente fatais que ameaçavam os meninos e convertê-las em situações estáveis e seguras para salvar-lhes a vida.

Os relatos sobre o nascimento de Jesus Cristo revelam a mesma intenção teológica: desde o início, realçam a manifestação de uma vontade divina capaz de superar os diversos problemas enfrentados pelo nascimento e pela criança. Tais problemas, de acordo com o evangelho de Mateus, podiam ser de natureza biológica, como, por exemplo, o fato de Maria ainda não conviver com

José (Mt 1.18), ou de caráter criminoso, como o projeto de extermínio do rei Herodes (Mt 2.16-18). Através de todas as circunstâncias difíceis e adversas, manifesta-se de forma contínua e poderosa a graça divina — indispensável para proteger e preservar a vida da criança.

O protagonista indiscutível, mas invisível, de todas essas histórias é Deus, que está por trás da história humana, preparando as condições e o caminho para aquilo que posteriormente se revelaria sobre Jesus Cristo. A providência divina, portanto, desempenha um papel fundamental em todas essas narrativas, pois os autores dos Evangelhos entendiam que o menino que estava para nascer seria a ferramenta necessária para a atualização e contextualização da vontade divina em meio às realidades humanas.

Sobre as passagens da infância de Jesus, existe um vácuo informativo nos Evangelhos canônicos que é preenchido pela literatura apócrifa. No *corpus* dessa literatura original, há um livro que apresenta alguns episódios e incidentes a respeito do período: o *Evangelho da infância segundo Tomé*, que descreve como o menino Jesus matara um companheiro de brincadeiras que o perturbava e, quando os pais do colega se queixaram a José, ele os deixou cegos. Relata também como Jesus ressuscitou um outro amigo que morrera de uma queda do telhado de sua casa. Nesse caso, Jesus fora acusado de também haver causado a morte do colega e, por isso, ressuscitou o garoto a fim de que ele explicasse o que tinha acontecido. O livro conta ainda como o pequeno Jesus curara a ferida mortal que uma cobra venenosa infligira a seu irmão Tiago.

Essas histórias, que mostram um Jesus volúvel e temperamental, ainda não consciente dos valores éticos e morais relacionados ao poder divino, não mantêm correspondência com a imagem do fundador do cristianismo presente nos Evangelhos canônicos. O fundamento histórico de tais narrativas é seriamente questionável, pois a mesma comunidade onde crescera não compreendia a origem da sabedoria e do poder para fazer milagres demonstrados pelo Jesus adulto, conhecido ali apenas como o filho de José, o carpinteiro (Mt 13.54,55).

A anunciação

O relato da anunciação revela as conversas do anjo Gabriel com Maria (Lc 1.26-38; cf. Mt 1.18-22). O anjo informa diretamente a Maria que ela estava grávida por ação do Espírito Santo. O propósito fundamental da narrativa é, sem dúvida, estabelecer que tanto a gravidez anunciada pelo anjo quanto a predição do nascimento de Jesus eram experiências milagrosas, pelas quais Deus interviera de forma extraordinária e significativa na história da humanidade.

O relato da anunciação a Maria segue a tradição das revelações angelicais no Antigo Testamento dirigidas a mulheres estéreis, como, por exemplo, Sara (Gn 18.9-15), a mãe de Sansão (Jz 13.2-5) e Ana (1Sm 1.1-20). Em todos esses casos, o objetivo teológico fundamental é destacar, sem sombra de dúvida, que não há nada impossível para Deus (cf. Gn 18.14). Trata-se de formas narrativas usadas para enfatizar o poder divino; consistem em modelos literários para afirmar que a vontade de Deus não se detém diante de quaisquer obstáculos humanos, nem de dificuldades físicas.

Nos relatos da anunciação não se pode ignorar o papel de José, que estava oficialmente comprometido com Maria e que é descrito como homem "justo" (cf. Mt 1.19) — forma semítica de louvar as virtudes religiosas, morais e éticas de uma pessoa. José, de fato, havia sido criado em um ambiente dedicado à lei e às tradições judaicas. Os relatos bíblicos desejam, portanto, salientar que se tratava de um homem responsável.

No entanto, diante das circunstâncias complexas da gravidez e de uma condição biológica e física tão difícil de se acreditar, um anjo de Deus também apareceu a José para explicar o que estava acontecendo e para instruí-lo a não abandonar Maria. Além disso, o anjo ainda fornece o significado do nome "Jesus" e anuncia sua missão na vida. A revelação divina permite que José compreenda a natureza e a extensão dos acontecimentos. Essas foram as formas escolhidas para expressar as convicções a respeito do messianismo de Jesus, as quais sua família precisava entender e apreciar.

Jesus é a forma grega do hebraico *Yeshua* ou *Yehoshua*, que significa "o Senhor salva". A pronúncia do nome "Josué" terminou recebendo na comunicação cotidiana da Galileia a forma dialetal de Jesus. Com a explicação do significado desse nome, o anjo revelou a José a importância do futuro filho que Maria conceberia. Além disso, também lhe explicou a razão de ele não poder abandonar sua esposa nem difamá-la; afinal, tudo fazia parte de um extraordinário plano divino.

A comunicação do nome Jesus possui importância teológica, histórica e exegética. Mateus fundamenta a divulgação do nome em uma importante mensagem messiânica do profeta Isaías (Is 7.14), citada em sua versão grega: *A virgem engravidará e dará à luz um filho, a quem chamarão Emanuel, que significa: Deus conosco* (Mt 1.23).

O nascimento de Jesus Cristo 117

Na língua hebraica, a palavra traduzida para o grego, e mais tarde para o português, por "virgem" refere-se essencialmente a uma mulher que atingiu a maturidade física e o desenvolvimento sexual, ou seja, a expressão em seu contexto profético inicial diz respeito a uma mulher que está em idade de casar, sem fazer referência à sua vida sexual. Mateus queria destacar que Maria não havia conhecido sexualmente nenhum homem quando descobriu que estava grávida pelo poder do Espírito de Deus. Desse modo, o evangelista enfatiza o componente milagroso do evento! Uma maravilha especial trouxera Jesus ao mundo! A primeira declaração teológica sobre Jesus, mesmo antes de ele nascer, foi sua extraordinária concepção pelo Espírito Santo!

Na passagem em que Lucas descreve a anunciação, a natureza prodigiosa da gravidez é explicada à própria mãe. A importante revelação angelical não apenas interpreta o nome de Jesus, mas ainda afirma categoricamente a importância do futuro menino: ele será "grande", ou muito importante, pois será conhecido como o Filho do Altíssimo, de Deus, herdará o trono de Davi e reinará sobre a casa de Jacó. Além disso, diz a revelação, seu reino será eterno (cf. Lc 1.31-33) — que é outra maneira de relacionar a criança com a antiga profecia messiânica (2Sm 7). Na verdade, a anunciação a Maria destaca a singularidade da revelação, a particularidade da gravidez, a essência divina do nascimento e a natureza messiânica da criança.

A respeito da questão da anunciação, não devemos ignorar nem passar por cima do fato de que, em Lucas, também se anuncia o nascimento de João Batista (Lc 1.5-25). No entanto, essa anunciação é feita a um sacerdote, Zacarias, e a Isabel, sua esposa estéril (Lc 1.7). Segundo o relato, enquanto Zacarias exercia suas responsabilidades no templo, o anjo Gabriel apareceu-lhe repentinamente, como faria mais tarde com Maria. Tal revelação foi dada à direita do altar do incenso (Lc 1.11), bem ao lado do lugar santíssimo, o símbolo supremo da presença de Deus em meio do povo.

Ao perceber a confusão do sacerdote, o mensageiro divino trata de explicar a natureza do anúncio e as implicações da revelação. Isabel conceberia um filho que teria uma tarefa de grande responsabilidade diante de Deus e do povo, e por esse motivo seria dedicado a Deus desde o ventre da mãe, devendo abster-se de vinho e sidra, que era o voto exigido dos nazireus (Nm 6.15; Jz 13.4,7-14), e desse modo seria cheio do Espírito Santo (Lc 1.15-17). O anjo também explicou que à frente dele estaria o "espírito e o poder de Elias", uma forma figurada de se referir ao estilo, às formas de comunicação e à mensagem do antigo e importante profeta bíblico, algo que possibilitaria a muitos filhos de Israel se converterem ao Senhor.

A revelação feita ao sacerdote segue o mesmo padrão bíblico já descrito: mulheres incapazes de procriar recebem o favor divino e tornam-se mães. Nos tempos antigos, os judeus consideravam a esterilidade um sinal físico da rejeição de Deus. A narrativa possui a mesma finalidade teológica das anteriores: manifestar publicamente o poder divino, capaz de superar as dificuldades que se interpõem no caminho da implementação da vontade de Deus no mundo. A mudez temporária imposta a Zacarias foi a maneira de enfatizar a importância da fé e confiança nas revelações de Deus (Lc 1.20).

As anunciações feitas a Maria e José e a Zacarias e Isabel são conjugadas em Lucas. A jovem Maria, segundo o texto, viajou de Nazaré até as montanhas da Judeia para visitar a parenta de mais idade, possivelmente para contar a ela tudo a respeito das revelações de Deus e de sua gravidez (Lc 1.39-56). Assim que Maria entrou na casa e cumprimentou Isabel, o bebê desta pulou no ventre, movimento esse entendido como sinal divino e que levou a anfitriã a proferir sua famosa saudação de plenitude do Espírito Santo: *Bendita és tu entre as mulheres, e bendito é o fruto do teu ventre!* (Lc 1.42).

Em resposta, Maria saúda Isabel com um eloquente salmo de louvor ao Senhor, tradicionalmente conhecido como o *Magnificat* (Lc 1.46-55). O poema expressa a gratidão de Maria, engrandece e louva o nome divino por sua intervenção libertadora na história em favor de pessoas humildes. Em seu conteúdo principal, esse cântico rejeita o orgulho e a arrogância dos poderosos, sendo um magnífico exemplo de salmo bíblico não incluído no Saltério.

O nascimento de Jesus

Embora os quatro Evangelhos canônicos se destinem a apresentar a vida e obra de Jesus, apenas dois deles revelam com alguma intensidade e extensão os detalhes de seu nascimento em Belém da Judeia (Mt 1—2,23; Lc 1.5—2.52). Marcos inicia seu texto diretamente com a pregação profética de João Batista e com o batismo de Jesus no rio Jordão, faz uma breve referência à tentação no deserto e ao tema da pregação realizada na Galileia após o encarceramento de João (Mc 1.1-15). João abre seu evangelho com um hino extraordinário sobre a encarnação do Verbo divino, no qual apresenta Jesus como figura messiânica e eterna (Jo 1.1-5).

Os evangelhos de Mateus e Lucas, no entanto, incluem diversas informações de grande importância para a nossa compreensão da natureza divina e

O nascimento de Jesus Cristo

humana de Jesus. Em particular, eles nos ajudam a entender melhor a reflexão teológica das primeiras comunidades cristãs a respeito de Jesus como Messias, o Cristo de Deus. Os textos também nos permitem analisar as diferentes tendências teológicas nas igrejas e ajudam-nos a compreender os desafios a que deviam responder os primeiros evangelistas cristãos.

Os relatos do nascimento, na verdade, são magníficas janelas que nos deixam ver como os evangelistas explicaram o evento "Cristo", particularmente sua ressurreição, às diferentes comunidades de fé. O que aconteceu historicamente no nascimento de Jesus foi acolhido de forma oral pelos diversos grupos de crentes e posteriormente interpretado e registrado em breves relatos nos evangelhos de Mateus e Lucas. O que dispomos no Novo Testamento para estudar o nascimento de Jesus é fruto de tais percepções espirituais e reflexões teológicas com base na fé no Cristo de Deus e que não se inibem em manifestar suas profundas convicções religiosas.

Uma das primeiras informações sobre Jesus fornecidas nos Evangelhos é sua genealogia. Para a comunidade judaica em geral, especialmente após o exílio babilônico, a relação de antepassados ou ascendentes era muito importante, pois constituía a forma concreta de demonstrar que alguém pertencia ao povo de Israel, além de identificar a tribo e a família específica à qual estaria vinculado.

Em Mateus, a genealogia de Jesus abre o evangelho e inicia-se com Davi, filho de Abraão, prosseguindo com sua descendência até José, marido de Maria. A estrutura literária está dividida em três grupos de catorze gerações cada: de Abraão a Davi; de Davi ao exílio na Babilônia; e do exílio a José (Mt 1.17). A composição destaca que Jesus procede da linhagem de Davi (Rm 1.3,4)

A compreensão e a perspectiva genealógica apresentadas em Lucas são diferentes. Em primeiro lugar, a genealogia está inserida após as narrativas do nascimento e logo após o batismo, mas antes das tentações (Lc 3.23-38). Em segundo lugar, enquanto Mateus sublinha a linha patriarcal de Jesus, desde Abraão e Davi, Lucas destaca a ascendência de Maria remontando até Adão.

De fato, cada evangelho revela sua finalidade teológica ao apresentar os antepassados de Jesus: enquanto Mateus enfatiza a casa de Davi, porque Jesus é o cumprimento histórico das aspirações messiânicas do povo, Lucas ressalta a linhagem de Maria (a passagem indica que Jesus "era, como se pensava, filho de José", Lc 3.23), assim como em toda a sua obra destaca o papel das mulheres no ministério de Jesus; além disso, a genealogia chega até Adão para sublinhar o universalismo do evangelho. Mateus focaliza a linhagem messiânica judaica, ao passo que Lucas se apoia no elemento universalista, já que o evangelho atinge todas as nações.

Um detalhe narrativo de grande importância histórica, que se encontra no livro de Lucas, é a referência ao recenseamento que obrigou José e Maria a se deslocar de Nazaré, na Galileia, até Belém, na Judeia. O nascimento de Jesus, de acordo com o relato, ocorreu durante o censo geral promulgado por César Augusto, quando Públio Sulpício Quirino era governador romano da Síria (Lc 2.1-7). Cada varão para ser registrado ou recenseado deveria se dirigir à cidade de seus antepassados.

De acordo com fontes históricas disponíveis, incluindo os escritos de Josefo, Quirino realizou um censo regional nos anos 6 ou 7 d.C., uma data um pouco tardia para ser diretamente vinculada ao nascimento de Jesus que, na verdade, deve ter ocorrido alguns anos antes da era cristã. Talvez o evangelista Lucas desejasse situar o nascimento de Jesus dentro de um marco histórico comprovável, embora as datas precisas do nascimento de Jesus e do recenseamento dificilmente estivessem de acordo.

É de grande importância teológica a estada de José e Maria em Belém. Do ponto de vista das profecias messiânicas, era fundamental que o menino Jesus nascesse em Belém, apesar de sua família viver em Nazaré, região da Galileia, ao norte da Palestina. A finalidade básica da história era confirmar os antigos oráculos sobre a vinda do Messias. O profeta Miqueias havia profetizado que o Messias e Senhor tão esperado viria da casa de Davi, especificamente do povoado de Belém (Mq 5.2, cf. Mt 2.6; Jo 7.42).

De especial importância teológica e espiritual para os relatos sobre o nascimento de Jesus são as descrições do ambiente humilde em que o evento ocorrera. De acordo com os relatos contidos em Lucas, os anjos de Deus apareceram em primeiro lugar aos pastores no campo, e não ao rei Herodes. Não havia um local adequado para que a família se hospedasse na cidade; por isso, a criança nasceu em uma inóspita estrebaria, espaço destinado aos animais. Os sábios do Oriente não foram ao palácio real, mas se dirigiram imediatamente até a criança. O sentido de simplicidade e sobriedade também repercute no restante do evangelho, enfatizando, portanto, a boa-nova: Deus humilha os soberbos, orgulhosos e arrogantes, mas exalta e confirma os simples, pobres e humildes (Lc 1.46-55).

A respeito dos anjos que anunciaram o nascimento de Jesus, é importante destacar a mensagem por eles apresentada. A revelação feita aos pastores, avisando do nascimento de Jesus, claramente o identifica como o Messias: *é que hoje, na Cidade de Davi, vos nasceu o Salvador, que é Cristo, o Senhor* (Lc 2.11). Em seguida, eles cantam um louvor que glorifica a Deus no céu e afirma a paz na terra, temas que identificam e anunciam a abertura da era messiânica em meio à história da humanidade (cf. Lc 2.14).

Em conformidade com a mesma tradição messiânica e de humildade, o menino Jesus é apresentado no templo (Lc 2.22-39). José e Maria cumpriam assim com os regulamentos judaicos da época por meio dos rituais de purificação pós-parto. Além disso, o registro desse episódio singular revela que, por trás da narrativa, pode haver uma alusão à apresentação de Samuel diante de Deus (1Sm 1.24-28). O profeta Samuel, que fora uma dádiva de Deus à sua mãe estéril, é o protótipo ideal de juiz, profeta e sacerdote. Sobre essa importante figura do judaísmo, não podemos ignorar o fato de, segundo o texto das Escrituras, ele ter sido designado para ungir os dois primeiros reis de Israel.

O idoso Simeão surge na história para enfatizar e confirmar o caráter universal do evangelho. Conforme lhe fora prometido, o Espírito Santo levou-o ao templo no momento da apresentação do menino Jesus, para que pudesse conhecer o Messias (Lc 2.26,27). Como reação a essa extraordinária revelação e cumprimento das promessas de Deus, o ancião entoa um cântico conforme a tradição dos salmos bíblicos, semelhante aos poemas anteriores relacionadas a Maria e Zacarias, e tradicionalmente conhecido como o *Nunc Dimittis* (Lc 2.29-32).

O salmo de Simeão evoca os temas tradicionais do profeta Isaías, especialmente seu espírito universalista e sua teologia inclusiva. De acordo com o cântico, a salvação de Deus por intermédio do nascimento do Messias não atingiria somente o povo de Israel, que esperava pelo grande evento, mas também todas as nações. A ampla compreensão teológica de Lucas é uma característica literária e temática de toda a sua obra. Além disso, para inserir o episódio no contexto total da vida de Jesus, tanto a paixão de Jesus como o sofrimento de sua mãe são referidos. Mais uma vez, manifesta-se a importância que Lucas concede às mulheres em seu evangelho (Lc 2.36-39).

Um fenômeno astronômico significativo

Nesse ambiente histórico, religioso e político, o Mateus inclui uma narrativa de singular importância teológica (Mt 2.1-12). Ao lado dos relatos dos Evangelhos que informam o nascimento de Jesus na pequena cidade de Belém, o autor insere um detalhe referente à visita de um grupo de sábios (tradicionalmente conhecidos como "magos") provenientes do Oriente. O episódio encaixa-se precisamente no contexto do reinado de Herodes, o Grande, que governou a Judeia como vassalo de Roma durante várias décadas (37-4 a.C.). Essa referência histórica (veja também Lc 3.1) nos permite fixar o nascimento de Jesus em, pelo menos, dois anos antes da morte do monarca, cerca de 7-4 a.C.

Os sábios eram pessoas que estudavam as estrelas e que vinham de algum país oriental não especificamente identificado nos relatos bíblicos. Eram essencialmente astrônomos que se dedicavam a observar e interpretar o movimento dos astros. O relato bíblico não informa o número de sábios que chegaram a Belém, embora a tradição indique se tratar de três homens, em virtude de terem entregue três presentes ao recém-nascido: ouro, incenso e mirra.

Ainda em relação à quantidade de visitantes, também é importante observar que em tempos antigos as pessoas não viajavam sozinhas, mas em caravanas. Devemos até mesmo lembrar que o número 3 é o sinal de perfeição ou de totalidade nas tradições bíblicas. O simbolismo por trás da história sugere uma possível alusão antecipada de que os povos não judeus, orientais e distantes viriam a conhecer e adorar o menino. Um grupo "perfeito" ou "completo" de representantes de diversas comunidades do mundo reconhece, de acordo com o evangelista Mateus, o Salvador da humanidade.

O evangelho revela que os sábios foram guiados por uma estrela que os levou de suas distantes cidades no Oriente diretamente a Belém, perto de Jerusalém, que era a sede do governo do rei Herodes.

As possíveis explicações científicas para esse fenômeno astronômico revelam claramente algumas implicações teológicas variadas: alguns estudiosos, em primeiro lugar, acreditam que tal estrela tenha sido antes um cometa ou uma supernova observada e documentada por astrônomos chineses em março ou abril do ano 5 a.C. Outros pesquisadores associam o fenômeno ao cometa Halley, que se torna visível no Oriente Médio a cada 75 anos, e que foi visível na Palestina no ano 12 a.C. São essas as possíveis explicações para a percepção do fenômeno astrofísico, embora a data do cometa Halley não coincida com as datas disponíveis e prováveis para o nascimento de Jesus.

Já outras explicações para a estrela são de caráter mais simbólico e teológico. Existem aqueles que entendem o fenômeno como semelhante à coluna de fogo que guiou os filhos de Israel em sua jornada através do deserto, na fuga do Egito para a terra de Canaã. Em ambos os casos, o fenômeno visual era intermitente, pois aparecia e desvanecia em intervalos, além de estar orientado para a terra prometida.

Há também estudiosos que defendem ser a estrela um anjo que transmitia uma mensagem divina. Cabe lembrar que, nas Sagradas Escrituras, alguns autores usam a palavra "estrela" para descrever os anjos (por exemplo, Ap 1.20). Na mesma tradição angeológica, deve-se reconhecer que tanto os antigos escritores judeus quanto os cristãos antigos se referiam aos anjos como agentes divinos que guiavam e orientavam as pessoas.

Uma teoria muito interessante sobre a chamada "estrela de Belém" está relacionada com o alinhamento dos planetas Júpiter e Saturno na constelação de Peixes no ano 7 a.C. A teoria baseia-se em narrativas antigas que têm sido cientificamente corroboradas por cálculos astronômicos contemporâneos. Do Oriente Médio, especificamente da região da Palestina, o alinhamento celestial podia ser visto como uma "grande estrela" no meio do firmamento. Tal aparição, que ocorreu aproximadamente nos dias 29 de maio, 20 de setembro e 5 de dezembro, seria, de acordo com essa teoria, o fundamento da narrativa dos Evangelhos relacionada aos sábios, à estrela que os orientou e ao nascimento do Messias em Belém. Esse alinhamento ímpar ocorre uma vez a cada mil anos.

Ainda a respeito dessa instigante teoria, devemos acrescentar que, conforme a compreensão antiga e local da astrologia, os dois planetas possuíam uma grande tradição simbólica: Júpiter representava os reis, Saturno se referia ao povo judeu, de acordo com fontes literárias provenientes de Roma e da Babilônia; já a constelação de Peixes representa as terras a leste do mar Mediterrâneo, a antiga Canaã, Palestina ou Israel. Com base nessas informações, os defensores da teoria acreditam que os sábios do Oriente tenham entendido o fenômeno como o sinal do nascimento do rei dos judeus em Belém, que está localizada no centro das terras palestinas ou de Israel. De acordo com tal ideia, o nascimento de Jesus deve ter ocorrido em 7 a.C., entre os dias 29 de maio e 5 de dezembro.

Esse foi o contexto histórico, social, político e religioso que demarcou o nascimento, a vida e o ministério de Jesus, bem como a origem e o desenvolvimento das primeiras igrejas. Foi nesse mundo culturalmente helenístico, politicamente romano e religiosamente judaico que se guardaram as memórias orais dos ensinamentos de Jesus de Nazaré, que mais tarde se tornaram as narrativas literárias registradas nos Evangelhos canônicos.

Herodes e a matança dos meninos

As histórias do nascimento de Jesus em Mateus incluem um episódio de grande força histórica e teológica. Herodes sentiu-se ameaçado pelo nascimento de uma criança que fora reconhecida por alguns representantes internacionais como o futuro rei dos judeus! A notícia deve ter incomodado imensamente o monarca, que, em resposta, ordenou a matança dos meninos de menos de 2 anos nascidos em Belém. A decisão infanticida de Herodes é tradicionalmente conhecida como "o massacre dos inocentes" (Mt 2.16-18).

Para o evangelista, a ordem do rei estava relacionada a uma antiga profecia encontrada no livro do profeta Jeremias (Mt 2.18; cf. Jr 31.15), que faz alusão a ansiedade, sofrimentos, lamentações e gemidos causados por um grupo de filhos que haviam sido mortos. É possível que essa profecia estivesse relacionada ao exílio dos israelitas na Babilônia, os quais eram descendentes de José, filho de Jacó e Raquel.

No entanto, uma leitura cuidadosa do relato não pode ignorar a relação temática com a decisão do faraó do Egito, na época patriarcal, que tentara conter o crescimento dos filhos de Israel com o assassinato de meninos indefesos. Esse foi o contexto do nascimento de Moisés, milagrosamente salvo da morte pela intervenção divina. Mais tarde, esse menino salvo por Deus da matança ordenada pelo rei do Egito converteu-se em libertador e guia do povo de Israel.

A narração feita por Mateus destaca a relação entre Jesus e Moisés. Também Jesus foi salvo do massacre ordenado por Herodes e mais tarde tornou-se o libertador do povo de Israel! Tais paralelos enfatizam a importância que o evangelista atribui a Jesus como novo Moisés, como a nova figura de autoridade moral e religiosa que interpreta e atualiza as antigas leis mosaicas.

Além do testemunho bíblico, não foram encontrados indícios da ordem criminosa do rei Herodes contra os meninos inocentes de Belém. No entanto, a atitude irascível do monarca está em consonância com a visão atual da personalidade desse governante, a de um homem arrogante, cruel, impiedoso, déspota, temperamental, agressivo, implacável, violento e criminoso.

Entre os exemplos mais evidentes do comportamento psicopático e doentio de Herodes, destacam-se os seguintes: poucos dias antes de sua morte, ordenou a execução de seu filho mais velho, sucessor do trono. Também mandou queimar vivos dois estudiosos judeus que haviam destruído uma águia de ouro, um estandarte do império Romano fincado no templo de Jerusalém. E, por fim, o rei ordenara a execução dos dois filhos que tivera com sua esposa favorita.

Nessa época, Belém era uma cidade muito pequena, e alguns estudiosos estimam que viviam em comunidades algo em torno de mil pessoas. A mortalidade infantil, em um período marcado por falta de higiene, hoje se estima em cerca de 30% dos nascimentos. Em tais condições, portanto, Belém deveria acolher possivelmente uns 15 a 20 meninos com menos de 2 anos de idade.

O episódio da fuga de José e Maria com o recém-nascido para o Egito (Mt 2.12-15) mantém a relação temática entre Moisés e Jesus no evangelho de Mateus. São semelhantes as dificuldades em que vivia o antigo povo de Israel, oprimido pelas decisões políticas do Egito, às dores do povo judeu que subsistia numa Palestina humilhada e ocupada pelo império Romano, então representado diretamente pelo governo do rei Herodes.

Entre os paralelos e semelhanças relacionados a Moisés e Jesus que Mateus esperava que seus leitores identificassem, destacam-se ainda que ambos conseguiram escapar da aniquilação ordenada contra os meninos. Moisés abandonou o Egito quando sua vida corria perigo nas mãos do faraó, assim como Jesus fugiu de Belém por temer a Herodes. Deus ordenara a Moisés que retornasse ao Egito após a morte do faraó, assim como mandou que a família de Jesus retornasse a Nazaré após a morte de Herodes. E, finalmente, Moisés libertou os israelitas da escravidão no Egito do mesmo modo que Jesus os libertou da escravidão do pecado.

O jovem Jesus no templo

Um episódio adicional a respeito de Jesus ocorre no templo, quando ainda era jovem e antes de iniciar seu ministério público. Apenas Lucas menciona esse incidente que possui marcada importância teológica. De acordo com o relato, a família de Jesus fora a Jerusalém e, depois de encerrar suas tarefas religiosas, retornou a Nazaré. Transcorridos alguns dias de viagem, os pais perceberam que Jesus não estava em meio à caravana e decidiram voltar para procurá-lo.

Eles o encontraram no templo, sentado com os doutores e especialistas da lei, ouvindo-os e fazendo-lhes perguntas. A passagem tem o propósito de oferecer uma resposta teológica e vocacional de grande importância para Jesus. Diante da reclamação de sua mãe, Jesus responde: *Por que me procuráveis? Não sabíeis que eu devia estar na casa de meu Pai?* (Lc 2.49). Essa admirável declaração teológica de Jesus, de acordo com o evangelista Lucas, pretende mostrar a consciência messiânica que Jesus já possuía antes de seu batismo, ou seja, desde pequeno.

Jesus, o filho de José e Maria, com certeza teve uma infância normal em sua cidade natal, Nazaré. Possivelmente brincava com seus amigos os jogos mais populares da época. Algumas dessas brincadeiras podem ser identificadas com alguma precisão em referências literárias encontradas em documentos antigos ou em imagens descobertas em várias escavações arqueológicas. Entre as mais conhecidas destacam-se: jogo de bolas de lã ou de couro atiradas ao chão e atiradas com pedaços de madeira; jogo de bolinhas de barro ou pedra, que eram movimentadas com as mãos; e jogos de mesa, apesar de que os tabuleiros podiam ser desenhados no chão.

A transição entre os episódios do nascimento e do desenvolvimento do ministério de Jesus quando adulto, de acordo com Lucas, pode ser claramente identificada na seguinte declaração: *Jesus crescia em sabedoria, em estatura e em graça diante de Deus e dos homens* (Lc 2.52). Dessa forma, Lucas encerra a narrativa da parte introdutória e passa para o corpo da obra.

A leitura detida e a avaliação serena de todas as narrativas dos Evangelhos sobre a infância de Jesus revelam as intenções teológicas dos autores. Os episódios sublinham a compreensão messiânica que a comunidade cristã primeva compartilhava acerca da pessoa de Jesus e que repercute nos Evangelhos canônicos. Os detalhes históricos precisos e concretos do nascimento de Jesus nos Evangelhos cedem lugar a um amplo entendimento teológico e a explicações espirituais mais profundas, evidenciando assim a reflexão de anos e a ponderação madura em torno do significado da figura de Jesus de Nazaré.

Jesus Cristo é o principal centro temático e teológico de todas as narrativas de infância. Nesses relatos, destacam-se fundamentalmente a providência divina dedicada ao menino Jesus e à sua família, que o protegeu e preparou para que, no tempo ideal, cumprisse sua tarefa de ensino e libertação. Além disso, sobressaem detalhes em torno de seu nascimento que corroboram ser Jesus o Messias esperado.

7

Mensagem e ensinamentos

Quando viu as multidões, Jesus subiu ao monte; havendo se sentado, seus discípulos se aproximaram, e ele começou a ensinar-lhes...

MATEUS 5.1,2

Pregação desafiadora e transformadora

O processo de formação integral de Jesus de Nazaré não se baseou apenas na dinâmica educacional formal das sinagogas, mas também na pedagogia desenvolvida de observações e reflexões relacionadas com a geografia palestina, com a contemplação da natureza, com o desfrute da cultura, com a afirmação dos valores articulados em instituições e experiências religiosas, e com as instruções e os princípios éticos recebidos em casa. Semelhante constelação de experiências e dinâmicas constituiu o grande quadro de referências que esculpiu de maneira significativa, indelével e singular a figura do jovem pregador judeu da Galileia.

Munido desse acúmulo de experiências e repertório, Jesus decidiu peregrinar pelos campos e cidades palestinas, até chegar a Jerusalém. Ele assomou à Cidade Santa com um projeto de vida transformador e uma mensagem libertadora, que respondia aos anseios mais profundos das pessoas. Nessas viagens, o rabino nazareno empreendeu uma atividade pedagógica que afetou positivamente não apenas seus discípulos imediatos, mas muitos outros seguidores ao longo do tempo e da história. Seu trabalho educacional itinerante permitiu-lhe ouvir o clamor das pessoas carentes, enxergar a dor dos marginalizados e feridos, compreender as lágrimas dos doentes, oprimidos e cativos, analisar as implicações, os desafios e o desespero causado pela

128 JESUS DE NAZARÉ

ocupação romana, e promover a compreensão da natureza e a extensão de sua missão como rabino, mestre, educador, curador, libertador e profeta. Jesus descobriu em suas viagens e ensinamentos as necessidades espirituais mais profundas e urgentes das pessoas!

Os indivíduos que entraram em contato com Jesus reconheceram não somente a importância imediata de sua mensagem e a relevância de seus ensinamentos, mas também notaram certas peculiaridades éticas que necessariamente não se manifestavam na pedagogia dos mestres e rabinos da época. Apesar de seu discurso abordar temas e questões também apresentados por outros líderes religiosos, seu estilo eloquente, sua ênfase diferenciada, suas prioridades inéditas e sábias respostas às demandas dos setores mais frágeis e desamparados pelas instituições políticas, religiosas e sociais da época fizeram que pessoas simples o seguissem, que líderes inteligentes o procurassem, que mulheres e crianças o apreciassem, e que as autoridades políticas e religiosas o temessem.

A respeito de João Batista e das tentações

A constatação de que os quatro Evangelhos canônicos coincidem na informação de que o ministério de João Batista teve início antes de Jesus iniciar, na Galileia, sua pregação sobre o reino (Mt 3.1-12; Mc 1.1-8; Lc 3.1-9, 15-17; Jo 1.19-28) revela um fato de grande e especial importância. Embora cada evangelho tenha uma intenção teológica específica e manifeste uma estrutura literária e temática definida, adequada a seus objetivos, todos concordam em que João Batista precedeu Jesus e "preparou o caminho" para que ele pudesse realizar seu ministério de modo mais eficaz na Palestina.

É importante observar ainda que os Sinóticos concordam em que o elemento-chave do ministério de João era sua particular ênfase no batismo. O evangelho de Marcos, possivelmente o mais antigo dos Evangelhos, já declarava explicitamente que João não apenas batizava, como também pregava de forma veemente o que chamava de "batismo de arrependimento" (Mc 1.4), uma maneira figurada de destacar a questão da conversão genuína a Deus. Semelhante tipo de batismo tinha a finalidade precisa de obter o perdão dos pecados às pessoas, e não somente a pureza religiosa tradicional.

As atividades batismais de João provavelmente tinham mais de uma origem histórica e teológica. De um lado, podem estar relacionadas ao antigo costume judeu de "batizar" os prosélitos, uma espécie de rito de passagem que marcava o momento de ingresso oficial à comunidade de fé judaica, embora alguns estudiosos acreditem que tal prática tenha sido estabelecida posteriormente ao ministério de João. Outros estudiosos, no entanto, associam o ritual de João Batista às práticas de purificação realizadas entre os essênios, particularmente na comunidade de Qumran, localizada não muito longe de onde João pregava e batizava.

De acordo com alguns documentos descobertos nessas cavernas do mar Morto, o grupo sectário de judeus praticava banhos ou abluções rituais para alcançar um estado adequado de pureza cerimonial e espiritual. Não podemos ignorar o fato de que, pelo vale do rio Jordão, possivelmente no início da era cristã, alguns grupos religiosos tenham florescido em oposição ao sacerdócio oficial de Jerusalém, desenvolvendo determinadas cerimônias de purificação, entre as quais se incluiriam práticas batismais.

Desde a descoberta das cavernas de Qumran e do início dos estudos sistemáticos dos manuscritos do mar Morto, inúmeros estudiosos têm apresentado e destacado relações entre João Batista e o qumranitas. Chamam a atenção para as semelhanças teológicas, temáticas, exegéticas e práticas de ambas as concepções, que, de fato, são bastante expressivas.

Entre as similitudes, podemos citar a título de exemplo a importância que João Batista e o qumranitas davam aos banhos rituais por eles praticados, a ênfase escatológica e apocalíptica das mensagens que proferiam e o estilo de vida ascético que os caracterizava. No entanto, apesar da descoberta de reconhecíveis semelhanças, devemos lembrar que naquela época havia outros grupos com as mesmas características teológicas e práticas litúrgicas, localizados na mesma região do deserto da Judeia, próximo ao mar Morto e ao rio Jordão.

A característica teológica fundamental do batismo de João é seu componente escatológico. Para João Batista, o juízo final estava iminente, o fim do mundo se aproximava e a era escatológica viria em seguida; logo, diante de tais previsões apocalípticas, era necessário um arrependimento verdadeiro e uma conversão real e significativa.

De acordo com Mateus, os líderes religiosos, em particular os fariseus e saduceus, não podiam justificar ser eles o povo escolhido de Deus com base em sua descendência de Abraão. Segundo Lucas, as pessoas responderam positivamente à pregação de João Batista, e a ele acorriam multidões para ser batizadas, entre as quais havia vários cobradores de impostos e alguns soldados (Lc 3.7-14).

A mensagem de João era forte, determinada, corajosa e agressiva: *Raça de víboras, quem vos ensinou a fugir da ira futura? Produzi frutos próprios de arrependimento...* (Lc 3.7,8). O fundamento ético de sua pregação destacava a importância da justiça e a responsabilidade social das pessoas. João Batista não estava tão interessado em sublinhar os componentes litúrgicos e rituais da experiência religiosa, mas sim na necessidade de se viver em conformidade com os valores éticos e morais que marcam o estabelecimento da justiça.

João Batista era um pregador eloquente e entusiasta, e sua mensagem estava de acordo com a tradição dos profetas de Israel. Sua ênfase na justiça social era um elemento atraente para os que nada tinham, ao mesmo tempo que era motivo de preocupação para as autoridades romanas e os serviçais judeus.

No entanto, embora a mensagem de João fosse profética e desafiadora, os autores dos Evangelhos sinóticos concordam em que João Batista não era o Messias. Para explicar a relação que ele mantinha com o redentor, usam uma passagem do profeta Isaías: *Voz do que clama no deserto: Preparai o caminho do Senhor; endireitai suas veredas* (Lc 3.4; cf. Is 40.3-5). João, de acordo com os Evangelhos canônicos, assumiu essa palavra profética, incorporando-a em seu discurso e plataforma religiosa.

Fundamentados em Isaías, os evangelistas afirmaram que João Batista viera preparar o caminho para o Messias. O evangelista João, sobretudo, com o objetivo de enfatizar o papel preparatório ao ministério de Jesus, registra o testemunho que dera o próprio João Batista a respeito de Jesus: *É sobre este que eu falei: Aquele que vem depois de mim está acima de mim, pois já existia antes de mim* (Jo 1.15).

João Batista era, na verdade, testemunha do Messias, e seu ministério consistia em testificar da luz, em alusão a Cristo (Jo 1.6-8). Já Mateus registra que João Batista não era digno de carregar as sandálias de Jesus (Mt 3.11), expressão usada para revelar a atitude humilde e submissa diante do Cristo de Deus e enfatizar seu papel como precursor do ministério de Jesus de Nazaré. Entre os fatores que levaram as multidões a seguir o precursor de Jesus e procurar o batismo, destacam-se esses gestos de humildade e de reconhecimento divino.

E entre as pessoas que se dirigiam a João Batista, para ser batizadas por ele em cerimônias repletas de gente no deserto, encontrava-se um jovem pregador e rabino da Palestina, da região da Galileia, especificamente da pequena cidade de Nazaré. Fora até lá atraído pela fama do profeta, ficou possivelmente impressionado com a mensagem e acabou respondendo ao apelo para ser batizado.

O batismo de Jesus é um relato dos Evangelhos de grande importância teológica. No episódio, antes de começar seu ministério itinerante, declara-se

Mensagem e ensinamentos **131**

publicamente que Jesus era o Filho de Deus e que Deus estava satisfeito com suas ações e vida. Para Marcos, o batismo de Jesus foi o momento de descobrir sua verdadeira natureza messiânica (Mc 1.10,11) porque os céus se abriram e ouviu-se uma voz que o reconhecia como Filho amado. Essa mesma teofania está registrada em Lucas de uma forma ainda mais impressionante: o Espírito Santo desce sobre Jesus em forma corpórea, como uma pomba (Lc 3.22). Em Mateus, a mensagem é dirigida ao público, pois Jesus é o Filho amado de Deus (Mt 3.16,17).

A identificação de Jesus como o Filho amado de Deus procede das imagens do Saltério, particularmente do Salmo 2.7. Os evangelistas tomaram essa passagem e leram-na de forma profética e messiânica, aplicando-a a Jesus em seu batismo. Na língua grega, a palavra que significa "amado" também pode ser traduzida por "especial" e "único".

O relato do batismo de Jesus prepara o caminho para a narrativa da tentação nos Evangelhos sinóticos. A natureza espiritual e emocional das tentações é de difícil compreensão ou explicação, embora a intenção teológica seja bastante clara: o Messias foi tentado diretamente pelo diabo e saiu vitorioso dessas batalhas espirituais.

Esse episódio singular na vida de Jesus também demonstra que desde o início de seu ministério havia forças demoníacas procurando deter seu programa de salvação, cura e libertação. Diante de tais dificuldades, Jesus, com a força, a autoridade e o poder advindos da Palavra de Deus, triunfou contra as artimanhas satânicas que intencionavam desviá-lo do cumprimento da vontade de Deus em sua vida.

Os evangelhos de Mateus e Lucas mencionam três tentações e apresentam importantes semelhanças. Embora a ordem das investidas não seja a mesma, Jesus é tentado três vezes em ambos os livros. Possivelmente, a sequência de Mateus seja a original, pois os episódios mostram uma progressão, começando desde a transformação de pedras em pão, indo ao salto do cume do templo, até chegar ao oferecimento de todos os reinos do mundo e sua glória (Mt 3.1-11; cf. Mc 1.12,13; Lc 4.1-13). A forma na qual Jesus venceu as tentações revela o uso de um antigo modelo de estudo chamado *midrash*, que utiliza um texto das Escrituras para explicar outras passagens.

A análise detida de todo o relato torna visível sua verdadeira natureza teológica e seu propósito messiânico. A referência aos quarenta dias de jejum de Jesus é uma importante chave hermenêutica da passagem. Moisés passou quarenta dias no Sinai antes de receber as tábuas da lei (Êx 24.18—31.18). Além disso, os israelitas, entre eles Moisés, peregrinaram pelo deserto quarenta anos até finalmente chegar à terra prometida. O livro de Deuteronômio identifica esse período como uma prova no deserto (cf. Dt 8.2). Da mesma forma, o relato apresenta Jesus como um novo Moisés que, após importante período de provas, conduz o povo para desfrutar a vontade divina.

A respeito das tentações, é necessário observar que os versículos da Torá utilizados por Jesus para vencer a sedução de Satanás foram os mesmos proferidos por Moisés, de acordo com o Deuteronômio, em sua jornada pelo deserto em direção à terra de Canaã. A expressão *o homem não vive só de pão* refere-se ao maná que Deus providenciava para o povo (Dt 8.3), pôr Deus à prova foi a atitude dos israelitas em Massá (Dt 6.16) e mostrar os reinos do mundo pode ser uma alusão ao episódio em que Moisés viu a terra prometida de cima do monte Nebo (Dt 32.49; 34.1).

As tentações no evangelho de Marcos têm um diferente propósito teológico. Em primeiro lugar, deve-se notar que o número de tentações não é indicado neste evangelho, diz apenas que Jesus permaneceu no deserto por quarenta dias, sendo tentado por Satanás, em meio a feras selvagens, e ali os anjos o serviam (Mc 1.12,13). Trata-se de um relato breve, mas de grande significado teológico e espiritual.

O número 40 alude a um período de provação, um tempo adequado de preparação para se enfrentar com coragem as tentações no deserto e também para superar dificuldades posteriores. A referência aos animais selvagens talvez seja uma alusão ao jardim de Éden, no qual, segundo o testemunho bíblico (Gn 2.4b-25), Adão vivia em harmonia com os animais, incluindo os selvagens. A imagem é uma forma de dizer que, para superar as tentações que Adão não conseguiu vencer, deve-se retornar à harmonia com a natureza, uma condição perdida com o pecado. O comentário de que os anjos lhe serviam deve ser compreendido à luz da tradição judaica, segundo a qual os anjos também serviram a Adão e Eva. Para Marcos, as tentações situam Jesus nos arredores do Éden, como a única pessoa capaz de restaurar as boas relações com Deus, o que mostra implicações com a natureza e com o mundo espiritual.

É com essa grande introdução teológica que os Evangelhos apresentam o início do ministério de Jesus na Galileia. O propósito teológico dos evangelistas é expor a vida e obra de Jesus de Nazaré, ao mesmo tempo que argumentam que ele é o cumprimento das profecias do Antigo Testamento e das aspirações messiânicas do povo hebreu. Para os evangelistas, Jesus de Nazaré era o Cristo de Deus, o Messias esperado, o Filho de Deus, o Filho de Davi...

Os autores não estavam interessados em descrever a vida de Jesus sem paixão e sem teologia; ao contrário, articularam a fé das comunidades que haviam compreendido e aceitado as boas-novas de Deus na pessoa de Jesus.

Ministério na Galileia

Jesus de Nazaré decidiu começar sua tarefa pedagógica no norte da Palestina, especificamente na região da Galileia, onde havia sido criado. Entre outras razões, era um território cujos caminhos, comunidades, geografia, lagos, costumes e meteorologia conhecia muito bem. De acordo com os relatos dos Evangelhos, após a morte de João Batista, Jesus, que estava na Judeia, decide regressar a seu contexto familiar inicial, que certamente lhe oferecia maior segurança e confiança em um momento de grande crise política e terríveis perseguições ideológicas (Mt 4.12).

Mateus indica diretamente que, em primeiro lugar, após o assassinato de João Batista, Jesus voltou para Nazaré (Mt 4.13) antes de fixar residência em Cafarnaum, perto do lago da Galileia. Marcos apenas indica que ele foi para a Galileia (Mc 1.14), ao passo que Lucas acrescenta que Jesus ensinava nas sinagogas antes de voltar para Nazaré (Lc 4.15). João informa que o mestre já havia começado a recrutar discípulos na Judeia, na região onde João Batista realizava seu ministério de pregação profética e batismo de arrependimento (Jo 1.42,43).

Começar na Galileia oferecia a Jesus algumas vantagens que não devem passar despercebidas. Em primeiro lugar, a região era distante da Judeia, o cenário de atuação de João Batista e seus discípulos, cujas atividades haviam gerado ansiedade e tensão com as autoridades romanas e herodianas. Além disso, a Galileia também estava distante de Jerusalém, onde viviam os mestres e intérpretes mais ortodoxos da lei.

No norte, ao contrário, as cidades e as pequenas comunidades eram mais tolerantes e abertas ao diálogo em virtude da distância do templo e de seus sacerdotes, além da importante influência exercida pelo helenismo na região. Como os galileus viviam cercados de gentios e estavam perto dos samaritanos, as dinâmicas sociais e as relações comunitárias entre os diversos setores religiosos eram mais sóbrias e respeitosas do que na cidade de Jerusalém.

A Galileia, na realidade, era uma região relativamente pequena. Sua extensão era de aproximadamente 80 quilômetros no eixo norte-sul e de cerca de 50 quilômetros no eixo leste–oeste. Tais dimensões geográficas acanhadas acabaram propiciando às pequenas comunidades judaicas da região o

134　　　　　　　　　JESUS DE NAZARÉ

desenvolvimento de um sistema eficaz de comunicação e apoio mútuo. O lago da Galileia perfazia o centro físico das atividades regionais e serviu de anfiteatro para a mensagem de Jesus. Como, na maior parte do ano, as condições climáticas da região eram geralmente boas e estáveis, o jovem rabino podia realizar sua vocação itinerante durante mais tempo.

Embora cercados pelas comunidades pagãs, os judeus da Galileia aguardavam a chegada do Messias. Em particular, desejavam que o Messias acabasse de uma vez por todas com a ocupação romana, a fonte de muitas dificuldades sociais e políticas, bem como do ressentimento nacionalista contra Roma em geral e contra a casa de Herodes em especial.

De acordo com Mateus, o profeta Isaías afirma a importância da "Galileia dos gentios" para a chegada final e definitiva do Messias (Is 9.1,2). O título "dos gentios" refere-se à atmosfera pouco ortodoxa que cercava as comunidades judaicas na região.

A referência a Zebulom e Naftali, duas das tribos de Israel que tradicionalmente estavam localizadas na Galileia, destaca a importância regional nas profecias messiânicas. Além disso, nesse mesmo capítulo, o profeta fornece os nomes do Messias que aludem significativamente à sua importante tarefa pedagógica e libertadora: *Maravilhoso Conselheiro, Deus Forte, Pai Eterno, Príncipe da Paz* (Is 9.6,7).

Pregação nas sinagogas

Na época de Jesus, era comum que nas celebrações do sábado algum pregador ou mestre fosse convidado a explicar, comentar e sugerir aplicação prática às leituras feitas da lei, ou Torá, e também do restante das Escrituras, particularmente dos profetas. A leitura completa da Torá era realizada em ciclos de três anos e meio; mais tarde, passou-se a ler também partes da literatura profética. O ambiente era de reflexão e estudo, pois as lições em torno da lei desempenhavam um papel de vital importância para as práticas religiosas do povo. Era nesse contexto religioso e educacional que se mantinham as esperanças messiânicas da comunidade judaica.

No primeiro século da era cristã, o hebraico havia caído em desuso nas comunidades judaicas como língua de comunicação diária, sendo substituído pelo aramaico, o idioma falado nas casas dos judeus e nos mercados das comunidades. No entanto, o hebraico permaneceu como língua litúrgica, reservada aos atos religiosos ou para alguns debates rabínicos. Diante de tal realidade, as sinagogas liam os textos bíblicos tradicionais em hebraico para que, em seguida, o mestre, rabino ou encarregado da explicação os traduzisse e explicasse oralmente na língua aramaica, promovendo, assim, a compreensão apropriada dos ensinamentos.

As explicações orais nas sinagogas intencionavam destacar o sentido básico e a compreensão dos textos lidos, buscando além do mais aplicá-los na vida diária do povo. Sabemos que Jesus de Nazaré participou de tais processos educativos porque em várias ocasiões, de acordo com os Evangelhos, cumpriu as mesmas responsabilidades rabínicas nas sinagogas (por exemplo, Lc 4.16-21).

As aplicações e a contextualização da mensagem bíblica constituíam uma parte do culto na sinagoga e, com o tempo, foram se tornando mais sofisticadas e profissionais. Com o passar dos anos, os estilos e as metodologias de ensino, que no começo eram breves, sóbrios, moderadas e diretas, cederam lugar a processos de comunicação mais eficazes, o que facilitava a dinâmica de ensino e de aprendizagem. No novo contexto educativo geral, a imaginação, a linguagem figurada e as ilustrações criativas começaram a adquirir valor e apreço não apenas como meros recursos decorativos de retórica, mas sim como instrumentos educacionais oportunos para ampliar a eficácia do processo docente.

No grande processo pedagógico e homilético das sinagogas, as parábolas foram adquirindo importância de modo gradual, contínuo e sistemático. As explicações legais, que eram geralmente baseadas em interpretações rigorosas dos detalhes e das peculiaridades da lei, deram lugar a formas de comunicação mais dinâmicas, criativas e úteis no âmbito educacional. E, embora as parábolas não fossem um novo gênero literário para os judeus e na literatura hebraica (veja, por exemplo, 2Sm 12.1-25; Is 5.1-7), elas adquiriram maior destaque e reconhecimento após o primeiro século desta era.

Na atualidade, tem-se conhecimento de cerca de duas mil parábolas rabínicas, o que revela a importância do gênero nos primeiros séculos do cristianismo. Em geral começam com uma fórmula fixa (por exemplo, "Que vos parece?", cf. Mt 18.12; 21.28; 26.66; Mc 14.64; Jo 11.56) e continuam com comparações e ilustrações que visam explicar assuntos de grande importância tanto para o educador quanto para o aluno. Além disso, as parábolas incorporaram um elemento surpresa e de originalidade que oferece ao conjunto uma espécie de clímax, causando no ouvinte — ou leitor — a sensação de suspense, inovação, novidade e qualidade literária.

Os rabinos, em muitas ocasiões, usavam as parábolas logo depois de ler uma passagem bíblica na sinagoga, lançando mão desse gênero da literatura em particular na leitura da Torá, com o propósito de esclarecer, explicar e afirmar o conteúdo do texto, e também para contribuir positivamente com o processo de compreensão, atualização e aplicação da mensagem.

Ensinamentos de Jesus

Jesus de Nazaré era um mestre que ensinava multidões e indivíduos, além de atender tanto a solicitações e aspirações de pessoas cultas, ricas e de prestígio quanto aos gritos de pessoas doentes, marginalizadas e oprimidas. Seu verbo eloquente e suas palavras sóbrias estavam a serviço das pessoas necessitadas. Suas ações simbólicas, na melhor tradição dos profetas, pretendiam conectar os ouvintes aos novos matizes religiosos, ênfases temáticas e prioridades teológicas alternativas. E, embora a linguagem utilizada fosse muitas vezes comum e popular, própria para que a comunidade judaica pudesse interagir com a mensagem sem muitas dificuldades, o conteúdo de seu programa de ensino desafiava as atitudes tradicionais dos líderes religiosos, bem como dos políticos.

No que se refere a seus ensinamentos, é importante reiterar que Jesus não inventou o gênero da parábola; no entanto, transformou-o em um dos mais importantes veículos de comunicação de suas doutrinas. Quase $^1/_3$ dos discursos do rabino galileu, segundo estudiosos contemporâneos, foram proferidos por meio de parábolas.

Outros rabinos de seu tempo, conforme revelam os textos e exemplos disponíveis, utilizavam parábolas em seus discursos. Entretanto, o que distingue Jesus de seus colegas é, certamente, a criatividade, o conteúdo e a quantidade de seus exemplos. Algumas das parábolas, por exemplo, registradas nos Evangelhos canônicos são de sua autoria, pois respondem a situações muito específicas (por exemplo, Lc 15.1-7; 8-10; 11-32).

Jesus fazia parte de uma sociedade que apreciava a narração de histórias, a comunicação por meio de exemplos de vida e os ensinamentos com o uso de imagens. No mundo judaico da época do Novo Testamento, não reinava a especulação, nem a filosofia grega, nem os modos de comunicação prioritários eram os da prosa dura, racional e descritiva. Tratava-se de uma sociedade pragmática formada por comunidades concretas, acostumadas a participar ativamente no processo educativo como se fizessem parte do elenco de personagens de uma história, do enredo criado, e como se estivessem incluídas nas ilustrações apresentadas. Os educandos esperavam palavras e discursos capazes de figurar-lhes na mente os valores que se desejavam destacar; estavam, portanto, acostumados com as metáforas, com o uso da imaginação, com a linguagem figurada e as expressões poéticas.

A palavra grega normalmente traduzida por "mestre" é *didaskalos*, que por sua vez é vertida para o hebraico por *rabi* e que se refere a uma pessoa de grande reconhecimento na comunidade (Mt 23.8; Jo 1.38). Tratava-se essencialmente de um título de honra e singularidade, que, no decorrer do primeiro século cristão dedicado apenas aos professores da lei que se distinguiam pela criatividade de seus ensinamentos e pelo apreço que desfrutavam em suas comunidades, em particular entre os próprios discípulos.

Jesus de Nazaré era um bom mestre, um rabino de renome que, enquanto viajava de cidade em cidade acompanhado de seus discípulos, foi recebendo o reconhecimento público primeiramente na Galileia e depois na Judeia e em Jerusalém. O povo apreciava sua grande capacidade de comunicação, valorizava seu compromisso com os pobres e marginalizados da sociedade, e admirava sua criatividade em articular os ensinamentos em parábolas — o que em geral era distinto do que se costumava fazer nas sinagogas e não seguia o modelo educacional usado por outros rabinos.

Seu estilo pedagógico levava-o a comunicar-se em categorias simples que o povo pudesse compreender e apreciar. Quando decidiu se posicionar contra a corrupção, o desacerto e a imoralidade dos líderes religiosos, em vez de apresentar um discurso ético sobre os valores na administração pública, Jesus chamou os fariseus de "sepulcros caiados" (Mt 23.27). Ou então, para introduzir o tema da importância de dar frutos na vida, ele simplesmente amaldiçoou uma figueira (Mt 21.18-22). Longe de ser dissertações abstratas ou hipotéticas de algum tópico de importância, Jesus converteu seus ensinamentos em exemplos e experiências com os quais as pessoas poderiam se identificar.

Ao interpretar o valor de seus ensinamentos e também ao avaliar os relatos dos Evangelhos, percebemos que o povo e seus líderes reagiram de maneiras diferentes às palavras de Jesus. Ficamos sabendo que as multidões o apreciavam e ficavam maravilhadas com sua eloquência e com o desenvolvimento dos temas que propunha (Mt 7.28), mas também temos notícia das respostas agressivas, das rejeições absolutas e das reações adversas que por pouco lhe custaram a vida (Lc 4.29). De qualquer forma, Jesus nunca passou despercebido, e os líderes estavam atentos a suas doutrinas.

Com efeito, num mundo ocupado pelas forças militares de Roma, ferido por religiosos legalistas e oprimido pela injustiça fiscal e por escândalos políticos, Jesus não poderia ser ignorado, pois falava ao coração das necessidades do povo e desafiava as várias estruturas oficiais da época. As pessoas reconheciam não somente as virtudes morais e éticas de seus ensinamentos, como também apreciavam sua grande capacidade de comunicação. Embora tenha começado com um pequeno grupo de seguidores, doze discípulos, com o tempo multidões de quatro a cinco mil pessoas passaram a acompanhá-lo (Mc 6.44).

Para transmitir seus ensinamentos de forma eficiente na sociedade judaica, Jesus usou o drama, o humor, o exagero e a imaginação. A fim de conseguir a atenção do público e promover o diálogo e a valorização de suas doutrinas, ele se utilizou dos recursos retóricos que tinha à disposição. Ao afirmar que os ensinamentos dos fariseus beiravam o absurdo e a irracionalidade, Jesus acusou-os com uma autoridade incomum, dizendo que filtravam o mosquito e engoliam o camelo, que são, respectivamente, pequenos e grandes animais impuros conforme a lei (Mt 23.24). Os ouvintes devem ter entendido muito bem o sarcasmo e, possivelmente, sua resposta foi o riso.

Seu ensino singular revela a grande criatividade e imaginação de Jesus. Ele fez uso de duas palavras semelhantes em aramaico, sua língua vernacular, para atingir o propósito visado: mosquito no original é *galma*, e camelo, *gamla*. Alterando apenas a ordem de um fonema, Jesus construiu seu argumento e o ilustrou! Interessados em cumprir fielmente os mandamentos divinos, os fariseus perdiam-se em minúcias e mesquinharias da vida, ignorando o que era substancial, nuclear e fundamental na lei.

Alguns de seus ensinamentos não deviam ser entendidos de modo literal porque tinham um propósito moral. Por exemplo, o objetivo evidente de Jesus em um de seus discursos não era que as pessoas cortassem as próprias mãos ou causassem estragos ao próprio corpo. Ele não queria que os crentes se mutilassem ou se ferissem (Mc 9.43-47)! O propósito era que o público entendesse a gravidade do pecado humano; o exagero, nesse caso, tinha uma função educativa relevante: realçar com o uso da hipérbole as dificuldades relativas à maldade humana.

Ainda a respeito da metodologia de Jesus, devemos lembrar que ler e escrever não eram competências muito comuns na sociedade que testemunhou sua missão. Nem mesmo mestres e rabinos organizavam por escrito suas mensagens e ensinamentos. Essa era responsabilidade de seus alunos, que, mais tarde, se preocuparam em registrar por escrito as lições e os valores aprendidos, sendo esse o caso específico de Jesus de Nazaré e seus discípulos, conforme ocorreu também com vários rabinos famosos da época, como, por exemplo, Gamaliel, Hillel e Shammai.

Entre os sermões mais famosos e importantes de Jesus, que incluem e revelam seus ensinamentos mais importantes, destacam-se os seguintes:

- O sermão do monte (Mt 5.1—7.29).
- O sermão da planície (Lc 6.20-49).
- A vida da comunidade (Mt 18.1-35).
- Sobre os fariseus e os mestres da lei (Mt 23.1-39).
- O fim dos tempos e da história (Mt 24.1—25.46).
- O pão da vida (Jo 6.25-59).
- A água da vida (Jo 7.14-52).
- Mensagem na festa dos tabernáculos (Jo 8.12-52).
- O bom pastor (Jo 10.1-18).

As parábolas

Um componente substancial das mensagens de Jesus é apresentado nos Evangelhos em forma de parábolas. Sobre essa questão, é importante sublinhar que, segundo alguns estudiosos, cerca de 30% dos ensinamentos de Jesus estão articulados nesse gênero literário, que ganhou impulso nos primeiros séculos do cristianismo. A importância do gênero não se revela apenas na quantidade incluída no cânon evangélico, mas também nos temas apresentados nas narrativas. São nas parábolas dos Evangelhos que provavelmente encontraremos o fundamental da mensagem redentora, dos valores éticos e princípios morais que o jovem rabino da Galileia compartilhou com os discípulos e apresentou a seus ouvintes.

Uma singularidade do gênero parabólico em geral, e das parábolas de Jesus em particular — conforme o registro dos Evangelhos sinóticos —, é o fato de elas serem uma espécie de conto ou narrativa breve, de fácil memorização. Suas características literárias e retóricas permitiam aos discípulos e ouvintes da mensagem recordá-las com um alto grau de precisão e assimilação, pois as narrativas curtas eram compostas de introdução, trama central, conclusão e tema prioritário. Já os discursos filosóficos ou teológicos são densos, complexos, difíceis de lembrar e complicados de entender!

Por meio dessas características estilísticas e temáticas, poderemos certamente chegar ao coração da mensagem de Jesus, conforme manifestada nas Escrituras. Os discursos dos Evangelhos contêm as recomendações fundamentais para se viver à altura das exigências daquilo que Jesus chamou o reino de Deus ou o reino do céu, segundo o evangelho de Mateus. Além disso, o estudo

140 JESUS DE NAZARÉ

detido e minucioso dessas narrativas revela ainda diferenças fundamentais entre os valores defendidos por Jesus e os dos líderes religiosos da época.

Outro aspecto que fica evidente por meio do estudo das parábolas, e que mostra claramente a importância desse material evangélico, é a descrição da flora, da fauna e da geografia dos locais em que Jesus viveu e trabalhou e pelos quais viajou. As cenas apresentadas nas histórias destacam com bastante precisão os diferentes ambientes das paisagens da Palestina do primeiro século, cujas descrições são confirmadas pelas descobertas arqueológicas da região e pelos estudos de outras literaturas da mesma época.

A referência à rede de pesca que separa os bons dos maus (Mt 13.47-50), por exemplo, revela o mundo do trabalho no mar da Galileia do primeiro século. A parábola do semeador destaca o processo agrícola da época (Mt 13.3-23; Mc 4.3-30; Lc 8.5-15). A parábola dos trabalhadores da vinha apresenta o mundo dos lavradores na Palestina do Novo Testamento (Mt 20.1-16). Com efeito, o pano de fundo das parábolas retrata corretamente o ambiente em que Jesus proferiu seus discursos de grande significado pedagógico, filosófico e teológico.

Definir o que é uma parábola não é uma tarefa simples. Dependendo de cada estudioso, são acentuados certos aspectos e características. No entanto, o consenso acadêmico é que, entre os componentes básicos e principais, podem ser citados os seguintes: trata-se de uma narrativa geralmente breve que pode incluir exemplos, comparações, símbolos, metáforas e comparações, podendo incorporar ainda vários níveis de significado. A parábola apresenta simplicidade na apresentação de personagens e temas, ao mesmo tempo que revela valores importantes e ensinamentos éticos, espirituais e morais. Ao lado dessas características formais, devemos adicionar um elemento significativo, revelador e útil: o elemento surpresa, que adiciona à história um extraordinário valor educativo, um elemento pedagógico inovador e uma ferramenta magnífica de ensino.

A palavra "parábola" origina-se do termo grego *parabole*, utilizado nos Evangelhos sinóticos para identificar uma série de discursos e mensagens de Jesus. No mundo grego clássico, *parabole* era essencialmente uma comparação, cujo significado literal é "pôr ao lado". Nessa tradição, a versão da Septuaginta usou a mesma palavra grega para traduzir o termo hebraico *mashal*. Dessa perspectiva inicial, a parábola é um tipo de comparação metafórica ou ilustração, uma expressão literária figurativa, semelhante aos provérbios, alegorias e aforismos. Trata-se, portanto, de um tipo de linguagem simbólica, visual, polivalente, pictórica, comparativa e figurada, que Jesus dominava muito bem, conforme revelado nos Evangelhos. Em razão de utilizar esse estilo e recurso com autoridade, método e regularidade, Marcos declara de forma direta e clara que Jesus *não lhes ensinava sem usar parábolas, mas explicava tudo a seus discípulos em particular* (Mc 4.34).

Especificamente em relação à palavra "parábola", convém observar que ela é também usada para designar qualquer história com um significado adicional e mais profundo do que é possível ver na superfície semântica da comunicação. No caso específico de Jesus, acreditamos que as parábolas contenham uma linguagem-chave, sendo a prioridade de seu ensino, a essência de sua proclamação, o indispensável de sua doutrina. Ao estudar as parábolas, acessamos em primeira mão aquilo que Jesus diretamente disse, ensinou e pregou.

As seguintes pistas e guias podem contribuir positivamente para melhor se compreender as dimensões e implicações da mensagem de Jesus através das parábolas:

- Identificar uma palavra e tema da parábola que já tenham sido explorados no Antigo Testamento ou expostos em outras mensagens de Jesus. Dessa forma, o assunto da parábola poderá estar relacionado à mensagem bíblica em geral e a outros ensinamentos de Jesus em particular.
- Comparar a narrativa com outras versões, caso existam, da mesma parábola em outro livro dos Evangelhos. Às vezes, as parábolas de Jesus estão registradas em mais de um evangelho, e o estudo comparativo fornece um panorama literário e temático para se compreender a mensagem.
- Avaliar o contexto imediato no qual a parábola se insere. Os relatos que se encontram imediatamente antes e depois da narrativa parabólica são de suma importância para seu estudo. Tal método contribui para localizar a parábola nos propósitos teológicos do evangelista e na finalidade educacional de Jesus.
- E, acima de tudo, deve-se observar o final da parábola. Nas últimas frases e declarações da narrativa, pode estar o segredo da compreensão e da atualização da mensagem. De especial importância no estudo das parábolas é a maneira pela qual terminam, pois as palavras e os desafios finais incluem o elemento surpresa, que põe em evidência o propósito ético e moral do ensinamento, bem como o propósito teológico e espiritual da mensagem.

O número de parábolas incluídas nos Evangelhos não pode ser definido com precisão. O problema está basicamente no fato de os estudiosos do

142 JESUS DE NAZARÉ

assunto não entrarem em acordo sobre a própria definição do gênero e também sobre a natureza literária de alguns relatos dos Evangelhos. De acordo com vários analistas da matéria, Jesus pronunciou 42 parábolas; já, para outros, o número pode chegar a 65.

Ainda sobre o problema de quantas parábolas Jesus proferiu, de acordo com os registros canônicos, alguns estudiosos não conseguem ver nenhuma parábola em João, uma opinião que, certamente, deve ser revista à luz da análise literária do relato do bom pastor (Jo 10.1-18) e também da mensagem joanina sobre a videira verdadeira (Jo 15.1-8). Devemos ainda levar em consideração que várias parábolas aparecem com algumas variações nos três Evangelhos sinóticos.

A seguir, apresentamos uma relação parcial das parábolas de Jesus nos Evangelhos:

- O bom samaritano (Lc 10.30-37).
- O espírito imundo que volta (Mt 12.43-45).
- O fariseu e o publicano (Lc 18.9-14).
- O filho pródigo (Lc 15.11-32).
- O julgamento das nações (Lc 25.31-46).
- O bom pastor (Jo 10.1-16).
- O homem rico e Lázaro (Lc 16.19-31).
- O semeador (Mt 13.3-8,18-23).
- O tesouro escondido (Mt 13.44).
- O joio e o trigo (Mt 13.24-30).
- O fermento (Mt 13.33).
- A parábola da candeia (Mc 4.21,22).
- A ovelha perdida (Lucas 15.1-7).
- A pérola de grande valor (Mt 13.45,46).
- A rede (Mt 13.47-50).
- A semente de mostarda (Mt 13.31,32).
- A videira verdadeira (Jo 15.1-6).
- As dez virgens (Mt 25.1-13).
- Os lavradores maus (Mt 21.33-44).
- Os talentos (Mt 25.14-20).

A respeito de semeadores, samaritanos e pródigos

Embora as parábolas de Jesus transmitam ensinamentos e valores de grande importância teológica, religiosa e espiritual, e suas apresentações produzissem

Mensagem e ensinamentos **143**

nos ouvintes um sentimento de admiração, espanto, pertinência e relevância, existem algumas que se destacam ainda pela criatividade da pedagogia e da excelência da mensagem ou simplesmente pela popularidade que obtiveram ao longo dos séculos.

Entre as parábolas mais eminentes, destacam-se a do semeador (Mt 13.3-8,18-23; Mc 4.3-8,14-20; Lc 8.4-15), a do bom samaritano (Lc 10.25-37) e a do filho pródigo (Lc 15.11-32). Tais narrativas, de fato, transmitem conceitos espirituais, valores morais e princípios éticos que excedem os limites do tempo, as distâncias culturais, as tendências teológicas, as características sociais e os critérios metodológicos.

O semeador

O evangelho de Mateus apresenta cinco grandes discursos de Jesus (Mt 5.3—7.27; 10.5-42; 13.3-52; 18.3-35 e 24.4—25.46); entre elas, a parábola do semeador abre a terceira grande mensagem. Seu tema principal é o reino de Deus (Mt 13.3-52), e o contexto geográfico da história são os campos do norte da Palestina e do mar da Galileia.

Segundo esse evangelista (Mt 13.52), uma das conclusões da parábola é que os escribas conhecedores do reino do céu devem ser como os pais que retiram coisas antigas e novas de seus tesouros. Ou seja, o mestre da lei deve ensinar coisas novas aos discípulos sem esquecer, subestimar ou ignorar os temas tradicionais e os ensinamentos antigos. O principal objetivo da parábola é demonstrar o poder transformador do evangelho.

Por sua vez, o evangelho de Lucas registra a mesma parábola (Lc 8.4-15) em meio a um número significativo de atividades e ensinamentos na Galileia (Lc 4.14—9.50), que certamente atingem seu clímax com a grande confissão de Pedro, ao declarar Jesus como o Cristo de Deus (Lc 9.18-20). Nesse evangelho, a parábola do semeador precede o relato da libertação do endemoninhado gadareno (Lc 8.26-39), a cura da mulher com hemorragia e a ressurreição da filha de Jairo (Lc 8.40-56), a missão dos doze discípulos (Lc 9.1-6) e a morte de João Batista (Lc 9.7-9).

A semente da parábola, em Lucas, significa "a palavra de Deus" (Lc 8.11), e situa-se no contexto do amplo ministério de Jesus (por exemplo, curas, ressurreições e libertações) antes que começasse sua viagem final e definitiva para Jerusalém (Lc 9.51—19.27). Dessa forma, o texto enfatiza o compromisso de Jesus com a palavra divina e sublinha as virtudes desta para fins transformadores. A palavra divina, no novo contexto, tem o poder de curar, libertar e ressuscitar, formas figuradas de realçar o poder divino sobre as forças que oprimem e destroem pessoas e comunidades.

O evangelho de Marcos é possivelmente o mais antigo entre os canônicos, e ele, por sua vez, insere a parábola do semeador (Mc 4.1-9) no meio de uma importante série de mensagens que enfatizam a importância do reino de Deus na doutrina de Jesus (Mc 3.13—6.6). Desde a eleição dos doze discípulos ou apóstolos (Mc 3.13-19) até a chegada à cidade de Nazaré, o tema que se destaca de maneira explícita ou implícita é o poder divino manifestado no ministério de Jesus. Esse poder é capaz de identificar as blasfêmias contra o Espírito Santo (Mc 3.19b-30), libertar os endemoninhados (Mc 5.1-20), curar e ressuscitar pessoas (Mc 5.21-43). Mais uma vez, a semente é a palavra de Deus, conforme interpretada, exposta e aplicada por Jesus.

A palavra divina, de acordo com a parábola do semeador, contém a mensagem redentora e libertadora para a humanidade, embora o processo redentor sofra obstáculos, desafios e dificuldades. A revelação salvadora cai em vários tipos de terreno, o equivalente às diferentes respostas que recebe das pessoas. De qualquer forma, é dever do semeador semear, pois a germinação, o crescimento e o desenvolvimento da semente, necessários para que ela produza os frutos esperados e necessários, são propiciados pelo próprio Deus.

O bom samaritano

A parábola do bom samaritano (Lc 10.25-37), talvez uma das mais famosas de Jesus, está registrada apenas em Lucas. O objetivo principal da mensagem é tornar claro o poder da misericórdia e a virtude das manifestações concretas do amor. A mensagem de Jesus é apresentada como resposta específica dada a um intérprete da lei que o questionou, a fim de prová-lo e desafiá-lo, a respeito de como herdar a vida eterna (Lc 10.25).

O interesse do escritor nessa parábola parece ter origem em duas realidades básicas. Em primeiro lugar, o evangelho é atribuído a Lucas, um profissional da saúde, uma vez que a personagem ferida da parábola necessitava urgentemente de um médico. Em segundo, Lucas era de ascendência grega, mas participava de um movimento religioso procedente de comunidades judaicas. Nesse sentido, os samaritanos e os gregos geravam o mesmo nível de hostilidade, rejeição e antipatia entre os judeus em geral e os ortodoxos em particular; é esse tipo de intérprete da lei que a parábola descreve.

De acordo com Lucas, Jesus já havia iniciado sua última viagem para Jerusalém ao proferir essa parábola. A dinâmica de perguntas e respostas é uma boa indicação de como os seguidores conheciam bem seus ensinamentos, e também revela que os líderes religiosos se sentiam ameaçados e desafiados por suas mensagens e doutrinas. Segundo o texto bíblico, Jesus conta a parábola do samaritano depois de destacar o preço do discipulado e de ter formulado a mensagem de juízo contra as cidades de Corazim e Betsaida (Lc 10.13-16). Quando apresenta essa parábola, Jesus já havia explorado os temas de julgamento divino e do serviço aos necessitados. Além disso, sua primeira reação com relação ao interlocutor foi referir-se à doutrina oficial judaica, a lei de Moisés.

O evangelista descreve muito bem o ambiente: a estrada de Jericó para Jerusalém não era muito longa, cerca de 25 quilômetros, mas íngreme, subindo desde o Jordão até a cidade uns 1.000 metros. Além disso, por atravessar parte do deserto da Judeia, a viagem era repleta de perigos naturais, dificuldades físicas e, por causa do isolamento do lugar, era famosa por ser alvo de ladrões e bandidos. Algo importante que se depreende da história é que a personagem ferida era um homem judeu.

A narrativa não é complexa: um viajante de Jericó a Jerusalém é assaltado e deixado como morto pelo caminho. O sacerdote e o levita, representantes oficiais do templo e da religião, passam ao lado do moribundo e o ignoram, deixando-o à mercê das intempéries do tempo, com a saúde precária e o corpo ferido. Aproxima-se, em seguida, um samaritano, tradicional inimigo dos judeus, que socorre o ferido, pois "encheu-se de compaixão" (Lc 10.33). Jesus faz uma pergunta clara, direta, precisa e firme ao doutor da lei: *Qual desses três te parece ter sido o próximo do que caiu na mão dos assaltantes?* (v. 33).

Nessa parábola, manifesta-se claramente o elemento surpresa, porque, diante da resposta rápida e segura do interpelado, Jesus o instrui a fazer o mesmo, a manifestar a misericórdia e o amor por aqueles que foram feridos pelas diversas vicissitudes da vida. Ou seja, uma maneira clara e sábia de ressaltar a questão da misericórdia em oposição a práticas religiosas tradicionais. A misericórdia, na teologia de Jesus, não é um tema bom para desenvolver uma extensa conferência sobre virtudes e valores, mas um princípio orientador e indispensável na vida. A misericórdia não é um tópico para se discutir, mas um valor a ser cumprido.

Para Jesus, conforme essa parábola, bem como se pode depreender de outras mensagens e ensinamentos, o mais importante na vida e na prática religiosas é atender as pessoas em suas necessidades, em sua angústia, dor, queixa, enfermidade, cativeiro e desespero. A experiência religiosa saudável e

146 JESUS DE NAZARÉ

agradável é aquela que apoia e ajuda os indivíduos na hora das vicissitudes e dos clamores, e não a que os ignora, rejeita ou subestima.

O filho pródigo

A terceira das mais famosas parábolas de Jesus é tradicionalmente conhecida como *O filho pródigo* (Lc 15.11-32). A mensagem básica da narrativa refere-se ao tema do perdão, da misericórdia e do amor, os quais ultrapassam decididamente os limites da falha e superam a natureza da ofensa. A história situa-se na estrutura literária e temática do evangelho ao lado de outras duas parábolas que abordam o tema de perda: a ovelha perdida (Lc 15.1-7), a moeda perdida (15.8-14) e, por fim, o filho perdido ou pródigo (15.11-32). O contexto amplo da narrativa é o grupo de ensinamentos de Jesus, que inclui, entre outras questões importantes, o preço do discipulado (14.25-33) e os problemas da infidelidade (16.1-15).

A parábola deve ter causado comoção, confusão e consternação entre os ouvintes, pois a atitude de pedir a herança ao pai ainda vivo era quase inimaginável no mundo judaico do Novo Testamento. E, embora as leis judaicas contemplassem certos casos extremos em que pudesse ser solicitada uma parte da herança antes da morte do pai (Dt 21.17), a sabedoria popular, as instruções rabínicas e as recomendações oficiais, comuns, claras e firmes aconselhavam não distribuir os recursos familiares antes do tempo, a fim de evitar que os pais precisassem contar com a benevolência dos filhos.

Esse é contexto social, familiar, emocional e jurídico da parábola: não apenas um filho agressivo e impertinente, mas também um pai que responde ao pedido do filho sem titubear e lhe dá a parte da herança a que tem direito: $^{1}/_{3}$ do patrimônio possivelmente em dinheiro. Ao receber o montante, o jovem briguento, sonhador e aventureiro parte, de acordo com o relato, para uma terra distante e lá desperdiça seus recursos. A crise na narrativa atinge um ponto de grande importância retórica quando o rapaz, em meio a dificuldades econômicas e morais, precisa alimentar-se da comida destinada aos porcos, revelando a gravidade de sua situação.

O filho rebelde, ao tomar consciência de que estava só e destruído emocional, espiritual e fisicamente, decide então voltar para a casa do pai, a fim de lhe implorar que passasse a ser tratado como um simples servo da família. No entanto, o pai o recebe com misericórdia e mostra-lhe seu amor vestindo-o, dando-lhe um anel — símbolos de perdão e dignidade — e organizando uma festa em sua homenagem.

A reação do irmão do filho pródigo é digna de menção. Na verdade, uma análise detida e minuciosa da história pode até chegar a questionar quem é o verdadeiro protagonista da parábola: o filho mais novo, que decide sair de casa na hora errada; o pai misericordioso, capaz de esperar pelo filho e expressar-lhe seu amor incondicional; ou o filho ressentido e mais velho, que, embora tivesse permanecido em casa, revela ressentimento e hostilidade contra o irmão e o pai. As três personagens desempenham um papel de importância temática no ensino de Jesus, e as três atitudes são relevantes na parábola.

Várias questões são tratadas nessa história, reiterando os ensinamentos apresentados por Jesus em discursos anteriores. Antes de tudo, devemos mencionar o poder do amor e as virtudes da misericórdia, que são capazes de romper expectativas e limitações humanas. O verdadeiro amor perdoa, recebe, apoia, fortalece e restaura, ao passo que a misericórdia ajuda, conforta, ergue, liberta e transforma. Eis o coração da mensagem expressa na parábola!

O pai perdoador da parábola, que pode ser entendido como uma espécie de representação de Deus, não deixou que a gravidade das atitudes de nenhum de seus filhos o impedisse de demonstrar-lhes amor e compreensão, misericórdia e carinho. A lição é clara: o verdadeiro amor ultrapassa as barreiras do ressentimento! A verdadeira misericórdia supera os limites do ódio e da amargura! Na realidade, de acordo com esses ensinamentos, a misericórdia é mais importante do que a punição.

Ensinamentos éticos e princípios morais

Nossa compreensão básica das doutrinas fundamentais defendidas por Jesus de Nazaré resulta principalmente do estudo e da análise dos Evangelhos canônicos. Tal investigação nos permite identificar e categorizar as questões apresentadas e distinguir as prioridades e as implicações de seus ensinamentos. Portanto, as diferentes formas e contextos nos quais os evangelistas inseriram as mensagens de Jesus em suas obras nos auxiliam de forma significativa.

De acordo com relatos dos Evangelhos, as comunidades galileias apreciavam a mensagem de Jesus não somente pela natureza e pelas implicações de seus discursos, mas também pela forma de ensiná-los. Ao estudar a mensagem de Jesus, deve-se levar em consideração, e isso é de grande valia, que uma das funções básicas dos rabinos era precisamente explicar a lei, bem como orientar a comunidade a respeito de sua efetiva implementação. Um bom mestre distinguia-se pela capacidade de expor correta e claramente sua compreensão da Torá.

Essa forma de ensino tão singular relacionada com a maneira de se guardar os mandamentos e cumprir os requisitos da lei era conhecida no mundo judaico como halaca, da palavra hebraica *halaká*, cuja forma verbal significa "caminhar", "continuar" ou "ir". Os ensinamentos da halaca, em seu sentido figurado, são os diversos modos de se comportar de acordo com as tradições judaicas, de agir em conformidade com a lei e de cumprir os mandamentos divinos.

Como bom mestre, Jesus expunha tanto sua compreensão das tradições de Moisés quanto articulava formas concretas de interpretar e cumprir as exigências da lei. Por isso, o estudo de Mateus é tão importante para entender esse tema, já que em seu evangelho estão disponíveis cinco grandes discursos de Jesus (Mt 5.3—7.27; 10.5-42; 13.3-52; 18.3-35; 24.4—25.46), começando com o famoso Sermão do Monte (que em Lucas acontece na planície; Lc 6.20-49). Vários dos mais importantes ensinamentos éticos ou haláquicos estão expressos nessa mensagem de Jesus.

Praticamente no início da vida pública de Jesus, o evangelista Mateus nos contempla com esse grande discurso, que bem pode ser um resumo dos valores éticos e princípios morais que diferenciaram e caracterizaram os principais ensinamentos do rabino galileu. Um aspecto importante, tanto metodológico quanto temático, que se percebe ao estudar o Sermão do Monte é que Jesus não subestimou, muito menos rejeitou ou ignorou, os ensinamentos da lei de Moisés. Pelo contrário, de forma clara e firme declarou que não veio para abolir a lei, mas sim para dar-lhe um sentido completo e pleno (Mt 5.17,18).

De fato, de acordo com o evangelho de Mateus, os valores éticos de Jesus estavam firmemente ancorados nas tradições mosaicas. A leitura ponderada do Sermão do Monte revela a importância que Jesus dedicava à Torá, embora, em sua exposição, tenha revisado e contestado algumas formas de interpretação e aplicação que se manifestavam na prática do povo.

Com a expressão *Ouvistes que foi dito aos antigos* [...]. *Eu, porém, vos digo...* (por exemplo, Mt 5.21,22), Jesus afirma fazer parte de uma tradição extraordinária de mestres e rabinos ilustres, que não se conformavam meramente em repetir doutrinas, postulados e explicações tradicionais, mas que incorporavam elementos interpretativos novos e desafiadores à tradição.

O propósito básico de Jesus era o de atualizar a mensagem e a lei de Moisés à luz dos desafios que o povo judeu vivia no primeiro século da era cristã. Jesus não era um mestre especialista em repetir o que outros já haviam ensinado; ele era, de acordo com os Evangelhos, criativo, imaginativo

Mensagem e ensinamentos

149

e desafiava os postulados teológicos que nada ofereciam à restauração e à renovação humanas.

A metodologia utilizada no discurso é importante. Em primeiro lugar, identifica-se a doutrina mosaica a ser exposta, para, em seguida, proceder-se à sua análise. A despeito dos diferentes grupos de ouvintes, a análise da Torá lhes soava familiar, e os desafios que Jesus incorporava em seus ensinamentos ofereciam ao estudo um nível novo, arejado e até mesmo provocativo. Não se tratava de uma simples comparação entre diferentes perspectivas teológicas e valores éticos alternativos; ao contrário, o Sermão do Monte de Jesus assinalava uma autoridade moral e religiosa muito substancial.

As referências a *Ouvistes que foi dito...* procedem diretamente de Moisés, o grande libertador e legislador do povo, e são contrapostas às novas interpretações de Jesus articuladas com a simples expressão *Eu, porém, vos digo* (por exemplo, Mt 5.22,28). Assim, Mateus representa Jesus com uma extraordinária autoridade interpretativa, que desafia abertamente as interpretações tradicionais da lei. O evangelista fornece um novo nível de autoridade a Jesus, superior à de Moisés, cuja compreensão desconhece paralelos com o judaísmo antigo. Na verdade, segundo o testemunho do escritor, Jesus não somente se posicionava na tradição dos rabinos, que fundamentavam seus ensinamentos sobre as interpretações da lei, como também ultrapassava-os em autoridade moral, ética e espiritual.

A importância das novas interpretações e aplicações oferecidas por Jesus acerca da lei, conhecidas como haláquicas, fica patente mais tarde na história. De acordo com o livro de Atos, os primeiros crentes em Jesus eram chamados de gente do "Caminho" (por exemplo, At 9.2; 19.9,23; 22.4; 23.14,22), ou os haláquicos. A referência não derivava das peregrinações e viagens educacionais da comunidade cristã primitiva, necessárias para realizar seu apostolado, mas em razão das interpretações singulares que Jesus fornecera aos ensinamentos tradicionais do judaísmo de sua época.

Sobre o Sermão do Monte, é necessário fazer uma indicação importante. Como a mensagem total abrange uma gama extensa de temas teológicos e questões legais, vários estudiosos contemporâneos defendem que as formas literárias apresentadas em Mateus (Mt 5.1—7.29) e Lucas (Lc 6.17-49) se devem à articulação de vários discursos e mensagens de Jesus, apresentados em momentos diferentes e para públicos variados. As formas evangélicas atuais revelam a redação final dos evangelistas, que desejavam expor e enfatizar o poder dos ensinamentos de Jesus e as virtudes pedagógicas de seu pensamento.

Entre os valores fundamentais dos ensinamentos haláquicos de Jesus, destacam-se os seguintes:

- As pessoas bem-aventuradas são pobres em espírito e choram; são humildes e têm fome e sede de justiça; são misericordiosas e limpas de coração; pacificadoras e sofrem perseguição por causa da justiça; além disso, são insultadas, perseguidas e injustamente difamadas (Mt 5.3-12).
- Os crentes são o sal da terra e a luz do mundo (Mt 5. 13,14).
- Jesus não veio abolir a lei de Moisés nem os ensinamentos dos profetas, mas sim a cumpri-los (Mt 5.17).
- Ele também apresentou sua nova compreensão a respeito de vários temas, entre os quais a ira, o adultério, o divórcio, os juramentos, a vingança, o amor aos inimigos, a oração, a esmola, o jejum, o céu, o corpo, as riquezas, a confiança em Deus, o julgamento sobre os outros e a regra de ouro (Mt 5.21—7.29).

De fato, a interpretação de Jesus sobre essas questões tradicionais não se encaixam necessariamente nas posições dos rabinos de seu tempo. Tratava-se de concepções libertadoras, amplas e transformadoras da lei, que procuravam incentivar a modificação substancial do comportamento humano com o objetivo de que as pessoas revissem suas prioridades na vida e tivessem uma melhor convivência interpessoal. Tratava-se de valores éticos, morais e espirituais que excediam os limites das religiões, a fim de atingir o coração do comportamento humano e tocar a consciência das pessoas.

Deus como Pai

De acordo com Mateus, Jesus incluiu no Sermão do Monte uma exortação de grande significado espiritual e implicações teológicas: ele conclamou seus seguidores para que fossem *perfeitos, assim como perfeito é o vosso Pai celestial* (Mt 5.48). No evangelho de Lucas, no chamado Sermão da Planície, a exortação é para que os ouvintes sejam misericordiosos, como *o vosso Pai é misericordioso* (Lc 6.36). Dessa forma, Mateus resume o mais importante dos valores, dos ensinamentos e dos princípios descritos nas seções anteriores (Mt 5.3-48). Com efeito, o tema de amar aos inimigos é de vital importância para a doutrina de Jesus.

A essa afirmação fundamental devemos aliar a indicação fornecida pelo evangelista sobre a importância que Jesus dava à condição de Deus como Pai,

Mensagem e ensinamentos

conforme indicam as seções seguintes: Ele ensinou os discípulos a orar e identificou o Senhor como "Pai nosso" (Mt 6.9), acrescentando que "vosso Pai celestial" lhes perdoaria as ofensas à medida que perdoassem aqueles que os tivessem ofendido (6.14,15). Jesus explicou ainda que o *Pai*, que vê as ações humanas em segredo, as recompensará em público (6.18), que o "Pai celestial" alimenta as aves do campo que não semeiam nem colhem ou ajuntam em celeiros (6.26), que "vosso Pai, que está no céu" dará boas coisas a quem lhe pedir (7.11), e declarou por fim que entrarão no reino do céu os que fizerem a vontade de "meu Pai" (7.21). Sem dúvida, de acordo com Mateus, o tema de Deus como Pai é muito importante nos discursos e na teologia de Jesus.

A novidade da imagem paternal de Deus não está propriamente em seu uso, que tem alguns antecedentes em várias passagens das Escrituras hebraicas, mas sim no imediatismo e na proximidade que aplicou ao conceito. Para Jesus, Deus não é somente criador, sustentador, eterno, supremo, Senhor e imanente, como é também íntimo, próximo, acessível, imediato e iminente. Ao lado da tradicional percepção teológica de Deus como poder absoluto que rege o universo, o mundo e a história, o conceito de Pai fornece à teologia de Jesus um sentido novo de intimidade e confiança, convertendo-se numa característica importante de seus ensinamentos.

Ocasionalmente, no antigo Oriente Médio, as inscrições e os textos estudados informam que algum deus importante era considerado como pai do panteão e da humanidade. O objetivo dessas declarações era destacar a autoridade absoluta e inquestionável daquela divindade sobre o restante dos deuses e das pessoas. A imagem, por vezes, também incluía alguns conceitos relacionados a amor, misericórdia, cuidado e benignidade que os fiéis poderiam esperar da deidade.

A Bíblia hebraica, na mesma tradição, utiliza em certas ocasiões a imagem de Deus como Pai. Podemos relacionar quinze passagens que associam diretamente os conceitos de Deus e Pai ao contexto geral da valorização e celebração da soberania divina (por exemplo, Dt 32.6; Is 63.16; 64.8; Jr 3.19; Ml 2.10). No contexto teológico mais amplo, evidencia-se a ideia de que Deus mantém uma relação única e significativa com o povo de Israel.

Deus é o Pai do povo de Israel não apenas por ser o criador do cosmos, da terra e dos povos, mas também porque interveio de forma dramática e libertadora para tirá-los da escravidão no Egito, onde viveram sob o jugo do faraó. Como parte do processo de libertação nacional, o Senhor converteu o povo, de acordo com as narrativas do livro de Êxodo (Êx 19.5,6), em uma nação santa e em sua propriedade pessoal. Como resultado lógico dessas extraordinárias intervenções históricas, foi estabelecida uma relação paterno-filial entre Deus e o povo de Israel.

Na época do Novo Testamento, a imagem de Deus como Pai não era muito difundida no judaísmo. Embora alguma literatura rabínica posterior aos anos do início do cristianismo apresente um ligeiro aumento no uso dessa terminologia e imagem, a verdade é que a ideia de Deus como Pai não se espalhou vigorosamente entre os rabinos mais importantes e seus alunos, como pode ser visto nos documentos básicos judaicos do período (por exemplo, o Talmude e a Mishnah).

Em geral, a linguagem referente a Deus nas comunidades judaicas usava expressões como, entre outras: *Adonai*, que significa "meu Senhor", ou *Ha-qadosh baruc hú*, que descreve Deus como o Santo que deve ser bendito ou louvado. Quando às vezes se referem a Deus como Pai, esses documentos não aludem à paternidade divina sobre algum indivíduo específico, mas ao poder do Senhor que se manifesta de forma soberana sobre a humanidade e o povo de Israel, e que afeta diretamente as pessoas que fazem parte desse povo.

Prosseguindo com a análise do conceito de Deus como Pai, é de suma importância assinalar a ênfase atribuída à expressão na teologia e nas orações de Jesus. Se no Antigo Testamento as referências à paternidade divina são poucas e genéricas, nas narrativas do Evangelho todas as preces de Jesus começam com a designação de Deus como Pai.

Em apenas uma ocasião, Jesus não se refere a Deus como Pai em sua oração: quando era martirizado na cruz, ele, em seu clamor agonizante, recita um salmo (Mt 27.46; Mc 15.34; Sl 22). Essa ênfase revela claramente uma ruptura fundamental de Jesus com a teologia tradicional judaica e, na verdade, trata-se de uma muito importante inovação teológica e semântica, que afetará as igrejas e os crentes ao longo da história.

A respeito dessa forma singular de Jesus referir-se a Deus como Pai, os estudos literários profundos dos textos do Novo Testamento descobriram o seguinte: provavelmente Jesus usou a palavra aramaica *Abba*, proveniente do contexto familiar e íntimo das comunicações entre pais e filhos, usada em especial no mundo infantil. Um exemplo significativo e revelador do uso aplicado por Jesus à palavra *Abba*, e do conceito de intimidade com Deus que ela representa, encontra-se na oração emocionada por ele proferida com seus discípulos no jardim de Getsêmani. Nessa situação tão comovedora e significativa, de acordo com as narrativas do evangelho, Jesus começa sua oração com essa referência direta e íntima a Deus em aramaico: *Aba* (Mc 14.36).

Para Jesus, Deus não somente é o Senhor eterno e soberano, mas também o Pai próximo e íntimo, que responde ao clamor de seus filhos e filhas. Deus, para o rabino de Nazaré, não é apenas o criador dos céus e da terra, como também a figura paterna que atende às necessidades do povo como nação e às dos indivíduos que vêm à sua presença com simplicidade, humildade e confiança. No diálogo de Jesus com o Deus-Pai, revelam-se as seguintes dimensões desse relacionamento: carinho e segurança, dependência e confiança, respeito e dignidade, solidariedade e amor.

O modelo de oração que Jesus concedeu aos discípulos, conforme Mateus (Mt 6.9-13), assume da perspectiva pedagógica uma nova dimensão, pois foi oferecido em resposta aos discípulos que desejavam aprender a orar como seu mestre. O Pai-nosso é uma oração de grande importância teológica e espiritual para o desenvolvimento da fé do Novo Testamento, pois destaca as grandes questões espirituais e as mais respeitáveis preocupações teológicas que, segundo Jesus, são fundamentais e inadiáveis para se realizar uma tarefa apostólica de maneira eficiente e transformadora.

A oração consiste em duas seções básicas. A primeira é uma invocação: Deus é nosso Pai que está no céu, uma forma de reconhecer o poder divino, que é eterno, criador e soberano, em meio a realidades humanas. Em seguida, desenvolvem-se sete petições fundamentais: as três primeiras estão diretamente relacionadas a Deus, pois uma pede a santificação do nome divino, outra reclama pela chegada do reino e a última declara a necessidade de que a vontade de Deus seja feita.

As quatro solicitações seguintes encontram-se adequadamente na esfera humana: suplica-se pelo pão de cada dia, pelo perdão divino, para não se cair em tentação e para se livrar do mal, ou seja, do maligno. Na verdade, trata-se de uma oração-modelo tanto da perspectiva literária quanto teológica, pois termina com uma grande declaração doxológica: todo o reino, o poder e a glória pertencem e pertencerão eternamente a Deus.

Nos Evangelhos há duas versões da oração-modelo de Jesus. A primeira talvez remonte às palavras originais de Jesus em aramaico e se encontra no evangelho de Lucas (Lc 11.2-4), inserida num contexto pedagógico específico. Os discípulos, ao perceber a profunda vida de oração de Jesus, pedem-lhe que os ensine a orar e mencionam o que João Batista já havia feito a seus seguidores. Nessa versão, a oração é mais curta do que a registrada em Mateus (Mt 6.9-13), que se insere no contexto educacional do Sermão do Monte e que é a mais conhecida.

A oração ocupou um lugar predominante na vida de Jesus de acordo com as narrativas neotestamentárias. Ele orava nas sinagogas e em casa, com os discípulos, ou sozinho. Os Evangelhos, de qualquer forma, estavam preocupados em afirmar que sua vida de piedade e oração era intensa. Semelhante atitude devocional era esperada por um judeu amante da lei e seus mandamentos tal como Jesus.

O mestre orava seguindo a tradição que havia recebido em casa e na sinagoga, conforme os ensinamentos mais importantes e significativos do judaísmo de seu tempo. O conhecimento que temos hoje sobre as antigas formas de oração e temas desenvolvidos nas preces judaicas vêm aumentando consideravelmente graças aos manuscritos disponíveis para o estudo e avaliação de como se davam as manifestações públicas e em particular da vida religiosa.

Uma das orações judaicas antigas, conhecida como "as 18 bênçãos", revela como era a estrutura básica de tais intercessões. Elas começavam com 3 louvores, continuavam com 12 ou 13 súplicas e terminavam com 3 expressões de gratidão a Deus. No tempo de Jesus, a regra era que os judeus piedosos orassem três vezes ao dia: às 9 horas, às 12 horas e às 15 horas.

Em conexão com o tema da paternidade divina, é importante indicar que os relatos dos Evangelhos também revelam que Jesus utilizou imagens femininas em relação a Deus. É o caso de sua lamentação sobre a cidade de Jerusalém, na qual exclama com dor: *Jerusalém, Jerusalém, que matas os profetas e apedrejas os que te são enviados! Quantas vezes eu quis ajuntar teus filhos, como a galinha ajunta seus filhotes debaixo das asas, e não quiseste!* (Mt 23.37).

Essa excepcional mensagem figurada que apresenta uma compreensão madura, desenvolvida e ponderada sobre a divindade, e que também manifesta uma concepção de Deus que ultrapassa os limites do gênero, fundamenta-se na teologia da proteção do Senhor a seu povo, que se refugia à sombra de suas asas! Essa imagem advém da literatura poética da Bíblia hebraica (por exemplo, Sl 17.8; 36.7; 57.1; 61.4; 91.4), que Jesus usou para descrever o estado crítico da cidade, de acordo com os evangelhos de Mateus e Lucas (Lc 13.33,34), com o propósito de admoestar firmemente seus cidadãos e adverti-los do julgamento vindouro de seus líderes.

O reino de Deus

O reino do céu é um conceito de grande importância e significado na teologia de Jesus. De fato, ele representa nos Sinóticos o tema fundamental de sua pregação e ensino. Seu valor fica claramente evidenciado quando se estuda com acuidade, por exemplo, a oração-modelo, o Pai-nosso, na qual uma das exigências fundamentais é a chegada e a plena manifestação do reino de Deus.

Para uma análise ponderada do tema, é essencial levar em consideração que a oração aparece em Lucas como uma resposta de Jesus aos discípulos, que desejavam orar como seu mestre. Nesse relevante contexto pedagógico, incorpora-se explicitamente o tema revelador do reino de Deus ou reino do céu.

Para a correta compreensão desse tema, talvez seja prudente e necessário explicar o conteúdo semântico da palavra. Atualmente, uma das ideias mais importantes transmitidas pela palavra "reino" é, em geral, a territorialidade, com suas fronteiras definidas e especificações geográficas concretas. O reino, nesse sentido, é um território específico, determinada extensão de terra, um espaço físico que deve ser administrado e governado.

Entretanto, na língua hebraica, como também na grega, a ideia fundamental encerrada na expressão é a de reinado, poder e autoridade. O reino de Deus, na perspectiva bíblica, mais do que um lugar específico no tempo e no espaço, é a afirmação do senhorio divino, é uma celebração confiante do poder de Deus para a humanidade e o pleno reconhecimento de que o Senhor está no controle da história humana. O reino de Deus ou do céu é a expressão que transmite com firmeza a seguinte concepção: Deus é o ser supremo do cosmos, da natureza e da história, cuja atuação na sociedade humana demonstra sua vontade e poder, revela sua glória e majestade, e manifesta seu amor e misericórdia.

Os antecedentes históricos e teológicos dessa expressão encontram-se no Antigo Testamento. Embora a fórmula específica "reino de Deus" não apareça explicitamente na Bíblia hebraica, Deus é apresentado e designado diversas vezes como o rei de Israel (Nm 23.21; Is 43.15) e também do mundo e da humanidade (Sl 24; 47.8; 103.19). Inclusive, Salmos declara com segurança e confiança que o Senhor reinará para sempre (Sl 29.10). Tais asserções teológicas incluem a ideia de um governo não somente do infinito, da natureza e do cosmos, mas também de um poder que impacta concretamente a história.

Antes de tudo, as antigas narrativas patriarcais afirmam que Abraão será pai de nações e reis (cf. Gn 17.6). Mais tarde, após o período dos juízes e as intervenções de Samuel no meio do povo, foi instituída a monarquia em Israel, que durou por vários séculos. Em 721 a.C. desaparece o reino do norte, Israel, e, posteriormente, em 587-586 a.C., o reino do sul, Judá, também sucumbe. A partir dessa tradição monárquica, os profetas anunciaram um futuro glorioso, apesar das infidelidades e derrotas do povo (Is 2.1-4; Mq 4.1-3), no qual o Messias reinará sobre todo o mundo e julgará as nações (Jl 2.28—3.21; Am 9.11-15). Esse período messiânico permitirá a plena manifestação dos "novos céus e nova terra" (Is 65.17; 66.22).

Esse tipo de teologia apocalíptica e escatológica desenvolveu-se ainda mais no período chamado intertestamentário e forneceu ao povo um valioso conjunto de esperanças messiânicas. Tais percepções teológicas afirmavam que o Messias derrotaria definitivamente os exércitos inimigos, uma maneira de designar as comunidades dos gentios, especificamente o império Romano e sua força militar. A grande batalha cósmica dos filhos da luz contra os filhos das trevas irá manifestar de forma extraordinária o poder divino, para que triunfem os filhos da luz, que representam o povo de Deus.

De acordo com Mateus, João Batista começara seu ministério de pregação conclamando publicamente as pessoas para o arrependimento, *porque o reino do céu chegou* (Mt 3.2) — a forma literária de se referir ao reino de Deus nesse evangelho. Talvez João aguardasse a manifestação política e pública do reino, por isso enviou uma delegação para perguntar a Jesus se ele representava esse tipo de reino humano (Mt 11.2-19; Lc 7.18-35).

A resposta de Jesus a João Batista é significativa e singular: Jesus não relaciona o reino do céu com a administração pública de algum governo humano nem com a libertação política de Israel do cativeiro e da ocupação romana. O reino de Deus manifesta-se pela cura dos cegos e paralíticos, dos surdos e leprosos, pela ressurreição dos mortos e o anúncio das boas-novas do evangelho aos pobres (Mt 11.5,6).

A manifestação visível do reino de Deus não está associada, de acordo com os relatos dos Evangelhos, com a ostentação do poder político, mas sim com a transformação física, emocional e espiritual dos indivíduos e das comunidades. O objetivo fundamental do reino é a restauração completa do ser humano, a renovação das esperanças do povo.

O título mais comum para se referir ao reino anunciado por Jesus nos Evangelhos é "reino de Deus". Mateus, no entanto, evita a referência direta a Deus em ambientes judaicos; logo, elide o perigo de se usar o nome de Deus em vão, e ele então emprega o termo "reino do céu" em 33 ocasiões! Mesmo assim, em quatro oportunidades específicas, o evangelista faz uso do termo popular "reino de Deus" (Mt 12.28; 19.24; 21.31,43). As duas fórmulas expressam a mesma ideia básica: a manifestação completa e segura do senhorio divino em meio à história humana. No que diz respeito à sua compreensão teológica, o autor também emprega a expressão "reino de seu Pai" (Mt 13.43), ou simplesmente "reino" (Mt 6.13).

O estudo detido dos Evangelhos revela algumas complexidades associadas a essa expressão de grande densidade teológica. Podemos identificar pelo menos quatro contextos básicos em que é usado o termo "reino de Deus".

Em alguns relatos, o reino está associado ao significado abstrato de autoridade real ou ao poder de reinar (por exemplo, Mc 1.14,15). Outras narrativas referem-se ao reino como algo presente e imediato, como um poder dinâmico que atua na história (por exemplo, Mt 12.22-37; Mc 3.20-30; Lc 11.14-23; 12.10). Inclusive há passagens que indicam que o reino é como uma espécie de esfera ou realidade na qual as pessoas entram (por exemplo, Mt 7.21-23). Há ainda trechos dos Evangelhos que descrevem o reino como algo que se manifestará no futuro, como uma realidade escatológica e apocalíptica (por exemplo, Mt 8.11).

O reino de Deus, na pregação de Jesus, é um termo dinâmico cheio de imaginação e densidade teológica, que inclui componentes históricos, concretos e imediatos, ao mesmo tempo que incorpora elementos futuros, escatológicos e transcendentes. O reino de Deus manifesta-se no presente e também é esperado num futuro indefinido. Ele se revela nas atividades históricas de Jesus e ambiciona expectativas escatológicas que se desprendem da ressurreição de Cristo. O reino é inaugurado com a manifestação de Jesus na Palestina e culmina com sua segunda vinda no final dos tempos.

Segundo os Evangelhos, particularmente em Mateus e João, o reino, em vez de ser liderado por um monarca ou regente humano, será dirigido e administrado por um Pai. Dessa perspectiva, o reino de Deus não será uma coletividade essencialmente política, com o propósito da administração das riquezas humanas, mas passa a ser uma grande família, uma comunidade de apoio mútuo, de fraternidade, solidariedade e afirmação interpessoal. Mais do que um governo humano, o reino para Jesus é a confirmação de Deus como Pai, no controle do cosmos, da natureza, da história e dos povos.

Partindo desse contexto familiar amplo, os seguintes conceitos adquirem importância capital: a justiça é um valor indispensável, o perdão é uma atitude inadiável, a misericórdia é um princípio inquestionável e o amor é uma expressão insubstituível. O reino de Deus apresenta-se como a força que orienta os crentes a seguir o modelo de Jesus e que se revela nas seguintes ações: o apoio a pessoas em necessidade, a libertação dos cativos, a restauração dos quebrantados, o soerguimento das mulheres prostradas e a esperança e a voz de quem não vê o futuro ou não tem voz (Mt 25.31-46).

158 JESUS DE NAZARÉ

Com efeito, o reino de Deus nas palavras e mensagem de Jesus de Nazaré apresenta-se uma dupla inflexão: ele principia-se com uma afirmação histórica, assumindo um significado imperioso, íntimo, temporal e contextual, e passa então ao nível escatológico, que indica sua importância no final dos tempos e da história. Por outro lado, o reino está próximo (Mt 4.17; Mc 1.15), o que revela seu sentido de urgência, mas que, ao mesmo tempo, ainda não chegou, por isso se implora que venha (Mt 6.10), revelando assim sua esfera futura. Os ensinamentos sobre o reino de Deus constituem o cerne da mensagem de Jesus.

A respeito do reino de Deus ou reino do céu, os Evangelhos nos informam detalhes de grande importância teológica, espiritual, moral e ética, conforme se segue:

- O reino foi prometido pelos antigos profetas de Israel (Is 9.6,7; 11.1-11;) Ob 21; Mq 4.6-8).
- Foi proclamado por João Batista (Mt 3.1-12; Lc 7.18-29).
- Exemplificado por Jesus (Mt 12.25-28; 13.24,31,33,44,45,47,52; 20.1; 22.2; 25.1,14; Lc 13.20,21).
- Jesus o anunciou (Mt 4.23; Mc 1.14,15).
- Os seus requisitos éticos e morais (Mt 4.17; 5.1-12; 6.33; 7.21; 18.3; 19.14,23; 21.43; 23.13; 25.34,36; Lc 18.29-30; Jo 3.3-5; 18.36).
- Os obstáculos que enfrenta (Mt 8.10-12; 19.23,24; Mc 9.42-48).
- Deve ser proclamado pelos discípulos (Mt 6.10-13,33; 10.7; Mc 16.14-18; Lc 10.8,9).

8

Curas e libertações

E, tendo feito a travessia, chegaram à terra em Genesaré. Os homens do lugar o reconheceram e divulgaram isso por toda a região; e levaram-lhe todos os enfermos. E rogaram-lhe que apenas lhes permitisse tocar a barra do seu manto; e todos os que a tocaram foram curados.

MATEUS 14.34-36

As narrativas de milagres

As histórias que relatam os milagres de Jesus nos Evangelhos possuem um grande significado teológico e espiritual, bem como educacional. O objetivo básico das narrativas é múltiplo: responder a uma necessidade real das pessoas que sofriam com doenças, deficiências e cativeiros, além de demonstrar o poder de Deus sobre as angústias humanas e dificuldades pessoais. É importante observar que os relatos de milagres se referem tanto a pessoas quanto à natureza, que é uma maneira de se reafirmar publicamente o poder divino sobre a criação. De fato, os relatos dos Evangelhos são formas literárias cunhadas para revelar que Jesus é o Cristo e Messias prometido pelos antigos profetas de Israel, além de declarar que nele se cumprem as expectativas messiânicas e escatológicas do povo.

Nas seções e capítulos anteriores, apresentamos o contexto histórico, político, cultural e religioso que serviu de referência para o ministério de Jesus, no qual também identificamos os princípios que nortearam sua tarefa educacional. Nosso objetivo tem sido o desvelamento do Jesus histórico em seu ambiente familiar, pedagógico, teológico e litúrgico. Dessa forma, foram analisados não apenas os documentos canônicos e extracanônicos referentes

160 JESUS DE NAZARÉ

ao rabino da Galileia, como também alguma literatura da época, tanto judaica quanto não judaica, capaz de lançar alguma luz sobre nossa pesquisa.

As atividades educativas de Jesus, na verdade, geraram reações diversas nas comunidades por ele visitadas. Houve indivíduos que sem dúvida reconheceram a autoridade especial proveniente de Deus; já outros, em particular nos círculos do poder político, econômico e religioso, rejeitaram-no abertamente e tentaram surpreendê-lo em algum erro teológico ou ensinamento equivocado. Sua palavra eloquente desafiava as autoridades, ao passo que sua imaginação profética provocava as multidões. Além disso, suas doutrinas chamavam a atenção do povo; seu estilo de ensino singular e sua maneira de responder aos pedidos das pessoas necessitadas atraíam as multidões, desafiando as expectativas dos mestres da época.

No entanto, para compreender adequadamente a figura de Jesus e a amplitude e a profundidade de seu ministério durante o primeiro século da era cristã na Palestina, não podemos limitar nossa análise apenas às narrativas que expõem seus princípios pedagógicos ou aos relatos de seus maiores sermões. De acordo com uma importante parte dos Evangelhos, Jesus também realizou milagres ou pelo menos foi reconhecido pelas comunidades como taumaturgo ou curador. Essa extraordinária dimensão de Jesus é revelada não apenas em textos dos Evangelhos que confirmam seu messianismo, poder e autoridade, mas também se manifesta em diversos textos e documentos antagônicos a seu ministério.

Que o ministério de Jesus estava associado ao mundo dos milagres é uma verdade patente para a qual basta uma leitura inicial e geral dos Evangelhos. No entanto, essa mesma percepção da obra de Jesus, que se manifestava não apenas em suas palavras sábias e desafiadoras, fica muito evidente quando estudamos alguns documentos judaicos da época do Novo Testamento, bem como de períodos posteriores. Para a comunidade antiga, Jesus de Nazaré era mais do que um rabino de verbo eloquente e de pedagogia transformadora; ele possuía a capacidade de intervir na vida das pessoas para mudar radicalmente sua condição de dor e de enfermidade, de forma milagrosa, através do poder de Deus.

Deve-se de destacar que esses feitos portentosos, sinais prodigiosos e milagres extraordinários de Jesus foram interpretados por alguns escribas e fariseus como algo proveniente de algum tipo de pacto com Belzebu ou Satanás, conforme registrado sem reservas nos três Evangelhos sinóticos (por exemplo, Mt 12.27; Mc 3.22-24; Lc 11.19). As autoridades religiosas da época reconheceram que Jesus possuía poderes capazes de realizar milagres nas pessoas. No

Curas e libertações **161**

entanto, não aceitaram que essa dimensão extraordinária e fundamental do ministério de Jesus procedia da parte de Deus.

Em resposta à rejeição indevida de seus exorcismos por tais autoridades religiosas, Jesus assevera: *Mas, se é pelo Espírito de Deus que expulso os demônios, então o reino de Deus chegou a vós* (Mt 12.28). De forma clara e direta, de acordo com Mateus, o tema do reino de Deus une-se às intervenções milagrosas de Jesus no seio da comunidade. Os milagres eram uma forma física e visível da manifestação histórica do reino, segundo os relatos dos Evangelhos.

Os estudiosos dos Evangelhos buscam identificar com a maior certeza possível as palavras originais de Jesus, bem como suas ações, e para isso têm estabelecido uma série de padrões ou critérios capazes de nos ajudar a definir as mensagens e os atos autênticos entre os registros que aparecem nos documentos canônicos. Semelhantes juízos de ordem eminentemente histórica, literária e teológica nos permitem avaliar os diferentes relatos dos Evangelhos, a fim de determinar o material que mais provavelmente procede de Jesus, e também identificar os relatos desenvolvidos posteriormente pela comunidade cristã em torno dos pronunciamentos originais de Jesus.

Os critérios são os seguintes: o primeiro deles é conhecido como "atestação múltipla"; são aqueles registros das palavras ou dos atos de Jesus que possuem mais de uma versão, mais de uma fonte, em mais de um evangelho ou em mais de uma narrativa. Dessa forma, diminuem-se as chances de que algum autor isolado antigo ou de alguma comunidade de crentes ter criado ou redigido um discurso ou atividade posteriormente associados a aspectos do ministério docente e libertador do Jesus histórico.

O segundo desses critérios refere-se ao pano de fundo palestino do primeiro século. A narração das palavras de Jesus ou de suas atividades mais significativas deve refletir o contexto geográfico, social, político e econômico da Palestina e do judaísmo da época de Jesus. Com tal método, são identificadas as histórias provenientes de comunidades cristãs posteriores, pois elas acabam revelando as teologias e os problemas das igrejas, mas não as expressões reais e as realizações autênticas de Jesus. Cada geração de crentes responde a uma série específica de desafios teológicos, históricos e doutrinários que podem ser identificados, na maioria dos casos, ao se estudar cuidadosamente os escritos e seus pressupostos.

A terceira maneira de conhecer e determinar as expressões e atividades autênticas de Jesus é conhecida como o critério da descontinuidade. Essa metodologia de estudo diferencia e expõe algum tipo de ruptura, rejeição ou separação de doutrinas, palavras e atos de Jesus com relação aos postulados e à teologia rabínica da época. Esse método identifica as mensagens e ações de Jesus que rompem com as interpretações tradicionais dos rabinos e do judaísmo do primeiro século cristão.

Embora algumas palavras autênticas de Jesus não necessariamente atendam aos três critérios expostos, os estudos contemporâneos entendem que, se as narrativas dos ditos ou feitos responderem positivamente aos três critérios, é muito provável que elas provenham diretamente do rabino da Galileia, e não da reflexão posterior da fé das igrejas. As mensagens ou os milagres de Jesus que cumprem os critérios históricos e literários muito provavelmente não constituem a elaboração dos crentes de gerações posteriores que, com base nos ensinamentos de seu mestre e líder, tentaram responder de forma adequada aos desafios e problemas enfrentados em seu tempo.

A narrativa em que Jesus relaciona o reino de Deus com sua atividade milagrosa (Mt 12.27; Mc 3.22-24; Lc 11.19) atende de fato aos três critérios básicos da autenticidade evangélica. Assim, de acordo com tal exigência metodológica de caráter histórico, literário e teológico desenvolvida pelos especialistas bíblicos contemporâneos, as atividades extraordinárias e milagrosas de Jesus procedem diretamente de seu tempo. Alguns desses relatos contêm, portanto, informações precisas, indispensáveis e básicas para o nosso trabalho investigativo sobre o jovem rabino galileu.

Jesus de Nazaré não apenas era um pregador eloquente e mestre relevante, como também um realizador de sinais miraculosos que revelavam o poder de Deus presente em sua gestão homilética, educacional e taumaturga. Tais operações milagrosas estão associadas tanto a seu ministério e atividade públicos, quanto se manifestaram em seu nascimento — evento cercado por experiências espetaculares (por exemplo, Lc 1.26—2.20) — e em sua morte, quando ocorreram prodígios na natureza (por exemplo, Mt 27.51-54).

As curas na Antiguidade

Jesus viveu em uma sociedade que compreendia os milagres como parte da experiência diária. As pessoas acreditavam em milagres, e também os apreciavam, desejavam, celebravam, compreendiam e por eles esperavam. Era um mundo onde não se exigiam explicações científicas para eventos não rotineiros ou incomuns. As comunidades não esperavam por uma análise científica sofisticada diante das rupturas do cotidiano ou da interrupção da rotina. Tratava-se de pessoas que, diante da impotência e da insegurança em relação a doenças incuráveis e desajustes emocionais, esperavam uma solução de fonte divina para os problemas de saúde física, mental e espiritual.

A esse universo de impotência, tristeza e esperança, de doenças complexas e terminais, e de curas extraordinárias e maravilhosas, Jesus de Nazaré trouxe sua mensagem redentora e seus milagres transformadores. As histórias de milagres incluídas nos Evangelhos canônicos conformam-se muito bem a esse tipo de mundo e sociedade, de acordo com documentos provenientes das sociedades gregas e judaicas da época.

O mundo helenístico era propenso às narrativas miraculosas e espetaculares, particularmente se fosse para honrar a memória de figuras ilustres tais como imperadores e filósofos. Nessa tradição de milagres, encontram-se vários relatos lendários de atividades incomuns de antigos líderes, como, por exemplo, as ações de Pirro, rei de Épiro; as de Vespasiano, imperador de Roma; de Pitágoras, filósofo e matemático grego; e de Apolônio, sábio e mestre itinerante. Cada um deles apresenta histórias fantásticas, baseadas principalmente na fama e no prestígio dos protagonistas. O propósito básico dos relatos de milagres era exaltar e distinguir o prestígio da pessoa em questão.

Semelhantes narrativas, que eram copiosas, descritivas, pitorescas e fantasiosas, espalharam-se por todo o mundo helenístico, incluindo a Palestina, especificamente a Galileia, onde Jesus realizou um grande número de sinais miraculosos. A identificação precisa da finalidade de cada tipo de relato é de grande importância para nosso estudo.

No caso particular dos milagres no mundo helenístico, o objetivo era honrar e celebrar a fama de alguma personagem ilustre. Nos relatos dos Evangelhos, ao contrário, o propósito da realização de algum milagre não era o de adquirir ou aumentar a fama de Jesus, mas sim responder ao clamor dos necessitados e escravizados, manifestando, assim, a glória e a honra devida a Deus. O relatos de milagres dos Evangelhos são antecipações do reino de Deus, manifestações visíveis da chegada real e histórica da aguardada era messiânica. Trata-se de revelações do poder de Deus que precedem as futuras intervenções divinas no período escatológico.

No judaísmo antigo, também existem histórias de pessoas piedosas que, ao rogar a Deus, obtinham milagres. Seria melhor dizer que se trata de narrativas em que se apresentam as atividades milagrosas e especiais de alguns rabinos insignes.

Entre essas personagens, podemos mencionar Honi Ha-Ma'agel, "o desenhador de círculos", admirado e relembrado por sua grande capacidade de fazer chover. As antigas fontes rabínicas também aludem a Hannina ben Dossa, respeitado mestre da Galileia e discípulo do rabino Yochaanan ben Zakai, especialmente reconhecido e celebrado por fazer milagres de curas, realizados até mesmo a distância. Sua fama se espalhara por todo o mundo judaico da época.

Além disso, não podemos ignorar que na Bíblia hebraica existem muitas referências a eventos miraculosos. As narrativas da libertação do Egito, por exemplo, estão cheias de intervenções extraordinárias e milagrosas de Deus e também de Moisés (cf. Êx 5.1—15.21). A vida de Elias e de Eliseu põem em evidência uma série significativa de episódios miraculosos (1Rs 17.1—2Rs 8.15). Os ciclos de milagres operados durante o Êxodo e na vida dos profetas tornaram-se modelos para as histórias extraordinárias do Novo Testamento. O estudo criterioso dos milagres antigos revela sua influência e formas nas narrativas neotestamentárias. Os modelos literários dos relatos de milagres de Jesus tornam visíveis essas influências significativas.

A descoberta dessa relação insere as narrativas dos milagres de Jesus em seu adequado contexto histórico, teológico, cultural, sociológico e espiritual. Na mesma época em que Jesus realizava seus milagres na Palestina, temos notícia de que também outros indivíduos operavam curas extraordinárias e atividades taumatúrgicas. O mestre não estava sozinho em um mundo de expectativas prodigiosas que se manifestavam nas comunidades palestinas, pois o elemento espetacular dos milagres não era estranho nem para gregos nem para os judeus ou para as tradições orais e escritas. Na realidade, as pessoas viviam na esperança da intervenção miraculosa de Deus, e, de certa forma, a ocorrência de milagres e maravilhas não era inédita na sociedade e no mundo que englobava o Novo Testamento.

Uma definição moderna de milagres poderia ser a seguinte: um acontecimento que, de acordo com nosso entendimento científico atual, suspende as leis da natureza. Diante de uma ocorrência excepcional, a mente moderna procura descobrir qualquer explicação lógica capaz de adequar de forma convincente o fenômeno às teorias científicas atuais e aos conhecimentos adquiridos sobre o assunto. Semelhante tipo de compreensão, no entanto, é insuficiente para estudar e entender com amplitude os milagres de Jesus, pois ela não se ajusta às definições de mundo e do cosmos dos tempos antigos, nem leva em consideração as percepções de realidade, vida e existência que se tinha na Antiguidade.

No mundo bíblico, por exemplo, o universo não é um sistema fechado que se move inexoravelmente segundo leis racionais e comuns de causa e efeito.

Pelo contrário, o cosmos e a natureza são espaços abertos e vitais, nos quais Deus pode intervir em qualquer tempo e lugar para demonstrar seu poder e realizar sua vontade. Um milagre, dessa perspectiva, é uma intervenção divina excepcional que tem como propósito básico tornar realidade aquilo que Deus pretende para as pessoas em suas atividades cotidianas. Nesse sentido, o milagre, embora sobrenatural, é esperado; embora espetacular, é corriqueiro; embora extraordinário, também é comum.

É muito importante compreender que, sobre tais questões, os relatos de milagres nos Evangelhos contêm um propósito messiânico muito claro e direto. As intervenções milagrosas de Jesus eram formas de afirmar e enfatizar que havia chegado a ocasião do cumprimento histórico da antiga expectativa messiânica, então prenunciada pelos profetas de Israel. Por tais razões teológicas, a resposta de Jesus para a pergunta de João Batista (sobre ser ele o Messias ou não, segundo Lucas 7.18-23) continha a importante citação da mensagem do profeta Isaías que destacava com veemência um número significativo de curas (Is 29.18,19; 35.5,6; 61.1), signos indiscutíveis e evidentes da era messiânica. No tempo do Messias se romperiam as correntes que mantinham cativas as pessoas!

Os milagres de Jesus não foram eventos isolados ou atividades secundárias em sua missão, mas sim sinais importantes e relevantes de uma realidade mais profunda. Os prodígios indicavam que o reino de Deus se instaurara na vida e no ministério de Jesus, representando, conforme anunciado anteriormente pelos profetas, o início de uma época especial, aguardada e desejada pelo povo de Israel. Jesus inaugurava com seu exemplo de vida uma nova era na história do povo de Israel, a chegada do Messias.

Os milagres de Jesus

Um estudo dos diversos milagres de Jesus revela que eles podem ser classificados em diferentes áreas básicas e significativas. Havia prodígios de cura, manifestando o poder divino sobre doenças que afligiam a humanidade. Havia libertação de endemoninhados, que eram intervenções divinas para a restauração da saúde mental, emocional e espiritual das pessoas. As ressurreições devolviam a vida a pessoas cuja partida produzira uma situação insustentável e crítica a seus familiares, especialmente se fossem viúvas. As maravilhas que se realizavam na natureza eram a confirmação do poder divino sobre o cosmos e a criação. E, por fim, os milagres relativos a alimentos demonstravam a consciência de Jesus a respeito das realidades e necessidades humanas.

166 JESUS DE NAZARÉ

Cada uma dessas categorias mostra um componente singular da obra messiânica e redentora de Jesus. Como os milagres não eram uma estratégia de *marketing* e publicidade, mas sim uma manifestação antecipada do reino de Deus, a análise desses eventos pode nos dar pistas valiosas para a compreensão da natureza de sua missão e da correta extensão de seu programa educacional, libertador e redentor.

As curas

A fama de Jesus como rabino dotado da capacidade de realizar milagres manifesta-se nos quatro Evangelhos canônicos e também na literatura extrabíblica de seu tempo e de épocas posteriores. A verdade é que os relatos evangélicos estão repletos de maravilhas que põem em evidência não somente seu poder sobre as forças físicas e naturais, mas também revelam sua natureza messiânica e missão redentora, cumprindo assim os oráculos e as profecias veterotestamentárias.

Embora Jesus tenha curado possivelmente uma multidão de pessoas, conforme se conclui dos relatos de milagres dos Evangelhos, só temos conhecimento de um grupo de 35 pessoas que foram saradas através de seu ministério. De grande importância é a informação de que, pelo menos em uma ocasião, segundo o testemunho bíblico, Jesus curou todos os enfermos de determinada comunidade, como é o caso de Cafarnaum (Lc 4.40).

Ainda com respeito ao assunto das curas milagrosas, é de suma importância observar que os Evangelhos se preocupam em informar que nenhum doente atendido pela benevolência de Jesus continuou sofrendo da enfermidade que antes padecia, pois, de fato, Jesus o curara. Talvez seja essa uma das razões pelas quais as pessoas o seguiam com insistência e determinação. Para os evangelistas, Jesus não somente atraía pessoas necessitadas por causa de suas mensagens eloquentes e de seus ensinamentos desafiadores, mas também porque respondia aos mais graves pedidos por saúde, numa sociedade em que as doenças proporcionavam a indivíduos, famílias, povos e nações um desafio tremendo; afinal, tinham um poder mortífero.

Entre as doenças físicas que Jesus curou, de acordo com o testemunho dos Evangelhos, podemos identificar as seguintes: cegueira (Mt 20.29-40; Mc 8.22-26; Lc 11.14; Jo 9.1-7), hanseníase (Mc 1.40-42; Lc 17.11-19), febre (Lc 4.38,39; Jo 4.46-54), paralisia (Mt 9.2-7; 7.1-10), mudez (Mt 9.32,33; Lc 11.14), surdez (Mc 7.31-37) e sangramento (Mc 5.25-29). Algumas dessas histórias se repetem nos três Evangelhos sinóticos, o que é um bom indicador da confiabilidade e antiguidade dos eventos. Tratava-se de doenças que apresentavam dimensões não apenas físicas e emocionais, mas também incluíam componentes sociais e religiosos.

Do grande grupo de doenças curadas, podemos distinguir, entre os casos apresentados, onze pessoas curadas de hanseníase (Mt 8.2-4; Mc 1.40-45; Lc 5.12,13; 17.11-19) e sete, de cegueira (Mt 9.27-31; 12.22; 20.29-34; Mc 8.22-26; 10.46-52; Lc 11.14; 18.35-43).

Os dois tipos de enfermidade são interessantes do ponto de vista social e religioso, porque os afetados pelo primeiro grupo eram separados da comunidade em virtude das leis e dos regulamentos quanto a impureza ritual, ao passo que os do segundo grupo não conseguiam ver a complexa dinâmica social, política, econômica e religiosa que os cercava. Em ambos os grupos, Jesus agiu com misericórdia, coragem, amor e autoridade, respondendo a suas reivindicações mais profundas e sentidas por saúde. Jesus devolvera aos enfermos a capacidade e a possibilidade de reunir-se novamente a suas famílias e reintegrar-se na comunidade.

A cura de leprosos

Sobre a hanseníase, é muito importante notar que nem sempre as pessoas diagnosticadas na Bíblia com essa doença sofriam do que agora é conhecido como a doença de Hansen. Casos dessa condição, no judaísmo, eram identificados pelos sacerdotes, que observavam e avaliavam fisicamente a pele dos pacientes para determinar se haviam contraído ou não essa ingrata calamidade (Lv 13.1—14.57). É muito provável que semelhante análise física e visual diagnosticasse como leprosas algumas pessoas que sofriam de outras afecções da pele, como eczema, psoríase ou até mesmo alergias.

Diante de um diagnóstico concreto de hanseníase no mundo bíblico, a pessoa era automaticamente isolada da comunidade, em razão do medo do contágio e da propagação da doença. Em seguida, a pessoa era declarada ritualmente impura, decisão que adicionava sérios componentes emocionais, espirituais e litúrgicos a uma condição física já complexa e frágil. Por exemplo, os indivíduos leprosos eram impedidos de participar das cerimônias religiosas no templo, as quais forneciam perdão e bem-estar pessoal, familiar e coletivo ao povo. Além disso, ninguém lhes podia tocar! Era um ostracismo social e espiritual, radical e desumano. Uma pessoa leprosa estava socialmente morta para todos os efeitos práticos, já que não poderia interagir de maneira conveniente com o restante da infraestrutura familiar e comunitária.

168   JESUS DE NAZARÉ

Diante de tais dificuldades físicas, emocionais e espirituais, os Evangelhos mostram que Jesus respondeu com misericórdia e amor incondicional a esse tipo de doente. No caso específico de um enfermo com hanseníase avançada, conforme a narrativa evangélica, Jesus tocou e curou a pessoa, coisa inimaginável naquela época (Lv 5.12). Em seu desejo de restaurar um indivíduo imerso no cativeiro de uma doença ameaçadora e excludente, Jesus rompeu com as leis e com as expectativas sociais e religiosas de seu tempo, devolvendo a pessoa a seu ambiente familiar com o objetivo de superar, assim, a dinâmica religiosa, médica e social que o mantivera separado e isolado das pessoas que o amavam.

Baseado na misericórdia e no amor, e movido por seu compromisso decisivo e firme para com o reino de Deus, Jesus não se intimidava diante das chances de contágio, nem se detinha diante das repercussões religiosas e rituais por tocar em uma pessoa impura. O ser humano é mais importante que regras religiosas e diagnósticos médicos! Na ordem das prioridades de Jesus, a necessidade de saúde física, emocional e espiritual tinha total prioridade sobre as interpretações, os comentários e as doutrinas dos líderes religiosos, mesmo das possíveis reações das autoridades do templo.

A cura de cegos

A cura de deficientes visuais merece um comentário adicional. A cegueira nos tempos antigos era talvez mais comum do que atualmente. É provável que as condições de higiene fossem um fator preponderante na origem, na propagação e no desenvolvimento desse mal na Palestina do tempo de Jesus. Nos dias de hoje, a cegueira é prevenida com boas condições sanitárias e também com várias doses de antibióticos.

As bactérias que podem afetar adversamente a córnea são causadas, entre outros motivos, pela doença conhecida como tracoma. Semelhante afecção visual é a principal causa de cegueira, entre as evitáveis no mundo contemporâneo, sendo provocada pelos seguintes fatores de risco: pobreza, más condições de higiene, superlotação humana, sistemas de saúde deficientes e grande presença de moscas e mosquitos. No entanto, essa doença altamente contagiosa pelo contato direto com secreções dos olhos e do nariz não só pode ser prevenida, como também curada com um bom tratamento à base de antibióticos.

O antigo livro de Tobias, inserido na seção de textos apócrifos ou deuterocanônicos das edições bíblicas, menciona, por exemplo, uma significativa história de cura. Relata-se que um tal Tobit sofria de cegueira, e o anjo Rafael instruiu seu filho, Tobias, que untasse os olhos do pai com "fel do peixe" (Tobias 11.8). Assim que Tobias cumpriu as instruções do anjo, Tobit voltou a enxergar e, em seguida, pronunciou um grande louvor a Deus por lhe haver concedido o milagre da cura. A cura, portanto, ocorreu como resultado de um processo físico, no qual um remédio foi aplicado nos olhos de Tobit.

Jesus, que curou pelo menos sete cegos, em geral pronunciava unicamente uma palavra de autoridade, e os enfermos eram sarados. Entretanto, em uma ocasião específica, usou uma fórmula técnica que incluía aplicar lama nos olhos do não vidente (Jo 9.1-6). Tratava-se de um caso especial porque o deficiente havia nascido cego, sendo por isso utilizada uma forma literária e teológica para destacar a severidade e a radicalidade de sua condição. De acordo com João, Jesus misturou lama com saliva para em seguida aplicar o produto nos olhos do cego. Em seguida, o mestre mandou que o homem se lavasse no tanque de Siloé, completando assim o processo de cura do portador de deficiência visual.

Em relação às curas do mundo antigo em geral, e com respeito às que Jesus realizou em particular, é importante identificar e explorar dois temas fundamentais. O primeiro é a relação entre a doença e o pecado humano; o segundo é a conexão entre a fé e a cura. A análise dessas duas questões pode nos oferecer alguma luz teológica e espiritual para o entendimento da extensão das ações de Jesus em resposta à miséria humana e ao desespero das pessoas doentes.

No Antigo Testamento, bem como na literatura judaica posterior, existem referências explícitas a uma crença popular sobre a origem das doenças: pensava-se que elas eram o resultado do pecado do indivíduo. Semelhantes concepções manifestam-se na literatura poética (Sl 103.3), assim como nos escritos proféticos (por exemplo, Jr 31.32; Ez 18.2-20). A ideia fundamental desse entendimento era que o pecado humano provocava o julgamento divino, o qual recaía negativamente sobre a saúde das pessoas. A manifestação da ira divina era a origem das enfermidades, de acordo com essa percepção teológica, física e biológica.

A resposta pública de Jesus ao curar o cego de nascença esclareceu que sua condição não fora produto do pecado, nem dele, nem de seus pais, mas sim o fato de propiciar uma excelente oportunidade para demonstrar o poder e a glória de Deus (Jo 9.2,3). A cura está relacionada positivamente com o amor, a misericórdia e o poder divinos, e não com ações humanas pecaminosas anteriores, nem com a maldade das pessoas, tampouco com o julgamento divino.

170   JESUS DE NAZARÉ

Já a respeito da relação entre cura e fé, o testemunho evangélico de forma contínua e sistemática aponta para essa direção (por exemplo, Mt 8.13; 9.29; 21,22; Mc 5.34). A fé, nos discursos de Jesus, ocupa um lugar de honra como forma específica e clara de demonstrar confiança, uma maneira verdadeira de expressar segurança. Uma das assertivas de Jesus em torno do tema da fé é a seguinte: [...] *em verdade vos digo que, se tiverdes fé do tamanho de um grão de mostarda, direis a este monte: Passa daqui para lá, e ele passará; e nada vos será impossível* (Mt 17.20).

A fé, do ponto de vista teológico, é um valor importante e necessário no processo de cura. O evangelho de Lucas registra a narrativa em que Jesus, ao ver a fé dos amigos de uma pessoa paralítica, não apenas a curou, como também lhe perdoou os pecados à vista de todos os presentes. Entre as testemunhas desse milagre se encontravam alguns escribas e fariseus que o acusaram de blasfêmia (Lc 5.17-26).

Nos relatos de milagres, os evangelistas não exploram os componentes psicológicos e sociais da cura, os quais, no entanto, devem ser incluídos em qualquer estudo do fenômeno de curas milagrosas na atualidade. A ênfase evangélica é espiritual e teológica. O objetivo das narrativas bíblicas visa destacar a misericórdia e o poder divinos. Os prodígios que Jesus realizou destinam-se a revelar seu caráter messiânico e afirmar que havia chegado o tempo escatológico anunciado pelos profetas e esperado pelo povo.

A libertação de demônios

A transformação de pessoas endemoninhadas e cativas pelas forças do mal pode ser considerada como caso específico das curas feitas por Jesus. No entanto, em virtude da importância teológica das narrativas, da abundância desse tipo de relatos e da complexidade psicológica, social e espiritual do tema, avaliaremos a libertação de demônios como forma singular das manifestações divinas.

De acordo com os relatos dos Sinóticos, o exorcismo, ou a libertação de espíritos malignos, desempenhou um papel central no ministério de Jesus. No mundo em que Jesus viveu, era natural acreditar que os espíritos do mal tinham a capacidade de gerar doenças e malefícios nas pessoas. Pensava-se até que tais espíritos malignos poderiam causar catástrofes naturais.

Em tal contexto ideológico, de espíritos malsãos e demônios, acreditava-se que as forças do mal precisavam ser combatidas com práticas de exorcismo, que tinham o objetivo específico e definido de eliminar os efeitos adversos que os

Curas e libertações **171**

poderes malignos poderiam causar a pessoas ou à natureza. Como resposta teológica e espiritual a semelhantes crenças, as narrativas de exorcismos aparecem, repetidas vezes, nos Evangelhos sinóticos e também no livro de Atos (At 5.16; 8.7; 16.16-18; 19.11-19). Mas esse tipo de história, no entanto, não consta no evangelho de João.

Por meio da leitura dos relatos sobre a libertação de endemoninhados, não se depreende com clareza a identificação das enfermidades produzidas pelos maus espíritos. Talvez o caso singular do jovem endemoninhado que expelia espuma pela boca e tremia em convulsões seja revelador de algum tipo de ataque epiléptico (Mc 9.14-27; Lc 9.37-43). É possível ainda que, em alguns casos de cura por Jesus, a comunidade tenha vinculado a doença com possessões demoníacas. Sobre essa questão específica, é necessário lembrar a relação que na Antiguidade se fazia entre pecado e doença.

O estudo comparativo dos relatos de libertação nos Evangelhos pode tornar visível uma estrutura literária definida. Esse padrão comum mostra a persistência da doença e a complexidade do cativeiro, as dificuldades de se tratar uma doença de forma eficaz, a natureza e as virtudes da intervenção divina, e os resultados milagrosos de libertação e cura da pessoa. É muito importante observar, ao se estudar as narrativas bíblicas, que os relatos gregos e judaicos da mesma época apresentam características literárias semelhantes.

Durante alguns processos de libertação, os demônios reconheceram a autoridade divina e o poder sobrenatural do exorcista, como nos casos de exorcismo registrados em Marcos. O autor, para enfatizar o poder de Jesus sobre as forças do mal, declara que os demônios, quando confrontados com o poder de Jesus, prostravam-se no chão e reconheciam ser ele o Filho de Deus (Mc 3.1; 8.29). As potestades malignas tinham a capacidade de identificar o poder divino de Jesus e sua autoridade sobre elas.

A forma literária e narrativa afirma e destaca que o poder que efetivamente libertava as pessoas endemoninhadas do cativeiro e de seu desajuste espiritual, físico e emocional se fundamentava na natureza messiânica de Jesus. As manifestações de cura e de libertação tornavam visível o poder de Deus sobre as forças do mal, sendo, além disso, sinais específicos e indiscutíveis da chegada do reino de Deus e do surgimento histórico da idade messiânica.

Outro caso de singular importância teológica e temática é o da libertação de um endemoninhado na comunidade de Gadara, registrado com algumas variações nos três Evangelhos sinóticos (Mc 5.1-20; Lc 8.26-39; cf. Mt 8.28-34). O demônio que atormentava o homem (ou aos dois homens, de acordo com a narração de Mateus) identificou-se publicamente naquela ocasião como "Legião", porque eram muitos.

É significativo e importante notar que tal demônio escolheu um nome proveniente de uma das divisões do exército romano, a qual poderia ser composta de até seis mil soldados. A força do mal repreendida por Jesus era um símbolo claro e inequívoco do contingente militar estrangeiro que estava ocupando e oprimindo a Palestina! As implicações políticas da história ficam, portanto, evidentes, pois ele não somente repreendeu as forças espirituais do mal, mas ainda libertou o cativo e envio os demônios para possuírem uma vara de porcos, animais legalmente impuros na tradição judaica (Lv 11.7), que em consequência despencaram e morreram. Os demônios, por isso, representavam as forças da ocupação romana!

Duas reações são dignas de nota nessa história: a atitude dos proprietários dos porcos e a resposta do homem cativo. Os primeiros, a princípio, demonstraram espanto e medo, mas, em seguida, pediram ao exorcista que fosse embora. Eles não puderam suportar o poder divino que é capaz de libertar uma pessoa cativa e necessitada! Os donos dos animais sentiram-se ameaçados pelo poder divino em Jesus! E compreenderam suas limitações diante de tais manifestações da virtude, do amor, da misericórdia e do poder de Deus!

Já o liberto, ao contrário, mostrou uma enorme gratidão e implorou a Jesus que permitisse acompanhá-lo. A resposta do rabino libertador, no entanto, foi que ele regressasse à sua comunidade, a fim de proclamar aos seus que Deus havia demonstrado sua piedade para com ele. O milagre fora realizado em território gentio, na comunidade de Gadara, parte da antiga Decápolis grega. Tornam-se evidentes nesse relato as implicações universalistas do ministério de Jesus, pois a libertação de pessoas não se reservava apenas ao povo de Israel, mas destinava-se também a todas as comunidades do mundo.

De acordo com Lucas, a libertação de demônios também pode estar relacionada com manifestações plenas do reino de Deus e de sua justiça (Lc 11.14-23). Em resposta à cura de uma pessoa que sofria de um *demônio que era mudo* (v. 14), algumas pessoas da comunidade reagiram com espanto, enquanto outras diziam que o poder libertador de Jesus provinha do chefe dos demônios (v. 15), Belzebu ou Satanás, acusando Jesus de feitiçaria! Estas viam os milagres como algo que provinha das forças do mal! Entenderam que sua capacidade de fazer milagres mantinha algum relacionamento ou pacto feito com Satanás!

Contra semelhante acusação, Jesus declarou que expulsava os demônios "pelo dedo de Deus" (v. 20), um sinal visível da chegada do reino de Deus a

Israel. É importante destacar em relação à imagem do dedo divino que, desde a época da libertação do Egito, este era o símbolo indiscutível da intervenção extraordinária e libertadora de Deus em favor de seu povo necessitado (Êx 8.10). A intervenção do "dedo de Deus" na corte do faraó deu início ao processo heroico e redentor que culminou na saída do povo de Israel da escravidão egípcia e em sua chegada à terra prometida.

Com semelhante imagem, Jesus evocou uma das mais importantes tradições teológicas ao judaísmo. O "dedo de Deus" que interveio na época de Moisés voltava a agir em favor do povo. Nessa ocasião, no entanto, a libertação veio para os cativos emocionais, para os enfermos espirituais e para os oprimidos pelas forças demoníacas que procuravam mantê-los amarrados, impedindo que pudessem viver uma existência completa, agradável e autêntica.

As ressurreições

São três os relatos dos Evangelhos em que Jesus devolve a vida a uma pessoa morta, sem contar sua própria ressurreição. Em tais relatos, as mulheres ocupam um papel protagonista. Sem dúvida, essas histórias revelam, de uma perspectiva teológica, o poder extraordinário de Jesus, capaz de vencer as forças da morte, sempre vistas como experiências definitivas, finais, invencíveis, irreversíveis. Trata-se, portanto, de uma demonstração clara e indiscutível do poder divino.

A história da ressurreição da filha de Jairo (Mc 5.21-23,35-43) é muito significativa, pois está incluída nos três Evangelhos sinóticos e mantém uma expressão única de Jesus em aramaico, o que pode ser uma indicação de tratar-se de um episódio muito antigo, até mesmo proveniente de etapas orais básicas e primitivas dos relatos dos Evangelhos. Outra possibilidade que não pode ser descartada nem ignorada é que a expressão em aramaico *Talita cumi*, significando, *Menina, eu te ordeno, levanta-te* (Mc 5.41), tenha sido usada na Antiguidade por alguns exorcistas itinerantes.

No relato do episódio dessa ressurreição, Marcos intercala uma outra narrativa: o milagre de cura de uma mulher que, depois de doze anos de enfermidade física e, por isso, de isolamento religioso e litúrgico, decidiu silenciosamente se aproximar de Jesus para tocar a borda de suas vestes (Mc 5.24-34). A mulher, cansada de seu mal-estar físico e da impureza litúrgica, terminou curada de forma súbita e milagrosa. Com a cura, de acordo com os Evangelhos, Jesus declarou que fora a fé dela que lhe restituíra a saúde e lhe concedera a salvação, tema básico que relaciona a história da ressurreição da menina com a da cura da mulher.

174 JESUS DE NAZARÉ

Merece ser mencionada uma segunda narrativa dedicada ao tema de uma ressurreição efetuada por Jesus, pois evoca alguns antigos milagres de profetas admirados pelo povo de Israel, como era o caso de Elias e Eliseu (1Rs 18; 2Rs 4). De acordo com o relato bíblico (Mt 7.11-17), o milagre ocorreu na pequena comunidade de Naim, não muito longe de Nazaré, na Galileia, e diz respeito à ressurreição do filho de uma mulher viúva.

O contexto familiar do milagre é importante. Em uma sociedade, onde o bem-estar e a segurança das mulheres estavam principalmente associados a tarefas e responsabilidades de um homem (por exemplo, avôs, pai, irmãos, tios ou filhos), o futuro de uma viúva era, no melhor dos casos, difícil e problemático e, no pior, desastroso e mortal. Diante de tal quadro doloroso de insegurança e incerteza, Jesus se compadece da mulher e ressuscita o jovem, a quem se dirige em voz audível com grande autoridade e ordena que se levante do caixão.

A reação do grupo que acompanhava a viúva e o cortejo fúnebre é digna de menção: eles temeram e glorificaram a Deus! Nesse contexto imediato de assombro, preocupação e gratidão, a comunidade reconheceu o trabalho profético de Jesus e que Deus estava visitando seu povo. Semelhante manifestação extraordinária do poder de Deus é uma demonstração plena da autoridade que Jesus tinha sobre as forças da morte. Essa ressurreição posiciona Jesus em um plano especial, pois revela que nem sequer a morte poderia resistir-lhe e deixar de atender à sua autoridade messiânica.

O terceiro relato de ressurreição nos Evangelhos procede de João e é descrito literalmente como um sinal milagroso. Trata-se da ressurreição de Lázaro (Jo 11.1-44), o qual, junto com sua família e de acordo com os relatos evangélicos (Lc 10.38,39), desfrutava de um bom relacionamento com Jesus. Novamente, a narrativa destaca elementos emocionais e familiares do episódio: as irmãs do falecido pressionam Jesus para que apressasse sua chegada. Posteriormente, expressam sua frustração pelo atraso da vinda do mestre e consequente morte do irmão. Jesus, por sua vez, expressa um grande amor e compaixão pela família, chorando diante do túmulo do amigo.

A informação de que Lázaro se encontrava morto havia quatro dias faz alusão à antiga crença popular de que a alma dos defuntos abandonava o corpo após esse período, quando o processo de decomposição já estaria em processo acelerado. As ações de Jesus foram claras, decisivas e firmes: ordenou à multidão que abrisse o túmulo e desatasse Lázaro, pois já não estava mais morto, havia retornado à vida.

O milagre se recobre de um grande significado teológico, porque é uma espécie de antecipação da ressurreição de Cristo, segundo João. É nesse contexto de vida e morte, de dor e incerteza, e de esperança e ressurreição, que se registra uma frase importante, de extraordinária profundidade teológica e grande virtude espiritual: *Eu sou a ressurreição e a vida; quem crê em mim, mesmo que morra, viverá; e todo aquele que vive, e crê em mim, jamais morrerá* (Jo 11.25,26).

Tal declaração teológica foi precedida por vários comentários significativos na narrativa. Jesus havia dito aos discípulos que a doença de Lázaro seria uma oportunidade para revelar a glória divina e também afirmar que a situação de morte era necessária para que o Filho de Deus fosse glorificado, louvado e reconhecido (Jo 11.4). Além disso, Jesus expressou claramente que a ocasião seria excelente para fortalecer a fé e encorajar na comunidade a crença no sobrenatural (Jo 11.14,15).

Na verdade, os relatos de ressurreição expostos pelos Evangelhos têm o claro propósito de incentivar a fé em Jesus e a confiança em Deus. Além disso, preparam o caminho para as narrativas relacionadas com a ressurreição de Cristo. Tais episódios possuem um propósito teológico importante: afirmar que o poder de Jesus não está limitado pela dinâmica humana, a qual se encontra subordinada aos fatos da vida e da existência. Com seu ministério apresentado nessas narrativas, Jesus inaugurou a esperada era messiânica anunciada pelos profetas, rompendo com as restrições de tempo e espaço e mostrando claramente, de acordo com os Evangelhos canônicos, que o reino de Deus irrompia na história palestina.

Os milagres sobre a natureza

Um grupo adicional de milagres de Jesus deve ser analisado com atenção e discernimento em razão do caráter literário das histórias e também por sua importância temática; além disso, é necessário explorar e avaliar as implicações teológicas e espirituais que elas manifestam. Trata-se de episódios que revelam que o poder de Deus que se manifestava no ministério de Jesus não se limitava a curas, libertações e ressurreições. Esses milagres indicam e destacam que o poder divino também domina as esferas do cosmos, da natureza e da criação.

O propósito fundamental desse conjunto de milagres é, de fato, destacar que, mesmo no mundo cósmico e apesar das forças hostis da natureza, a palavra de Jesus era eficaz, pois sua autoridade sobre os fenômenos naturais não

176   JESUS DE NAZARÉ

era menor, e o poder divino que o assistia preservava sua eficácia, virtude e autoridade. As forças da natureza respeitavam as ordens taxativas de Jesus e obedecia a elas! A finalidade central das narrativas de milagres, mais do que uma descrição histórica dos acontecimentos, é teológica e cristológica: a palavra de Jesus tem poder sobre o cosmos e as intempéries climáticas.

Os objetivos espirituais e teológicos desses relatos ficam evidentes com a exclamação do povo que testemunhara o milagre de Jesus na tempestade no lago da Galileia: *Quem é este, que até o vento e o mar lhe obedecem?* (Mc 4.41). O homem que detivera os ventos e acalmara a tempestade no mar, de acordo com o espectador, não era um ser humano comum, mas alguém com autoridade incomum, com poder divino especial e capacidade de modificar substancialmente as forças que regem o cosmos e os fenômenos meteorológicos.

Os relatos de milagres sobre a natureza são apresentados pelos Evangelhos dentro do contexto da Galileia. Dessa forma, mostram-se as cidades da região, suas paisagens e condições meteorológicas, sendo os milagres focalizados principalmente no importante âmbito geográfico do lago de Genesaré, que servia de centro social, econômico e político do norte palestino. Esse era, de fato, o contexto territorial e social básico e mais próximo da vida e do ministério de Jesus!

É nesse conjunto de milagres extraordinários que demonstram o poder de Deus sobre as forças da natureza que podem ser identificados os seguintes temas: a autoridade sobre os ventos e as ondas do mar, o caminhar sobre as águas, a multiplicação dos pães e dos peixes, a pesca milagrosa e a transformação da água em vinho. Todos os prodígios apresentam uma nova dimensão do ministério de Jesus, pois se encontram num plano especial e significativo, desafiando abertamente as regras da gravidade que organizam a natureza e afrontando as leis que governam a dinâmica comum do cosmos e das realidades cotidianas.

Os dois milagres iniciais contrariam diretamente as leis naturais. Jesus, com sua voz poderosa e autorizada, ordena no primeiro caso que os ventos e o mar se acalmem, enquanto navega no mar da Galileia com seus discípulos (Mt 8.23-27; Mc 4.35-41; Lc 8.22-25). No segundo, Jesus desafia as forças da gravidade e a dinâmica do mar, andando sobre as águas do lago de Genesaré (Mt 14.22-33; Mc 6.45-52; Jo 6.15-21).

No relato em que Jesus acalma a tempestade, os discípulos sentiam-se ameaçados e perturbados pela fúria dos ventos, enquanto o mestre dormia sossegado no barco. A história destaca tanto as preocupações e o desespero

Curas e libertações

dos discípulos diante do clima, quanto a tranquilidade demonstrada por Jesus no barco. Os discípulos, temerosos pela segurança e integridade de suas vidas, apelam para Jesus, que mantinha em todos os momentos a moderação e a compostura. Em resposta à agressividade da tempestade e à preocupação dos discípulos, Jesus passa a ordenar aos ventos que parem e ao mar que se aquiete; em seguida, como resultado da palavra divina de autoridade e poder, a bonança toma conta do lago.

É importante lembrar que a Bíblia tradicionalmente representa o mar e as tempestades como forças hostis e antagônicas à vontade de Deus (por exemplo, Gn 1.1,2), que devem, portanto, ser controladas e submetidas à autoridade divina. Nesse sentido, o relato segue uma longa tradição temática das Escrituras. Em particular, os Evangelhos estão em conformidade teológica com os poemas do Saltério, os quais indicam claramente que Deus é o único capaz de dominar a fúria, a revolta e a violência dos mares, fazendo calar e deter os ventos (por exemplo, Sl 89.9).

De acordo com o Saltério e em relação à narrativa em que Jesus acalma a tempestade, o poder de Deus manifesta-se com liberdade, virtude e autoridade em meio às dinâmicas da natureza, a fim de revelar seu poder extraordinário. Os ventos e o mar, que simbolizam o caos originário e a anarquia nas narrativas bíblicas, quando são confrontados pela poderosa e autorizada palavra de Jesus, são detidos e acalmados. Segundo essas histórias, a autoridade de Jesus possui a capacidade de transformar o caos em harmonia, a desordem em ordem, a crise em paz, a preocupação em calma, e o risco de morte em manifestações de vida.

A narrativa do milagre em que Jesus acalma a tempestade é uma grande afirmação teológica, pois celebra seu poder sobre as forças antagônicas à humanidade. Na verdade, o evangelista apresenta com clareza que a virtude extraordinária de Jesus participava da tradição das atividades divinas na criação e no êxodo do Egito. As grandes águas e os ventos não podem impedir o passo resoluto do povo de Deus em direção à descoberta, ao cumprimento e à satisfação da vontade divina.

Como no livro de Gênesis (Gn 1.1,2) e também nas histórias que compõem o livro de Êxodo (Êx 15), os relatos dos Evangelhos apresentam um Jesus que tem a capacidade, o poder e a vontade de demonstrar sua autoridade sobre os ventos e o mar, sinais visíveis e históricos das forças contrárias ao propósito de Deus em relação ao povo de Israel e à humanidade. Quem comandava os ventos e o mar era o Messias prometido ao povo de Israel!

178   JESUS DE NAZARÉ

O segundo dos milagres de Jesus sobre as forças da natureza refere-se à caminhada por cima das águas do lago da Galileia (Mt 14.22-33; Mc 6.45-52; Jo 6.15-21). Mais uma vez, Jesus manifesta seu poder sobrenatural aos discípulos, os quais, diante de tal revelação divina, ficaram confusos e acreditaram se tratar de um fantasma!

A respeito dessa narrativa, é importante observar que Mateus insere em seu texto a reação de Pedro ao prodígio realizado por Jesus, quando diz: *Senhor, se és tu, manda-me ir sobre as águas até onde estás* (Mt 14.28), com o que Jesus concorda. Entretanto, quando o discípulo, em conformidade com o relato do evangelho, se conscientizou da fúria do vento, ele começou a temer e afundou (Mt 14.29).

As virtudes teológicas dessa história estão relacionadas com os seguintes detalhes: Jesus manifesta seu poder mais uma vez sobre as ondas do mar; Pedro, embora também tenha caminhado sobre as águas, sucumbe ao medo dos ventos; e a intervenção salvadora de Jesus a favor de Pedro é um sinal da redenção que Deus oferece à humanidade por intermédio do ministério de seu filho.

A narração desse milagre novamente enfatiza o messianismo de Jesus e relaciona tal afirmação teológica a várias intervenções divinas na história do povo de Israel. Como pano de fundo bíblico desse prodígio, devemos levar em consideração o seguinte: o povo de Israel havia atravessado o mar Vermelho em sua jornada para a terra prometida (Êx 14.1—15.21); e Josué, que liderara a entrada definitiva dos israelitas em Canaã, cruzou milagrosamente o rio Jordão, seguindo a mesma tradição de Moisés como líder do povo (Js 3.1-17).

O milagre de Jesus ao caminhar sobre as águas está integrado na tradição teológica de figuras messiânicas (ou seja, Moisés e Josué), que afirma serem capazes de atravessar corpos de água a fim de dirigir o povo de Israel à descoberta e ao deleite da vontade de Deus. Jesus, nesse sentido teológico e messiânico, vai além das ações de seus antecessores, porque ele não apenas atravessa o mar, como também caminha sobre as águas, que representavam o caos antagônico à vontade divina. O mestre da Galileia, de acordo com essas histórias miraculosas, conduz os discípulos e orienta as pessoas a atingir o propósito redentor de Deus para a humanidade.

A palavra de Jesus sobre os ventos e o mar também evoca os atos de criação no livro de Gênesis. De acordo com as primeiras narrativas bíblicas, a palavra criadora de Deus manifestou-se com autoridade em meio ao caos, pois *a terra era sem forma e vazia* (Gn 1.2). O caos primordial foi então total e radicalmente transformado em decorrência das instruções objetivas de Deus. A palavra divina foi a força fundamental no processo de criação. E Jesus, com sua voz de autoridade, continuou essa tradição de palavras transformadoras que fazem que os ventos e o caos sejam detidos.

Ao analisar os milagres de Jesus sobre a natureza, devemos também estar cientes da relação que mantêm com vários episódios importantes na vida dos profetas Elias e Eliseu. Para o povo de Israel, ambos representavam o ideal do testemunho profético, sendo símbolos supremos daquilo que Deus era capaz de fazer. Nessas narrativas, o poder divino sobre a chuva e as águas do rio se evidencia de forma irrefutável.

Elias, por exemplo, é lembrado nas Escrituras hebraicas por sua capacidade de fazer chover (1Rs 18.41-46) e também pelo poder de fazer parar a chuva e trazer seca sobre a terra (1Rs 17.1-7). E Eliseu, com sua força profética, fez flutuar milagrosamente um machado que havia caído no rio, apenas jogando um graveto no lugar onde o machado havia afundado (2Rs 6.1-8).

Na realidade, os milagres de Jesus sobre a natureza não apenas o vinculam aos líderes mais importantes na libertação do povo de Israel (Moisés e Josué), mas também o associam a dois dos maiores profetas bíblicos (Elias e Eliseu). Tais associações não são produto de jogos literários nem o resultado de causalidades temáticas, mas sim fazem parte de uma intenção teológica clara e definida.

Para os evangelistas, Jesus de Nazaré, o rabino galileu que ensinava por parábolas e também realizava milagres, libertava pessoas do mal e ressuscitava gente, é parte integrante da manifestação da vontade divina em meio à história do povo de Israel. Jesus é um novo tipo de Moisés e um novo profeta na tradição de Elias, pois ele possuía poder e autoridade sobre as águas, sobre os ventos e sobre as forças da natureza. Os evangelistas procuraram inserir Jesus e seu ministério na tradição de tais grandes líderes nacionais, a fim de demonstrar que não se tratava de um forasteiro incluído na narrativa, mas alguém que cumprira as expectativas messiânicas.

Os milagres com alimentos

O último grupo de milagres de Jesus que vamos analisar está relacionado com comida ou com bebida. São milagres que revelam as preocupações reais de Jesus diante de necessidades humanas específicas. O primeiro é conhecido como a multiplicação dos pães e peixes (Mt 14.13-21; Mc 6.30-44; Lc 9.10-17; Jo 6.1-15) e é o único milagre que está contido nos quatro Evangelhos. O segundo é tradicionalmente chamado de pesca milagrosa (Lc 5.14-10).

180   JESUS DE NAZARÉ

E, finalmente, a transformação da água em vinho (Jo 2.1-12). Cada uma dessas narrativas de milagres revela um componente notável e significativo do messianismo de Jesus.

O significado teológico e espiritual do milagre da multiplicação de alimentos fica patente ao se notar que, em João, o discurso que se segue ao prodígio apresenta Jesus como o pão da vida (Jo 6.25-59). A multiplicação dos pães e dos peixes, junto com o caminhar sobre as águas (Jo 6.16-21), é o contexto narrativo imediato que dá lugar a uma das grandes declarações teológicas do texto joanino: entre os grandes *Eu sou* que João coloca na boca de Jesus, destaca-se a afirmação *Eu sou o pão da vida* (Jo 6.35). A declaração situa assim o milagre em uma dimensão teológica especial, em uma esfera escatológica singular, em um ambiente messiânico significativo e em um contexto de transformação espiritual.

Já a narrativa nos Evangelhos sinóticos pode estar mais bem relacionada com a teologia da santa ceia, especificamente no que se refere ao entendimento que as igrejas cristãs primitivas desenvolveram em torno da eucaristia, pois Jesus "abençoou" e "deu graças" pelo alimento antes de multiplicá-lo. Se foram quatro ou cinco mil (veja, por exemplo, Mt 15.32-39; Mc 8.1-10) ou milhares mais de pessoas alimentadas, o verdadeiro componente do milagre que se destaca é o poder de compartilhar, o que fez que a comida sobrasse.

O milagre, no contexto sinótico, significa reconhecer a precariedade dos recursos humanos e afirmar as virtudes do poder divino que traz a abundância. Apenas com alguns poucos pães e peixes, uma grande multidão foi alimentada, e o que sobrou da comida foi guardado para uma ocasião futura. Após a alimentação das cinco mil pessoas, sobraram doze cestos de pão, ao passo que na narrativa de quatro mil comensais, foram sete cestos.

O milagre deve ser estudado também no contexto das atividades de Moisés no deserto, particularmente quando ele peregrinava com os israelitas pelo Sinai, depois de sair das terras do faraó do Egito. Além disso, deve ser compreendido à luz de um dos milagres realizados pelo profeta Eliseu.

Da mesma forma que Deus alimentou o povo que saiu do Egito com o maná que descia dos céus (Êx 16.1-36), Jesus alimentou seus seguidores de uma maneira extraordinária e milagrosa. Igualmente, como Eliseu alimentou cem homens com apenas vinte pães de cevada e trigo (2Rs 4.42-44), Jesus forneceu alimento não apenas para uma centena de prosélitos, mas sim para milhares deles. Em ambos os relatos, a comida que sobrou é um sinal claro e visível de que a ação divina traz mais do que abundância.

Curas e libertações **181**

Já a narrativa conhecida tradicionalmente como pesca milagrosa (Lc 5.4-10) apresenta um componente missionário muito forte, que se depreende do contexto literário e temático no qual o relato se encontra. Embora somente Lucas registre esse milagre, os demais sinóticos destacam o chamamento dos primeiros discípulos com a frase: *Vinde a mim, e eu vos tornarei pescadores de homens* (Mc 1.17).

Depois de tentativas infrutíferas de pescar a noite toda, a abundância de peixes antecipa o êxito do programa missionário das igrejas cristãs após a morte e ressurreição de Jesus Cristo. A justaposição desse milagre ao lado da convocação dos primeiros discípulos no evangelho de Lucas possui uma intenção teológica muito clara e definitiva: manifestar que Pedro e os demais discípulos chamados por Jesus teriam grande êxito em sua atividade apostólica.

Em João, esse milagre está incluído no rol de histórias posteriores à ressurreição de Cristo (Jo 21.4-14). A expressão reveladora desse novo contexto é a que identifica o número de peixes trazidos pela rede, 153, o que corresponde, de acordo com estudiosos de zoologia da Grécia antiga, ao número de tipos de peixes conhecidos. Dessa forma, a "pesca milagrosa" situa-se em uma esfera global, universal. Os peixes referem-se simbolicamente a toda a humanidade, destacando assim a missão global da Igreja.

O último dos milagres que vamos estudar é, na verdade, o primeiro de acordo com a ordem canônica do evangelho de João (Jo 2.1-12): a transformação da água em vinho. O contexto narrativo geral do milagre é um casamento em Caná da Galileia, possivelmente de um parente de Jesus. Foram convidados para a celebração não somente Jesus e Maria, sua mãe, mas também os discípulos. E sem muita introdução temática, a história relata que Maria se aproximou de Jesus e o avisou de que faltava vinho na festa. Não fica claro qual seria a responsabilidade específica de Jesus nesse casamento; se, por acaso, fizesse parte da família, era de esperar que oferecesse ajuda na celebração.

Jesus, de qualquer forma, transforma água em vinho, e a história revela alguns detalhes de grande significado teológico e espiritual: a primeira reação de Jesus foi a de alegar que ainda não havia chegado sua hora (Jo 2.4), o que nesse evangelho é uma forma figurativa de se referir à sua morte e, especificamente, à sua glorificação (veja, por exemplo, Jo 7.6,8,30; 8.20; 12.23; 13.1; 17.1). Nesse contexto específico, no entanto, é uma forma de indicar que ainda não era o momento de revelar sua verdadeira natureza messiânica.

Em seguida, Jesus mandou que os criados enchessem de água seis potes de pedra, os quais possivelmente eram utilizados nos rituais judaicos de purificação. Por meio do poder divino, os potes cheios de água transformaram-se em vinho — que o responsável pela festa avaliou ser de alta qualidade (Jo 2.10). Unem-se dessa forma os ritos de purificação, que ofereciam ao povo a felicidade de ser perdoado por Deus, com o vinho, agente de alegria em qualquer festa.

De acordo com o evangelista João, esse milagre fora o primeiro "sinal" produzido por Jesus. Dessa forma, de acordo com o evangelho, Jesus manifestava sua glória e poder. O milagre serviu para induzir a crença dos discípulos em seu mestre (Jo 2.11)! Ou seja, o sinal miraculoso da transformação da água em vinho teve o resultado imediato e concreto de encorajar a fé dos discípulos. Evidencia-se, portanto, nesse relato a relação íntima e significativa entre o milagre realizado por Jesus e o reconhecimento e a crença dos discípulos.

Nesse sentido, é de singular importância no evangelho do João descobrir o propósito teológico e espiritual das narrativas de milagres. Em João, os milagres apresentam um propósito claro: demonstrar o caráter messiânico de Jesus por meio de suas ações extraordinárias e redentoras em prol da humanidade. Eles são a evidência de sua missão, o testemunho de sua virtude, manifestações de sua autoridade, exemplos de sua capacidade e manifestações concretas de seu desejo de responder com poder às mais profundas necessidades humanas, através de palavras e ações que proporcionam cura, libertação e salvação às pessoas.

Os milagres e sua função teológica

Ao analisar o conjunto de testemunhos bíblicos que revelam as ações milagrosas de Jesus, descobre-se a grande intenção teológica das narrativas. O objetivo não era realizar um programa de relações públicas e *marketing*, para apresentar e destacar as tarefas educacionais e milagreiras do rabino galileu. Muito menos se pretendia usar a novidade desses eventos e atividades para pôr em destaque sua figura como taumaturgo eficaz ou curandeiro profissional. O objetivo era indicar, de forma reiterada e firme, que Jesus cumpria as expectativas messiânicas reveladas pelos profetas de Israel ao longo das Sagradas Escrituras judaicas.

Jesus, que participava dessa tradição profética na qual se incluíam especificamente Moisés, Josué, Elias e Eliseu, apresentava as seguintes funções messiânicas: capacidade de alimentar seu povo; poder para deter as forças da natureza que ameaçavam a segurança nacional; virtude para ouvir o clamor mais profundo e sincero das pessoas em necessidade (como enfermos

Curas e libertações

e endemoninhados); e sabedoria para responder à solidão, ao abandono e à incerteza de uma mulher viúva diante da perda do filho.

Os milagres não são espetáculos de poder, mas antecipações da era messiânica. Trata-se de manifestações prévias do que acontecerá com o advento do Messias. São revelações especiais que ensinam os discípulos e também as pessoas a respeito da natureza extraordinária e divina de Jesus de Nazaré. Os milagres, na verdade, também são ensinamentos e parábolas, que desvelam o verdadeiro caráter e a verdadeira natureza de Jesus como o Filho de Deus e o Messias esperado.

9

A paixão de Jesus

Subindo para Jerusalém, Jesus chamou os Doze em particular e no caminho lhes disse: Estamos subindo para Jerusalém, onde o Filho do homem será entregue aos principais sacerdotes e aos escribas, e eles o condenarão à morte e o entregarão aos gentios para que zombem dele, o açoitem e o crucifiquem; mas ao terceiro dia ele ressuscitará.

MATEUS 20.17-19

Os anúncios da Paixão

No estudo dos Evangelhos canônicos é muito importante observar que, ao final do ministério de Jesus na região da Galileia, tem início uma série de anúncios e presságios da paixão, morte e ressurreição de Jesus. Trata-se de narrativas de grande importância teológica e espiritual, pois ultrapassam os limites históricos e revelam a compreensão profunda que os evangelistas tinham do messianismo e da divindade de Jesus. Essa compreensão foi adquirida gradualmente ao longo do tempo e de reflexões, após a plena manifestação da glória divina, quando então os escritores entenderam, aceitaram e divulgaram as dimensões extraordinárias da vida e obra de seu mestre, rabino e líder.

Ao iniciar as narrativas sobre a última viagem de Jesus a Jerusalém, os evangelistas também incluíram um grupo de relatos e comentários que antecipam seu resultado final e definitivo. A palavra "paixão" em português origina-se do latim *passio*, que significa "sofrimento". A assim chamada "paixão de Jesus" refere-se aos sofrimentos e constrangimentos experimentados pelo rabino galileu em sua última estada na cidade de Jerusalém. A capital da Judeia não era apenas o coração do judaísmo de seu tempo e o fórum principal das atividades religiosas, por sediar o templo e sua infraestrutura de eventos litúrgicos, mas era também o centro do poder político de Roma na Palestina. Na realidade, o contexto básico da Paixão, de acordo com os Evangelhos canônicos, está relacionado com a dinâmica política, social, econômica e religiosa mais importante de seu tempo.

Uma simples catalogação dos materiais e informações encontrados nos Evangelhos deixa patente uma divisão em, pelo menos, três grandes blocos temáticos e literários. O primeiro refere-se aos relatos do nascimento de Jesus, que incluem, entre outros assuntos, as narrativas das revelações feitas a Maria e José, o nascimento de João Batista, e os episódios associados aos sábios que vieram do Oriente. O segundo grande bloco de narrativas inclui as parábolas, os discursos, os ensinamentos e os milagres realizados por Jesus. Por fim, encontramos nos registros dos Evangelhos as narrativas da Paixão, em especial as atividades fundamentais de Jesus durante sua última semana de vida.

Os relatos antecipatórios incluídos no registro da Paixão dos Evangelhos sinóticos indicam que Jesus avisara aos discípulos quais seriam o desfecho e o resultado final de sua visita à cidade sagrada de Jerusalém. De acordo com os textos, o Senhor anunciou publicamente que seria perseguido, preso e morto, mas acrescentou ainda que ressurgiria (consulte, por exemplo, Mt 16.21; Mc 8.27; Lc 9.22).

Essas passagens dos Evangelhos apresentam uma intenção teológica bem definida: desejam afirmar a natureza divina e messiânica de Jesus, enfatizar seu poder sobre a vida e a morte, e destacar o cumprimento de antigas profecias em seu ministério de pregação, cura, libertação e ensino. Mais do que histórica, a finalidade dessas narrativas é teológica, pois definem as atividades finais de Jesus do ponto de vista espiritual, em particular messiânico, como cumprimento das antigas profecias bíblicas.

As predições sobre a Paixão possivelmente começaram na região norte da Galileia, em Cesareia de Filipe, muito próximo de uma das fontes de águas principais que alimentam o rio Jordão (Mt 16.13-20; Mc 8.27-30; Lc 9.22-28). Os Evangelhos informam que Jesus se utilizou de tal contexto geográfico para explicar a seus discípulos que era necessário ir a Jerusalém, inclusive ao declarar que iria sofrer muito nas mãos dos principais anciãos, sacerdotes e escribas, razão pela qual seria morto para depois ressuscitar.

A resposta de Pedro diante do inesperado anúncio de Jesus foi de negação e rejeição; inclusive tentou convencer o mestre a evitar, e escapar de, tais eventos sinistros, dolorosos e adversos. Jesus, por sua vez, repreendeu-o duramente porque, afinal, tal desfecho fazia parte do plano divino para sua vida, incluindo

A paixão de Jesus

o sofrimento vicário, um assunto de grande importância teológica nos profetas (por exemplo, Is 52.13—53.12).

Rejeitar a paixão do Messias equivale a aceitar a vontade de Satanás no mundo, segundo os relatos dos Evangelhos. Os discípulos mais tarde expressaram a mesma atitude de incompreensão, assombro, preocupação e temor diante de anúncios similares da paixão de Jesus (Mt 17.22,23; Mc 9.31,32; Lc 9.44,45). Para os evangelistas, era muito importante contrastar a segurança messiânica de Jesus com a incredulidade e o temor humanos manifestados pelos discípulos.

No contexto íntimo de diálogo e reflexão com seus discípulos, Jesus lhes perguntou sobre a opinião que a comunidade fazia dele, desejando saber o que as pessoas pensavam de seus ensinamentos e pregações (Mt 16.13-20). Entre as respostas recebidas, havia as que o relacionavam a João Batista, Elias, Jeremias ou algum outro profeta. Pedro, com seu ímpeto e dinamismo — que funciona nesse relato como uma espécie de porta-voz — e representante do grupo dos discípulos, afirmou com coragem e segurança: *Tu és o Cristo, o Filho do Deus vivo* (Mt 16.16). Essa grande confissão teológica, carregada de significado e esperança, relaciona Jesus diretamente ao Cristo de Deus, o Messias esperado pela comunidade judaica desde os tempos antigos.

Dessa forma, os Evangelhos sinóticos associam os anúncios antecipatórios da Paixão à natureza divina e messiânica de Jesus. A importante confissão de Pedro enfatiza que Jesus cumpria uma função divina significativa, especial e extraordinária, coerente com a expectativa messiânica nacionalista da comunidade judaica. Não se tratava de mais um rabino proeminente, tampouco de um realizador de milagres qualquer, mas sim do Filho de Deus, do Cristo que inauguraria a época messiânica da história humana, conforme o testemunho dos Evangelhos sinóticos. Além disso, antecipava-se assim a importância que Pedro assumiria nas tarefas apostólicas decorrentes das várias comunidades cristãs primitivas que surgiram após a ressurreição de Cristo.

Um detalhe adicional de grande importância histórica e teológica é revelado nessas narrativas preditivas: Jesus era certamente o Messias, mas não entraria em Jerusalém de forma triunfante e política, como esperado pelo povo de Israel. Não haveria nenhuma libertação do jugo romano! A passagem refere-se à chegada de Jesus na cidade de Jerusalém com sofrimento, perseguição, dor, tortura e morte — condições que não eram, de fato, diferentes do entendimento tradicional judaico de uma manifestação triunfal do Messias político, redentor e restaurador de Israel.

Em Cesareia de Filipe, Jesus ordena aos discípulos, de acordo com Mateus, que não revelassem o segredo messiânico à comunidade em geral, instruindo-os também a respeito de algumas questões de grande valor ético, moral e espiritual: o custo do discipulado e a importância de manifestar na própria vida as virtudes espirituais, o compromisso ético e a seriedade moral. Esses princípios são essenciais para as pessoas que desejem seguir seus ensinamentos e exemplo. Na verdade, tal decisão poderia chegar ao martírio!

Um dos pontos culminantes das narrativas premonitórias da Paixão está associado à narrativa da transfiguração (Mt 17.1-8; Mc 9.2-8; Lc 9.28-36), que põe em evidência a natureza divina e messiânica de Jesus. Trata-se de um episódio especial e misterioso, no qual, em meio a uma extraordinária teofania, cheia de luz, esplendor e iluminação, Jesus aparece ao lado de Elias e Moisés, duas figuras de grande importância histórica e teológica no judaísmo.

Nesse esplendoroso momento de teofanias e personagens ilustres, ouve-se novamente, como no episódio do batismo (Mt 3.13-17; Mc 1.9-11; Lc 3.21,22), a voz divina que proclamava ser Jesus o Filho de Deus, em quem havia a satisfação divina por completo (Mt 17.5). Assim se corroborava a verdadeira natureza de Jesus por meio de uma voz celestial que o identifica de forma direta e clara.

O registro do evento é revelador, pois descreve imagens de grande importância e densidade teológica. Segundo Mateus, a iluminação divina faz que o corpo de Jesus se transforme e suas roupas fiquem brancas como a luz. Seu rosto, resplandecente como o sol, lembra Moisés após seu encontro com Deus no Sinai (Êx 34.29,30). Esses são sinais indiscutíveis de uma revelação divina significativa e extraordinária.

As figuras de Moisés e Elias no episódio representam a lei e os profetas, constituindo assim o fundamento bíblico e teológico da revelação divina ao povo de Israel. E a referência, no evangelho de Lucas, ao diálogo entre Jesus, Moisés e Elias (Lc 9.30,31) pode ser uma indicação de que a entrada do mestre em Jerusalém deveria ser entendida pelos discípulos como uma nova experiência de libertação, semelhante à saída do Egito. Segundo esse sentido profético, Jesus era um novo Moisés! Um novo Elias!

As predições sobre a paixão de Jesus preparam o caminho para as narrativas que finalmente descrevem seus últimos dias, suas atividades e discursos. Trata-se de relatos que revelam a reflexão teológica das comunidades primitivas em favor do messianismo de Jesus, demonstrando sem hesitação, sem medo, sem dificuldade, sem ambiguidade que Jesus era o Messias de Deus.

A paixão de Jesus **189**

Eles constituem declarações espirituais e interpretações teológicas que substancialmente complementam as histórias em torno da vida e do ministério de Jesus de Nazaré.

Para os evangelistas, as previsões da Paixão representam ao mesmo tempo provas indubitáveis de que Jesus era o Cristo, o Filho do Deus vivo, o Messias esperado, bem como o libertador e restaurador do povo de Israel.

Antes de chegar a Jerusalém

Os relatos dedicados aos dias finais de Jesus possuem um grande significado teológico e espiritual em todos os Evangelhos. Os Sinóticos preocuparam-se em destacar os acontecimentos da viagem desde as cidades da região da Galileia e Pereia, no norte, até chegar ao sul, a Jerusalém, na Judeia, havendo ainda uma importante estada em Jericó (Mt 19.1—20.34; Mc 10.46-52).

João indica de forma abreviada que Jesus chegara à Transjordânia, enquanto Lucas insinua que ele viajou através da região de Samaria (Lc 17.11), uma das possíveis rotas de viagem da Galileia a Jerusalém. A seção de Lucas que registra a última viagem de Jesus a Jerusalém é de vital importância, pois inclui uma parte fundamental de seus discursos sob a forma de parábolas, como, por exemplo, a da viúva e o juiz iníquo (Lc 18.1-8), e a do fariseu e o publicano (Lc 18.9-14).

A leitura das narrativas relacionadas à paixão de Jesus nos Evangelhos revela suspense, intriga, intensidade, gravidade e suspeita. Os evangelistas queriam transmitir principalmente dois ambientes simultâneos: a tensão crescente em Jerusalém com a chegada iminente de Jesus e seus companheiros, e a sobriedade e segurança demonstradas pelo rabino galileu diante das diversas situações enfrentadas. Na realidade, os evangelistas se aproveitam desse contexto final para apresentar vários dos discursos de Jesus de grande valor moral, teológico, ético e espiritual.

Um dos temas de grande importância teológica, especialmente levando-se em conta a tarefa apostólica a ser realizada pelas igrejas após a ressurreição de Cristo, está relacionado com os requisitos exigidos daqueles que desejavam entrar no reino de Deus. Somente as pessoas que manifestem atitudes características da infância são dignas de herdar o reino do céu! (Mt 19.13-15; Mc 10.13-16; Lc 18.15-17). O reino é dos meninos e meninas! Nem mesmo um jovem rico, que possuía capacidade econômica e social para alcançar seus objetivos, conseguiu responder de forma positiva a essa afirmação radical de Jesus: abrir mão de tudo o que tinha para seguir Jesus! A vida eterna é para aqueles que têm a capacidade e o desejo de deixar seus interesses terrenos e substituí-los pelos valores do reino (Mt 19.25; Mc 10.24)!

A caminho de Jerusalém, dois episódios adicionais merecem atenção especial por manifestarem um caráter simbólico. O primeiro é o pedido de Tiago e João, filhos de Zebedeu, que solicitaram formalmente um lugar de honra no reino vindouro de Jesus: queriam sentar-se um à direita e outro à esquerda de Jesus em sua glória (Mt 20.20-28; Mc 10.35-45)! A resposta do sábio rabino foi rápida: a única coisa que lhes poderia oferecer com segurança, nessa etapa do processo, era o cálice que ele beberia e o batismo como o qual seria batizado, uma forma metafórica de se referir às provações, ao sofrimento, aos desafios e à morte que o aguardavam. Não era, de fato, um panorama encorajador, um futuro desejável!

O segundo desses episódios significativos tem lugar na cidade de Jericó, um lugar de grande importância histórica e teológica na vida do povo de Israel. Localizada na planície do rio Jordão, a cidade era um oásis que servia de descanso para os viajantes antes de se chegar à cidade de Jerusalém. Foi ali que Jesus curou um homem cego de nome Bartimeu, que pedia esmolas pelo caminho (Mc 10.46-52; Lc 18.35-43). De acordo com Mateus, duas pessoas cegas foram curadas na ocasião (Mt 20.29-34).

A importância teológica do relato depreende-se da declaração cristológica feita pelo homem cego: *Jesus, Filho de Davi, tem compaixão de mim!* (Mc 10.47). O cego reconhecera a dimensão messiânica daquele que tinha a capacidade de curá-lo. Tal narrativa de milagre pretende destacar a natureza especial e messiânica de Jesus durante os dias que antecederam sua entrada em Jerusalém, quando, então, o povo o exaltaria com palavras semelhantes. Por meio dos lábios do cego é anunciada uma declaração cristológica de grande importância, a qual mais tarde se repetiria na entrada triunfal em Jerusalém: Jesus, o Messias, procedia da tradição de Davi (Mt 21.9; Mc 11.10).

A chegada de Jesus em Jerusalém

A importância da chegada final de Jesus em Jerusalém torna-se patente pelo fato de os quatro Evangelhos registrarem o evento de forma ampla e detalhada (Mt 21.1-11; Mc 11.1-11; Lc 19.28-40; Jo 12.12-19). A chegada e a entrada, por sua vez, apresentam aspectos públicos e particulares de acordo com a leitura dos relatos bíblicos.

Ao sair de Jericó, Jesus, em primeiro lugar, passa pela cidade de Betânia para, em seguida, dirigir-se à aldeia de Betfagé, chegando enfim ao monte

A paixão de Jesus **191**

das Oliveiras. Neste último, onde também está o jardim de Getsêmani, Jesus organiza sua entrada na cidade de Jerusalém, segundo nos revelam os registros dos Evangelhos. Sua entrada está cheia de gestos e simbologias de grande significado teológico e espiritual.

Os evangelistas, dessa forma, relacionam o ministério de Jesus com o dos antigos profetas de Israel, que transmitiam suas mensagens não apenas por meio de palavras, mas também por ações simbólicas. A importância do evento era tamanha que somente palavras não poderiam transmitir a profundidade e amplitude da mensagem. Por esse motivo, a comunicação não apenas foi verbal, como também figurada, pictórica, simbólica, encenada, dramatizada.

No que diz respeito à redação dessas relevantes narrativas, é muito importante compreender que elas procedem de uma reflexão teológica madura e da esperança dos crentes; são, portanto, o resultado das interpretações e da compreensão dos evangelistas. Estes compreenderam que os atos e as decisões de Jesus durante sua última semana ministerial em Jerusalém foram provas convincentes e indubitáveis de seu messianismo e de sua missão salvadora. Mas a obra redentora de Jesus, de acordo com os Evangelhos, não se destina apenas ao povo de Israel, mas também a toda a humanidade.

Antes da entrada na cidade propriamente dita, os Evangelhos apresentam vários episódios de grande valor teológico, que devem ser entendidos de uma perspectiva profética. A organização da última entrada em Jerusalém, segundo as narrativas canônicas, está cercada por expressões nacionalistas e saturada de manifestações públicas, mostrando a esperança messiânica do povo. A leitura dos relatos revelam, por exemplo, a natureza das exclamações, as implicações das expressões e das expectativas cristológicas da comunidade judaica.

As narrativas que apresentam a entrada triunfal em Jerusalém incluem várias instruções específicas de Jesus a seus discípulos e também respostas a possíveis perguntas que talvez tenham podido fazer-lhe. O rabino galileu pediu para lhe trazerem um jumentinho que ainda não tivesse sido montado por nenhum homem e montado nele entrou na cidade. A multidão que o seguia passou então a depositar seus mantos pelo caminho junto com ramos recém-cortados nos campos, revestindo o chão pelo qual Jesus passava, enquanto as pessoas exclamavam: *Hosana! Bendito o que vem em nome do Senhor! Bendito o reino que vem, o reino de nosso pai Davi! Hosana nas alturas!* (Mc 11.9b,10).

Dessa forma, a narrativa revela seu verdadeiro propósito e manifesta sua natureza profunda: Jesus é visto como o Messias esperado da casa de Davi, como o rei anunciado pelos profetas. O evento é compreendido em conformidade

192 JESUS DE NAZARÉ

com a tradição das profecias bíblicas que previam a chegada do ungido de Deus para restaurar o povo de Israel. No contexto específico do primeiro século cristão da Palestina, isso equivalia ao fim da ocupação ingrata, implacável e hostil do império Romano. Jesus entrou assim em Jerusalém como um rei, com a autoridade moral conferida por seu ministério docente e com a aclamação esperançosa do povo carente.

Mateus é explícito em sua exposição e compreensão do acontecimento, interpretando os gestos de Jesus e a reação popular como o cumprimento expresso de uma antiga profecia de Zacarias: *Dizei à filha de Sião: Eis que o teu Rei vem a ti, humilde e montado num jumento, num jumentinho, cria de animal de carga* (Mt 21.5; Zc 9.9). Semelhante entrada na cidade revela para Mateus o verdadeiro propósito redentor de Jesus e sua singular natureza divina. Jesus é o enviado de Deus capaz de cumprir as profecias messiânicas na história de Israel.

A mesma compreensão profética dos eventos narrados também fica patente quando Jesus expulsa os cambistas e vendedores do templo (Mt 21.12-17; Mc 11.15-19; Lc 19.45-48; Jo 2.13-23) — um gesto simbólico que possui um importante fundamento bíblico. O templo deveria ser o centro da piedade diante de Deus, e não um lugar para ladrões extorquirem as pessoas. Essas ações de Jesus são interpretadas pelo evangelista como parte do processo de purificação do templo, que incluía eliminar as ações impróprias de pessoas inescrupulosas, além de acabar com a dinâmica econômica e social que desonrava e ofendia os propósitos espirituais e santificadores do lugar.

De acordo com o profeta Isaías, o templo na era messiânica se tornaria a casa de oração para todos os povos e nações (Mc 11.17; Is 56.7). Jeremias, em sua mensagem firme e resoluta a respeito da natureza e dos propósitos do templo (Jr 7.11), repreende os líderes religiosos que haviam transformado tal lugar sagrado em um antro de ladrões.

É importante notar que, nesse contexto de significativas ações proféticas, Jesus cura cegos e mancos que se aproximavam do templo, de acordo com as narrativas de Mateus (Mt 21.14). Tais curas são sinais claros e visíveis da vinda do Messias (Is 61.1-5)! A narrativa destaca então o poder de Jesus sobre as autoridades religiosas e o templo. Ao mesmo tempo que o mestre entrava na cidade como rei e limpava a corrupção do templo, ele manifestava seu poder de cura. Essas eram demonstrações visíveis da chegada do Messias!

A maldição da figueira (Mt 21.18,19; Mc 11.12-14,20-26) constitui uma narrativa teologicamente complexa que deve ser analisada e entendida dentro da mesma tradição profética e simbólica. Assim, podemos associar a planta maldita aos líderes do povo de Israel que haviam falhado em sua vocação redentora, para a qual Deus os chamara. Eles não produziram os resultados esperados! Em resposta à falta de resultados salvadores, o próprio Deus decidiu amaldiçoá-los.

A interpretação desse sinal profético feita por Marcos incorpora três valores fundamentais para o desenvolvimento de uma vida religiosa saudável e estável: a fé, a oração e o perdão (Mc 11.20-27; Mt 21.19-22). A vida cristã, de acordo com Marcos, exige a plena manifestação desses princípios espirituais e estilos de vida.

A mensagem da destruição do templo requer uma análise sóbria e estudada para seu entendimento (Mt 24.1-28; Mc 13.1-37; Lc 21.5-24). Tal mensagem de natureza eminentemente apocalíptica é proferida alguns dias depois de Jesus haver chegado à cidade e ter exposto alguns temas de importância teológica, como, por exemplo, sua autoridade (Mt 21.23-27; Mc 11.27-33; Lc 20.1-8), os impostos (Mt 22.15-22; Mc 12.13-17; Lc 20.20-26) e a ressurreição (Mt 22.23-33; Mc 12.18-27; Lc 20.27-40), e de ter ensinado algumas parábolas significativas, como, por exemplo, a dos lavradores malvados (Mt 21.33-46; Mc 12.1-12; Lc 20.9-19). O contexto literário e temático da mensagem situa-se no fato de os discípulos terem perguntado diretamente a Jesus quando ocorreria a destruição do templo, pois não ficaria "pedra sobre pedra" do imponente edifício.

A resposta de Jesus, comumente conhecida como o "apocalipse sinótico", é essencialmente um sermão escatológico, uma mensagem sobre o fim do mundo e dos tempos. As palavras de Jesus, de acordo com os Evangelhos, foram proferidas no monte das Oliveiras, um importante centro de operações de Jesus e seus discípulos naqueles dias. A mensagem está repleta de imaginação profética e linguagem figurada e simbólica, uma característica da literatura apocalíptica da época. Seu objetivo fundamental é alertar os fiéis acerca do tempo do fim, que era uma forma de incentivar a esperança.

A análise do discurso identifica pelo menos três questões de grande importância teológica. A primeira identifica os problemas e as tribulações associados ao período de julgamento e de crise, que antecedem o fim dos tempos. A segunda trata da consumação da história. Articula-se o fim do tempo presente, a era final e definitiva da humanidade. A terceira questão exige protagonismo e dimensão nova: a importância de estar preparado e alerta para perceber a manifestação de uma série de sinais que anunciam os dias finais.

A leitura atenta dessas mensagens, conforme os Evangelhos, pode revelar não apenas a intuição profética e a sabedoria política de Jesus, mas também falar da influência dos acontecimentos ocorridos na Palestina em meados do primeiro século cristão, em particular do ocorrido na região da Judeia e na cidade de Jerusalém por volta do ano 70 d.C. Naquele período, os exércitos romanos destruíram Jerusalém e o templo, como resposta firme e definitiva às insurreições políticas, às revoltas armadas e aos levantes populares de vários grupos de judeus. Diante das reações combativas à ocupação romana, o império Romano despejou toda a sua fúria e poder contra a cidade de Jerusalém, suas instituições e seus cidadãos.

Entre os temas especificamente expostos nessa mensagem, destacam-se, pela importância imediata a seus seguidores, os seguintes: a guerra generalizada, a perseguição aos discípulos, a profanação do templo e o aparecimento de falsos profetas e messias. A imagem projetada é de anarquia e destruição; de desesperança e crise; de angústia e desolação; no entanto, tais calamidades não seriam a palavra final de Deus para a humanidade. Os cruéis acontecimentos são apenas o preâmbulo da manifestação definitiva do Messias, pois o Filho do homem voltará triunfante, com toda a sua glória e esplendor, para reunir seu povo espalhado ao redor do mundo. A atmosfera emocional que se pressupõe nessa mensagem é de expectativa e urgência, pois os eventos estão prestes a acontecer, embora sua data exata seja desconhecida.

O tema da urgência e vigilância que as pessoas de fé precisam demonstrar em meio a todas as dificuldades apocalípticas é enfatizado em duas parábolas que dão continuidade ao discurso: a das dez virgens (Mt 25.1-13) e a dos talentos (Mt 25.14-30). A exortação é clara e firme: manter a fé e a segurança, além de permanecer alerta à chegada iminente do fim dos tempos. Portanto, a esperança é um valor teológico fundamental, que deve identificar e interpretar os sinais que se manifestam no decorrer da história humana.

A última ceia da Páscoa com os discípulos

À medida que os dias passavam e especialmente após a entrada de Jesus em Jerusalém, quando os sentimentos nacionalistas e o espírito messiânico do povo atingiram proporções elevadas, aumentavam a tensão política e o clima de insegurança na cidade. A festa da Páscoa, celebração que relembra a libertação dos israelitas do Egito (Êx 12.1-27), estava próxima, e os sacerdotes, escribas e anciãos se reuniram no pátio da casa de Caifás, o sumo sacerdote, para responder ao desafio que Jesus de Nazaré representava para a cidade.

A paixão de Jesus

Eles decidiram prendê-lo por meio de subterfúgios e depois matá-lo, embora tenham decidido não fazê-lo durante a Páscoa, a fim de não incitar as pessoas e gerar mais tensão e ansiedade (Mt 26.1-5; Mc 14.1,2; Lc 22.1,2; Jo 11.45-53).

Uma narrativa de grande importância teológica nos evangelhos de Mateus e Marcos tem como pano de fundo a comunidade de Betânia, poucos dias antes da prisão final de Jesus (Mt 26.6-13; Mc 14.3-9). Uma mulher, de acordo com o relato bíblico, derramou azeite sobre a cabeça de Jesus num gesto que provavelmente evoca a unção de reis e sacerdotes nos tempos antigos (Êx 40.13-15; 1Sm 10.1-6; 1Rs 1.1-39). Além disso, era um ato simbólico que preparava Jesus para sua sepultura, de acordo com os costumes funerários da época. Dessa forma, os Evangelhos indicam que Jesus era o rei ungido por Deus, embora também predissesse sua morte iminente.

Os evangelhos de Lucas e João também registram o episódio, mas o incorporam em diferentes contextos literários, temáticos e históricos. Lucas indica que Jesus foi ungido por uma mulher pecadora no início de seu ministério na Galileia (Lc 7.37-50). Com relação a esse relato, é importante indicar que não há nenhuma razão textual ou exegética para identificar a mulher com Maria Madalena. A identificação errônea não procede da época apostólica, mas foi posteriormente desenvolvida na história da Igreja.

João, que explicitamente identifica a mulher com Maria, irmã de Lázaro, registra que ela ungiu os pés, e não a cabeça, de Jesus, a fim de destacar não os aspectos messiânicos e reais, mas sim o tema da morte, pois a unção nesse caso era claramente destinada a seu sepultamento (Jo 12.7). Portanto, o evangelista realça a preparação necessária para o fim que se aproximava de Jesus, motivo que exigia a unção.

Nessa atmosfera emocional e espiritual, os Evangelhos indicam que Jesus chegou para a última ceia de Páscoa de Jesus com os discípulos: ele havia sido ungido em Betânia, de acordo com Mateus e Marcos, enquanto Judas tomara a decisão de trair seu mestre e líder (Mt 26.14-16; Mc 14.10,11; Lc 22.3-6). Além disso, as narrativas, ao expor esses episódios significativos e finais de Jesus, preocupam-se em demonstrar que ele tinha consciência de seu destino e estava pronto para enfrentar a adversidade e a morte com segurança, valor e dignidade (Lc 22.22).

O evento foi realizado na noite anterior à sua prisão, no contexto das celebrações relacionadas com a Páscoa judaica. De acordo com os Evangelhos sinóticos (Mt 26.17; Mc 14.12; Lc 22.7,8; 22.15), a ceia incluía o cordeiro pascal, componente especial e indicativo que se tratava da celebração da Páscoa. Nos Evangelhos, o importante não era descrever o cardápio do jantar, mas destacar as palavras e ações de Jesus durante a celebração.

Os autores bíblicos possivelmente desejavam afirmar com essas histórias o elemento eucarístico do evento, pois Jesus era o substituto do cordeiro pascal e se entregava em sacrifício para o bem de seus discípulos e da humanidade. Tal interpretação teológica baseia-se principalmente na análise das palavras que Jesus usou durante a ceia: *isto é o meu corpo* e *isto é o meu sangue* (Mt 26.26,28).

Devemos também levar em conta, no que diz respeito a tais relatos, que o ato de "dar graças", que em grego é *eucaristia*, situa a refeição pascal num plano teológico especial. Jesus acrescenta ainda que ele não iria celebrar novamente a Páscoa até a chegada do reino de Deus (Lc 22.15-18), o que converte o ato em um evento significativo, uma antecipação teológica e espiritual do banquete escatológico do final dos tempos.

Uma leitura detida e atenta desses episódios nos revela também que Jesus, de acordo com os evangelistas, se refere ao sangue da aliança e também acrescenta que se trata de uma nova aliança (Mt 26.28; Mc 14.24). A referência direta à aliança relaciona a ceia com a revelação divina no Sinai, pondo em evidência a figura de Moisés (Êx 24.8). Já a alusão à nova aliança está associada ao profeta Jeremias, que profetizara que chegaria a hora em que seria necessária uma nova aliança com o povo, no qual a lei divina fosse escrita não em tábuas de pedra, mas no coração das pessoas (Jr 31.31-34). Dessa forma, a última ceia de Jesus com os discípulos está diretamente relacionada às tradições da lei e dos profetas, aos pilares fundamentais do judaísmo existente no tempo de Jesus.

No evangelho de João, a ceia final de despedida de Jesus acontece antes das festas da Páscoa (Jo 13.1), e o elemento que se deseja destacar é a humildade de Jesus, que se põe a lavar os pés dos discípulos. Semelhante atividade era reservada aos escravos não judeus (Jo 13.5; 1Sm 25.41)! No entanto, a leitura teológica e a interpretação espiritual feita em João apresenta o verdadeiro significado da encarnação: Jesus oferece a seus discípulos um exemplo a ser seguido, um modelo da verdadeira natureza da liderança, a demonstração das características que devem ter as pessoas que seguem os ensinamentos de Jesus. O valor da humildade não é uma opção adicional no reino, mas sim um pré-requisito indispensável.

De particular importância é a interpretação que João faz da traição de Judas. Tal discípulo não apenas roubara os recursos do grupo e traíra seu mestre por

A paixão de Jesus

197

dinheiro, mas era também um agente do diabo, um representante das forças do mal (Jo 13.27). Essa interpretação teológica sobre Judas está sugerida na afirmação de que a traição era o efeito da "noite" (Jo 13.30), o que situa esse gesto infame como parte do mundo das trevas. Tratava-se de um ato tenebroso, misterioso, escuro.

Na ceia final de Jesus com os discípulos, João incorpora significativamente em suas narrativas três discursos de grande significado espiritual e valor teológico. As narrativas seguem o formato tradicional do quarto evangelho, no qual uma ação simbólica de Jesus é acompanhada por um ensinamento. O objetivo fundamental dessas histórias é apresentar aos discípulos a importância e as implicações de sua morte e ressurreição.

O primeiro discurso revela Jesus como o único caminho para o Pai (Jo 14.1-31), além de explorar o tema da promessa do Espírito Santo aos crentes. O segundo sermão, que se utiliza de uma linguagem simbólica particular, declara abertamente que Jesus é *a videira verdadeira* (Jo 15.1—16.33), uma imagem usada com frequência na Bíblia hebraica para descrever o povo de Israel (Sl 80.8-16; Is 5.1-7; Jr 5.9-11; 12.10,11; Ez 15.1-6; 19.10-14). O terceiro discurso, que se segue à última ceia, é uma oração de intercessão (Jo 17.1-26): Jesus ora ao Pai por seus discípulos e pelas pessoas que chegarem a crer em seu ministério através do trabalho dos discípulos. Os três discursos evidenciam a perspectiva teológica dos primeiros cristãos, que compreendiam e afirmavam a natureza messiânica de Jesus.

A agonia no jardim de Getsêmani

Depois da última ceia de Páscoa, que, de acordo com os Evangelhos, se realizou em Jerusalém, Jesus atravessou o vale do Cedrom para chegar ao monte das Oliveiras, especificamente no jardim de Getsêmani. O nome do lugar refere-se a uma prensa de azeite, ou olival, revelando a ideia física da força que se exercia sobre as azeitonas, algo que pode ser emocional e psicologicamente associado às experiências angustiantes e ao sofrimento de Jesus antes de ele enfrentar a tortura e a morte.

No caminho, Jesus alertou os discípulos de que se aproximavam conflitos e experiências tão intensos e difíceis que eles acabariam por abandoná-lo. Pedro respondeu na hora que não o negaria, mas Jesus o contradisse, dizendo que certamente o faria de forma repetida (Mt 26.33,34; Mc 14.29,30; Lc 22.33,34).

As narrativas procuram, por um lado, destacar a atmosfera de tensão e incertezas que envolvia o grupo de discípulos e, por outro lado, indicar que

Jesus possuía senso de direção e estava no controle do processo, dirigindo o desenlace dos acontecimentos. Aproximava-se a hora final de Jesus, e os evangelistas descrevem a natureza da crise, a extensão das dificuldades e a profundidade da dor.

Em meio aos relatos da Paixão, surge um episódio de simbolismo complexo e enigmático (Lc 22.35-38). Jesus afirma aos discípulos que eles devem se preparar para a perseguição e, com esse propósito em mente, recomenda: *quem não tiver espada, venda o seu manto e compre uma* (Lc 22.36). Talvez essa passagem revele a ironia e o sarcasmo do evangelista, pois, quando lhe mostram duas espadas, Jesus responde que "é o bastante". Que poderiam fazer duas simples espadas contra o poderio militar do império Romano?

A experiência de Jesus no Getsêmani é de intensa agonia, reflexão séria, meditação sóbria e oração profunda (Mt 26.36-53; Mc 14.32-42; Lc 22.39-46). Da perspectiva teológica, a oração no jardim é um marco histórico especial, um momento espiritual significativo, um instante intercessor importante. Já se aproximavam os processos de traição, prisão, tortura, julgamento e morte, os quais possuem um valor de extrema importância nos relatos dos Evangelhos. O propósito do Getsêmani é indicar claramente que Jesus se submeteu com humildade à vontade de Deus, enfrentando com temperança e coragem injustiças e violências, a fim de cumprir com os objetivos divinos.

De acordo com as descrições evangélicas, sua oração é intensa e profunda; sua invocação, sentida e densa. O suor do mestre aparece como grandes gotas de sangue, imagem que revela não só agonia pessoal, mas também a extensão da dificuldade e a natureza da crise. João não inclui esse episódio em suas páginas, pois prefere destacar o tema da agonia de Jesus na oração sacerdotal (Jo 17.1-26).

Enquanto Jesus vivencia semelhantes experiências de dor e de preocupações complexas e agônicas, os relatos nos informam que os discípulos dormiam: uma maneira de enfatizar a solidão de Jesus. Em outro lugar, um de seus seguidores, Judas, o traía por algumas moedas de prata. O ambiente é de caos, dor, insegurança, desespero, agonia, solidão, incerteza. Os evangelistas mostram assim que, diante da crise, Jesus estava sozinho.

Em meio a essa atmosfera de isolamento e inquietação, surgem os guardas do templo com alguns soldados romanos para prender o rabino galileu. Judas os havia conduzido ao lugar certo porque conhecia o local de encontro do grupo no monte das Oliveiras, o jardim de Getsêmani. A narrativa demonstra que, para os evangelistas, tanto as autoridades judaicas quanto as forças de ocupação romana foram responsáveis pelas injustiças cometidas contra Jesus. O conluio entre líderes religiosos e grupos políticos acabou resultando na prisão do mestre. Dessa forma, mais uma vez se destaca a mistura explosiva do poder religioso com o político.

O episódio do Getsêmani apresenta dois finais. No evangelho de João, um dos discípulos, Simão Pedro (Jo 18.10), saca sua espada e corta a orelha de um dos servos do sumo sacerdote. Em resposta ao ato de violência, Jesus ordena que não houvesse resistência ao desenlace final dos acontecimentos, pois estes representavam a vontade divina para sua vida. A reação violenta às agressões dos líderes judeus e das autoridades romanas, de acordo com esse relato, não era admissível. Por isso, Jesus curou o ferido.

Marcos, por sua vez, conta que um rapaz, que a tudo assistia apenas coberto com um lençol, fugira nu pelo jardim quando tentaram prendê-lo (Mc 14.51,52). Alguns estudiosos acreditam que talvez esse jovem fosse o próprio evangelista Marcos, incorporado assim de forma anônima à narrativa para certificar a veracidade dos fatos. Outros acreditam que a fuga do jovem fosse um sinal da chegada do Messias.

A figura de Judas nos Evangelhos é enigmática. Seu nome pode ter vários significados, pois, para alguns especialistas, "Iscariotes" significa simplesmente "homem de Quiriote", possivelmente uma localidade do sul da Judeia. Outros, no entanto, sugerem que a palavra se origina de uma raiz aramaica que significa "falso". Nesse caso, o próprio nome indicaria sua verdadeira natureza: a traição. O prenome "Judas" sugere que a personagem era procedente da Judeia ou que era judeu.

Os motivos que levaram Judas a trair e vender Jesus são muito difíceis de precisar, embora João explicitamente o denuncie como ladrão (Jo 12.6). Talvez tenha inicialmente seguido a Jesus na esperança de ver cumpridas as expectativas messiânicas dos zelotes, com a promoção de um movimento de resistência às forças de ocupação romanas. Quando compreendeu a plataforma messiânica pacifista do mestre, possivelmente tenha se desencantado e, por isso, o traiu.

A respeito do episódio de Judas, podemos ainda mencionar o seguinte: as trinta moedas de prata pagas em troca de Jesus era o preço tradicional de um escravo (Mt 26.15; Êx 21.32; Zc 11.12), e as duas versões de seu trágico fim, uma em que morre enforcado (Mt 27.5) e outra em que cai e arrebenta as entranhas (At 1.18,19), relacionam sua morte a duas personagens bíblicas nocivas e más (Aitofel, em 2Sm 15.31, 17.23, e Antíoco Epifânio, em 2Macabeus 9.7-9).

No livro de Atos, a morte de Judas também dá nome a um terreno em Jerusalém, o "Campo de Sangue" (1.19). Para o evangelista Mateus, no entanto, o nome se refere ao fato de os sacerdotes terem comprado um campo com o dinheiro da traição a Jesus (Mt 27.6,7). Nesse evangelho, também se faz a relação entre a compra do terreno com uma antiga profecia de Jeremias, embora a citação pareça relacionar-se mais adequadamente à mensagem de Zacarias (Zc 11.12,13).

Depois de preso, Jesus é levado ao palácio do sumo sacerdote, conforme relatam todos os Evangelhos canônicos (Mt 26.57; Mc 14.53; Lc 22.54; Jo 18.13). Apesar de Marcos e Lucas não mencionarem a identidade do líder judeu, Mateus expressamente o nomeia como Caifás. Para o evangelista João (Jo 18.19-24), Caifás parece ser o mesmo sumo sacerdote presente no processo judicial de Jesus; no entanto, ele é levado em primeiro lugar, após sua prisão, diante de Anás, o qual é mencionado com o mesmo título sacerdotal.

Essa ambiguidade na identificação precisa do sumo sacerdote em João pode dever-se a dois fatores básicos: em primeiro lugar, o longo período transcorrido entre os acontecimentos, por volta do ano 30 d.C., e a fixação dos relatos escritos para ser utilizados posteriormente na redação de João, após o ano 90 d.C. Além da distância temporal, podemos acrescentar que apenas nas primeiras seis décadas do primeiro século foram nomeados dezoito sacerdotes em Jerusalém. Anás, na verdade, foi uma das figuras mais influentes naquela região, uma vez que cinco de seus filhos e um genro acabaram ocupando o cargo de sumo sacerdote em um período relativamente curto. O responsável pelo julgamento de Jesus, de qualquer forma, deve ter sido Caifás.

Antes do início do processo judicial, os Evangelhos registram o cumprimento das palavras de Jesus a respeito de Pedro no jardim de Getsêmani. Em três ocasiões, Pedro negou abertamente Jesus perante as autoridades romanas e a comunidade judia em três ocasiões (Mt 26.69-75; Mc 14.66-73; Lc 22.54-62; Jo 18.25-27). A narração desses incidentes é muito bem feita, pois a tensão vai aumentando até atingir seu clímax, quando Pedro reconhece o erro e chora amargamente. Lucas destaca em seu texto o olhar que Jesus lançou a Pedro por sua atitude inadequada (Lc 22.61). Foi um olhar intenso, penetrante, perscrutador.

O objetivo teológico dessas narrativas é destacar a fragilidade e a humanidade de Pedro, uma vez que destaca o poder do arrependimento humano e as virtudes associadas com o perdão e a misericórdia divinos. Dessa forma, prepara-se o caminho para a importante responsabilidade e atividade que Pedro teria entre os apóstolos e as primeiras igrejas cristãs.

Os julgamentos injustos

A leitura cuidadosa das narrativas da Paixão revela que Jesus enfrentou dois julgamentos, ou pelo menos foi submetido a dois interrogatórios intensos, antes de ser sentenciado com a pena de morte. O primeiro julgamento, feito pelas autoridades judaicas (Mt 26.57-68; Mc 14.53-65; Lc 22.54,63-71; Jo 18.12-14,19-24), conduziu a um segundo processo diante de Pôncio Pilatos. O julgamento oficial romano (Mt 27.1-31; Mc 15.1-5; Lc 23.1-5; Jo 18.28-38) possuía toda a autoridade legal para sentenciar Jesus à morte. Os julgamentos ocorreram em uma atmosfera de grande animosidade para com o réu, no meio de uma série de processos confusos, injustos, irregulares, indevidos e ilegais. Uma trama havia sido preparada com antecedência para atingir o objetivo desejado pelas autoridades judaicas: culpar e assassinar Jesus de Nazaré!

Para estudar corretamente essa seção jurídica dos relatos dos Evangelhos, devemos tomar em consideração vários fatores fundamentais. Para começar, os evangelistas articulam dados da memória de tal evento de quatro perspectivas diferentes que, embora apontem para uma mesma direção temática, revelam diferenças de detalhes em razão dos diversos objetivos pretendidos. Além disso, a redação dessas histórias não ocorreu durante os acontecimentos relatados. A dolorosa lembrança dos episódios que compuseram o julgamento de Jesus transitou de uma fase oral para a literária, depois de anos de reflexão e transmissão. As diferenças, com efeito, entre o que conhecemos atualmente sobre o processo legal judaico e os diversos detalhes registrados nos Evangelhos sobre o julgamento de Jesus diante do sumo sacerdote podem ser explicadas dessa forma.

No que diz respeito à administração da justiça na época do Novo Testamento, é importante salientar que, embora o poder supremo residisse em Roma, às autoridades judaicas tinham sido delegadas certas responsabilidades. Os anciãos nas sinagogas mantinham jurisdição sobre os assuntos civis e religiosos, e tinham o poder de ditar sentenças de acordo com os crimes julgados. Em casos extremos, poderiam ordenar a excomunhão da sinagoga ou açoitar alguém.

O maior fórum judaico para assuntos legais e jurídicos era o Concílio ou Sinédrio, sediado em Jerusalém. Tal importante fórum jurídico era composto do sumo sacerdote, que o presidia, sacerdotes, escribas e anciãos.

O mundo jurídico em Roma era bem definido e estruturado, apesar de a justiça não ser aplicada com o mesmo rigor em todas as províncias do império.

202   JESUS DE NAZARÉ

Por não haver fiscais, as partes afetadas geralmente levavam o caso diretamente ao oficial romano da região, encarregado dos assuntos jurídicos. Esse juiz, que era o governador, atendia às partes, avaliava os argumentos, julgava o processo e, em seguida, decidia em nome do imperador.

Através das fontes sinóticas (Mt 26.59; Mc 14.55; Lc 22.66), sabemos muito bem que Jesus foi levado perante o Concílio ou Sinédrio, depois de ser preso no Getsêmani. Entretanto, como o poder e as responsabilidades desse juizado variaram ao longo dos anos, é possível que no primeiro século da era cristã ele não possuísse autoridade para aplicar a pena de morte, conforme indicado claramente por João (Jo 18.31). Essa era a maneira de explicar por que o processo de Jesus, que começara entre os líderes judeus, terminou no fórum romano.

O julgamento no Sinédrio deve ser cuidadosamente estudado à luz do processo legal judaico daquele tempo. De acordo com os relatos dos Evangelhos, o processo contra Jesus de Nazaré não seguiu as orientações rabínicas, em especial os regulamentos dos fariseus: a proibição explícita de processos legais realizados à noite, ou na véspera de datas festivas, nos sábados e durante a celebração de festas nacionais. Os julgamentos, inclusive, não poderiam ser feitos por grupos improvisados, devendo ser encaminhados por um tribunal formal a fim de que o processo tivesse validade. Alguns estudiosos dos antigos processos jurídicos judaicos afirmam que, ainda que nem todos esses regulamentos estivessem necessariamente em vigor na época de Jesus, revelam o desejo de justiça manifesto pela comunidade.

A acusação oficial contra Jesus, feita pelas autoridades judaicas e da qual foi considerado culpado, é de blasfêmia. Tal acusação, julgada como muito grave nos fóruns religiosos e legais, está relatada em todos os Evangelhos canônicos e relaciona-se diretamente às declarações de Jesus, segundo as quais ele era o Filho de Deus (Mt 26.65; Mc 14.62-64; Lc 22.69-71; Jo 19.7). Observe-se, no entanto, que, de acordo com as autoridades rabínicas da época, ninguém poderia ser considerado culpado da acusação se não houvesse mencionado explicitamente o nome santo de Deus (por exemplo, Javé ou Jeová, conforme as traduções em português), delito do qual não há provas nas Escrituras de que tenha acontecido.

Outra possível acusação contra Jesus por parte das autoridades judaicas pode ter sido sua mensagem a respeito da destruição do templo em Jerusalém (veja, por exemplo, Mt 26.60,61; Mc 14.57,58). A denúncia apoiava-se no depoimento de duas testemunhas, em conformidade com os requisitos do

A paixão de Jesus 203

processo legal, apesar de suas declarações serem descritas como "falsas" (por exemplo, Mt 26.60).

O julgamento diante de Pôncio Pilatos (Mt 27.11-14; Mc 15.1-5; Lc 23.1-16; Jo 18.28-38) segue as regras dos processos jurídicos romanos que conhecemos daquele período. Como era o procurador romano da Judeia (26-36 d.C.), com a necessária autoridade e o poder para aplicar as leis de Roma e manter a ordem na sociedade, o interrogatório foi conduzido em sua residência oficial como representante do império na região. Tratava-se possivelmente do antigo palácio de Herodes ou da chamada fortaleza Antônia.

Pilatos havia se transferido para Jerusalém durante a festa da Páscoa, entre outros assuntos oficiais, para ficar atento às possíveis reações nacionalistas e insurgentes do povo. As avaliações judaicas sobre a figura de Pilatos eram geralmente negativas, pois havia introduzido em Jerusalém os escudos romanos com figuras e imagens compreendidas pela comunidade local como idólatras, enquanto sua administração se apossara dos tesouros do templo a fim de custear a construção de um aqueduto e respondera com violência às insurreições judaicas. Com o tempo e como resultado dos confrontos e das execuções de samaritanos, foi deposto e chamado de volta a Roma.

O procedimento judicial presidido por Pilatos foi adequado aos padrões das leis romanas. Cumpriram-se os requisitos básicos de legalidade do império, oferecendo oportunidade para que os réus expusessem sua defesa e, ao mesmo tempo, permitindo aos acusadores apresentar seus depoimentos. Semelhante correção foi avaliada de forma positiva do ponto de vista cristão. O evangelho de João deposita toda a responsabilidade pela morte de Jesus nas autoridades judaicas; Marcos, por sua vez, apresenta Pilatos como uma pessoa imparcial no julgamento de Jesus.

Com relação a Pôncio Pilatos, é importante observar que vários grupos cristãos o respeitam por seu desejo inicial de evitar a crucificação de Jesus. Para a Igreja etíope e para a Igreja copta, de acordo com suas lendas e tradições, o governador romano é uma figura ilustre que mais tarde se tornou cristão e morreu como mártir. Os historiadores judeus, no entanto, apresentaram-no inflexível, intolerante, implacável, desumano, teimoso, violento, arrogante, assassino e corrupto.

Os acusadores de Jesus foram explicitamente os sumos sacerdotes, os anciãos e os escribas. De acordo com o testemunho das Escrituras, os fariseus parecem não ter participado ativamente desses injustos processos legais e judiciais. A acusação oficial não se relacionava a qualquer ato particular ou específico de Jesus, mas sim a ações que poderiam gerar sublevações, as quais, para as leis imperiais de Roma, eram evidentes ameaças à estabilidade e à segurança nacionais.

Além disso, os acusadores de Jesus agregaram as seguintes denúncias: a mensagem e as ações de Jesus haviam gerado no povo um despertar nacionalista; segundo os denunciantes, Jesus se opunha ao pagamento de impostos a Roma e havia se proclamado Messias, ou rei — o que era uma acusação muito grave, pois ameaçava o sistema imperial imposto à Palestina. O fundamento dessas incriminações estava na rejeição direta à autoridade do imperador, o equivalente a sedição e rebelião. Dessa forma, Jesus se transformava em um tipo de líder dos movimentos de resistência contra as forças de ocupação romanas.

A reação inicial de Pilatos foi de se isentar da responsabilidade e devolver o caso às autoridades competentes dos judeus (Jo 18.31). Como Jesus era procedente da Galileia, o processo foi transferido para o foro de Herodes Antipas, que estava em Jerusalém por ocasião da festa da Páscoa (Lc 23.7). No entanto, como o objetivo dos líderes judeus era matar Jesus, e a competência de seus tribunais não incluía o poder de impor a pena de morte, o caso voltou a Pilatos, que, nesse caso, se viu obrigado a tomar as decisões correspondentes.

Pilatos obedeceu aos procedimentos legais romanos para o tipo de caso criminal: permitiu ao réu responder às acusações e defender-se, algo que Jesus escolheu não fazer. Nesse contexto e de acordo com os relatos dos Evangelhos, os líderes judeus acusaram-no de traição a Roma e a César (Jo 19.12), uma acusação da maior gravidade política, a qual Pilatos não podia ignorar em virtude do potencial desestabilizador que manifestava.

Com referência a Pilatos e à maneira pela qual tratou Jesus, os Sinóticos registram um detalhe que não encontra corroboração fora do testemunho bíblico. Durante a festa da Páscoa, os governantes romanos, a fim de apaziguar os sentimentos nacionalistas que a celebração evocava, teriam por costume libertar um detento escolhido pelo povo (Mt 27.15; Mc 15.6; Jo 18.39).

A escolha popular recaiu sobre Barrabás em vez de Jesus, sendo isso muito significativo, pois Marcos e Lucas informam que ele fora encarcerado por motivo de insurreição (Mc 15.7; Lc 23.19). Semelhante informação a respeito de Barrabás, cujo nome significa "filho do pai", manifesta a atmosfera de tensão nacionalista que reinava em Jerusalém durante o julgamento de Jesus. As implicações teológicas do episódio são importantes: o povo deveria escolher entre Barrabás, o "filho do pai", e Jesus, o "Filho do Pai" — um detalhe linguístico de extrema importância.

Mateus inclui uma série de revelações que não devem ser ignoradas, pois fornecem aos eventos uma dimensão teológica muito clara. Por exemplo, a esposa de Pilatos havia tido um sonho revelador, em que Jesus aparece como um homem "justo", motivo que a levou a advertir o marido de ser cuidadoso com o processo (Mt 27.19).

Além disso, em Lucas, um soldado romano, diante da morte de Jesus, reconhece que um homem "justo" fora assassinado (Lc 23.47). A intenção profunda desses relatos é teológica: contrapor a justiça romana e judaica à verdadeira natureza de Jesus, que se fundamentava na justiça proveniente de Deus.

A via dolorosa

O caminho que levava da pretoria, ou residência oficial de Pôncio Pilatos em Jerusalém, até o monte Gólgota, onde ocorreria a crucificação de Jesus, ficou conhecida tradicionalmente como a *via dolorosa*. No entanto, o caminho específico que Jesus seguiu em seu suplício é difícil de ser determinado com precisão. O trajeto depende da exata localização da pretoria: Pilatos viveria nas instalações do antigo palácio de Herodes, o Grande, ou na fortaleza Antônia?

Dessa determinação geográfica deriva o caminho correto que Jesus percorreu com a cruz, pois, no caso da pretoria estar instalada na fortaleza ou torre Antônia, a *via dolorosa* seria então o caminho trilhado pelos peregrinos que se dirigem a Jerusalém desde o século IV.

O costume da época era que o condenado carregasse sua cruz até o local da execução. Na verdade, tratava-se de uma trave horizontal que seria fixada em uma árvore ou poste. Essa era uma maneira adicional de humilhar os condenados, além de ser uma advertência pública para se evitar crimes contra o império Romano, especificamente de rebelião e sedição.

No caso de Jesus, o procedimento de levar a cruz acrescenta um significativo componente teológico e missionário. Os Evangelhos sinóticos indicam que uma pessoa foi escolhida para ajudar Jesus com a cruz, um homem proveniente do norte da África, de Cirene, chamado Simão (Mt 27.32; Mc 15.21; Lc 23.26). Possivelmente se trata de um judeu daquela região, que havia chegado a Jerusalém por ocasião das comemorações da Páscoa.

A implicação teológica é que, no processo de crucificação, Jesus foi auxiliado por pessoas de outras latitudes, demonstrando assim a universalidade da mensagem evangélica. Talvez Simão e seus dois filhos fossem conhecidos nas igrejas, uma vez que são identificados apenas pelos nomes próprios (Mc 15.21).

Além disso, a história pode se relacionar com uma mensagem anterior de Jesus a respeito de cada um levar a própria cruz (Lc 9.23).

O chamado caminho da cruz culmina no Calvário, nome oriundo do hebraico e aramaico Gólgota, que significa "caveira", traduzido para o latim como Calvaria, do qual deriva a palavra em português. A origem do nome é incerta, embora possa estar associado ao tema da morte, conforme a função do local, que poderia ser muito bem representada por uma caveira. Com efeito, era o lugar das execuções ou talvez fosse simplesmente um cemitério (Jo 19.41).

Desde o século IV, a localização do monte Calvário foi identificada com o lugar onde hoje se encontra a Basílica do Santo Sepulcro, em Jerusalém. Na época de Jesus, havia ali uma pequena pedreira, fora das muralhas da cidade, sendo o local ideal para as execuções públicas. João (19.20) indica que a crucificação foi realizada fora da cidade, em consonância com as antigas práticas romanas de executar a pena de morte.

O ministério de Jesus sempre dedicou uma importante atenção às mulheres, um aspecto missionário que se manifesta em todos os Evangelhos, mas que se destaca em particular em Lucas. De acordo com esse evangelista, um grupo de mulheres identificado na história como "filhas de Jerusalém" acompanhou Jesus pela *via dolorosa*, chorando por ele e lamentando os eventos (Lc 23.27).

Com relação à atitude dessas mulheres, devemos observar que esse tipo de lamentação pública fazia parte dos costumes judaicos de sepultamento daquela época. Jesus não ignorou esse gesto de solidariedade, segundo o testemunho dos Evangelhos, e pediu-lhes que não chorassem por ele, mas por si mesmas e por seus filhos. Desse modo, Lucas compara a agonia e o sofrimento de Jesus com o julgamento divino que recairia mais tarde sobre a cidade. Trata-se de uma forma teológica de expandir as implicações da paixão de Jesus, quando num momento futuro se manifestaria o juízo divino sobre o povo.

Durante o caminho para o Calvário, as fontes evangélicas reportam que Jesus foi ultrajado, ferido e torturado. Junto com as chicotadas e os ferimentos pelo corpo, vinham as zombarias e os insultos do povo. Os evangelistas se esmeram em descrever a agonia de Jesus e a hostilidade dos carrascos, as dores do mestre galileu e as humilhações pelos espectadores, a humildade do rabino de Nazaré e a violência das testemunhas. O contexto emocional e físico da *via dolorosa* é de agonia, tortura, humilhação, violência extrema e morte.

O tormento infligido a Jesus se deu em dois níveis. O primeiro, cujo objetivo era causar uma espécie de punição, consistia em vários açoites antes de se liberar o detento (Lc 23.16,22); o segundo era um intenso processo de tortura que precedia as execuções (Mt 27.26; Mc 15.15). As descrições nos Evangelhos combinam com as torturas impostas pelo império Romano, de acordo com várias fontes literárias da época.

O relato das afrontas sofridas por Jesus revela uma intenção teológica de grande significado para seus autores. Os soldados escarnecem do supliciado por não desejarem reconhecer o poder messiânico de Jesus. O manto de cor púrpura representa as vestes utilizadas somente pelos imperadores e generais romanos (Mt 27.28); a coroa de espinhos alude às coroas imperiais de louros. Assim, para os evangelistas, os soldados zombaram da natureza real de Jesus. O grande paradoxo da crucificação: em nome do imperador romano, cuja natureza era humana, assassinava-se o verdadeiro monarca do mundo, Jesus, cuja natureza era divina.

As estações da Paixão

No percurso da *via dolorosa*, a tradição cristã identificou alguns lugares em que ocorreram momentos importantes da caminhada final de Jesus para o Calvário. Esses são geralmente conhecidos como "as estações da cruz", paradas obrigatórias para os peregrinos devotos que refazem o trajeto de Jesus desde o momento em que é condenado à morte até seu sepultamento.

A exatidão dos locais, o próprio caminho e a precisão dos acontecimentos são difíceis de determinar na atualidade. As estações da Paixão foram incluídas neste estudo apenas para destacar como as comunidades cristãs desenvolveram ao longo dos séculos sua piedade em torno dos lugares que lembram os momentos finais de Jesus. Os textos bíblicos encontrados ao lado das diversas estações não são corroborações históricas ou teológicas desses lugares, e sim guias para incentivar a devoção que propicia tais lugares santos.

Primeira estação: Jesus é condenado à morte (Jo 18.28).
Segunda estação: Jesus carrega a cruz (Jo 19.1,16).
Terceira estação: Jesus cai pela primeira vez (Lm 1.16).
Quarta estação: Jesus encontra Maria, sua mãe (Lm 1.16).
Quinta estação: Simão ajuda Jesus a carregar a cruz (Mc 15.21).
Sexta estação: Verônica enxuga o rosto de Jesus (Nm 6.25).
Sétima estação: Jesus cai pela segunda vez (Is 63.9).
Oitava estação: Jesus consola as mulheres de Jerusalém (Lv 23.28,31).
Nona estação: Jesus cai pela terceira vez (Sl 40.6).
Décima estação: as últimas cinco estações são lembradas na Basílica do Santo Sepulcro (Is 1.16).

Décima primeira estação: Jesus é pregado na cruz (Sl 21).

Décima segunda estação: Jesus morre no Gólgota (Mt 27.45).

Décima terceira estação: Jesus é retirado da cruz (Lc 23.53).

Décima quarta estação: Jesus é sepultado (Mt 27.59).

A última semana de Jesus

Para uma visão geral dos eventos durante a semana final de Jesus, foram relacionadas algumas de suas últimas atividades e experiências. A relação provém dos Evangelhos canônicos, que registram os eventos de diferentes perspectivas e finalidades teológicas. Sua inclusão nesta seção tem como objetivo único levar o leitor a ter uma ideia geral do que Jesus teria feito em seus últimos dias.

1. Entrada triunfal em Jerusalém: domingo (Mt 21.1-11; Mc 11.1-11; Lc 19.28-40; Jo 12.12-19).
2. Maldição da figueira: segunda-feira (Mt 21.18-21; Mc 11.12-14, 20-26).
3. Purificação do templo: segunda-feira (Mt 21.12,13; Mc 11.15-19; Lc 19.45-48; Jo 2.13-22).
4. Ensinamentos de Jesus no templo: terça-feira (Mt 21.28—23.29).
5. Unção de Jesus: terça-feira (Mt 26.6-13; Mc 14.3-9; Jo 12.1-8).
6. Conspiração contra Jesus: quarta-feira (Mt 26.14-16; Mc 14.10,11; Lc 22.3-6).
7. Última ceia: quinta-feira (Mt 26.17-29; Mc 14.12-25; Lc 22.7-23; Jo 13.21-30).
8. Oração sacerdotal de Jesus: quinta-feira (Jo 17.1-26).
9. Oração no Getsêmani: quinta-feira (Mt 26.36-46; Mc 14.32-42; Lc 22.39-46).
10. Prisão e julgamento de Jesus: sexta-feira (Mt 26.47—27.26; Mc 14.43-68; Lc 22.54,63-71; Jo 18.12-14,19-24).
11. Crucificação e morte de Jesus: sexta-feira (Mt 27.27-56; Mc 15.21-41; Lc 23.26-49; Jo 19.17-30).
12. Sepultamento de Jesus: sexta-feira (Mt 27.57-66; Mc 15.42-47; Lc 23.50-56; Jo 19.38-42).
13. Ressurreição de Cristo: domingo (Mt 28.1-10; Mc 16.1-8; Lc 24.1-12; Jo 20.1-10).

10

A crucificação de Jesus

Levaram, então, Jesus; e ele, carregando a própria cruz, saiu para o lugar chamado Caveira, que em hebraico se chama Gólgota. Ali o crucificaram juntamente com outros dois homens, um de cada lado dele. Pilatos ordenou também que se colocasse um letreiro sobre a cruz com esta inscrição: JESUS NAZARENO, O REI DOS JUDEUS.

João 19.17-19

A importância das narrativas da crucificação

A julgar pelo espaço que os Evangelhos canônicos dedicam ao tema da Paixão, em geral, e da crucificação, em particular, a narração dos momentos finais e agonizantes de Jesus deve conter o cerne da mensagem cristã. Sua importância histórica, teológica e espiritual também fica clara quando se estuda com atenção os relatos e se observa os detalhes. Por exemplo, é significativo e muito útil identificar as declarações teológicas que aparecem disseminadas nesses episódios, como também é crucial entender como toda a história de Jesus de Nazaré é interpretada e avaliada à luz dos acontecimentos relacionados com sua morte e ressurreição, bem como sua posterior aparição entre os discípulos.

Outro sinal fundamental que denuncia a importância teológica da crucificação nos Evangelhos está na correlação contínua e sistemática entre os vários incidentes em torno da paixão de Jesus e as diversas profecias veterotestamentárias. De acordo com Marcos, por exemplo, foi oferecido a Jesus vinho misturado com mirra, uma forma de narcótico que tinha a propriedade de aliviar as dores dos condenados à morte (Mc 15.23). Mateus, acerca desse episódio, associou-o ao Salmo 69.22 e transformou a mirra em fel, alterando seu significado de uma clara intenção paliativa para o aumento da hostilidade

210   JESUS DE NAZARÉ

contra o condenado (Mt 27.34). Já a referência em João quanto ao sorteio das roupas de Jesus entre os soldados se entende como o pleno cumprimento do Salmo 22.18. A respeito desse episódio singular, é importante observar que consta na literatura romana antiga que os carrascos podiam ficar com alguns dos pertences dos executados.

O fato de Jesus haver sido crucificado entre dois ladrões (por exemplo, Mc 15.27-28; Jo 19.18) — revelando historicamente a efervescência nacionalista do período e a rebeldia de um setor da sociedade judaica contra Roma — pode ser interpretado como o cumprimento de um dos poemas do Servo Sofredor do livro do profeta Isaías (Is 53.11,12). A referência às pessoas que zombavam de Jesus "meneando a cabeça", num gesto de escárnio e insulto (Mt 27.39; Mc 15.29), relaciona-se ao Salmo 22.8. Até mesmo palavras dos líderes judeus sobre Jesus em meio a seu suplício (Mt 27.43) também estão diretamente associadas ao Salmo 22, nesse caso especificamente ao versículo 9.

A íntima relação entre os acontecimentos da Paixão e seu cumprimento profético, que se manifesta de forma evidente nos Sinóticos, revela-se com ainda mais força em João (19.36). O fato de não ser preciso quebrar as pernas de Jesus (Jo 19.33) é cumprimento expresso de Êxodo 12.46, em que se esclarecem vários detalhes importantes a respeito do cordeiro da Páscoa judaica. A atitude do soldado romano que fere o lado de Jesus e de cujo corte flui água e sangue (Jo 19.34) — o que para a comunidade cristã primeva alude ao batismo e à eucaristia — para o evangelista era a atualização completa de uma profecia antiga e complicada de Zacarias (Zc 12.10).

Embora as narrativas da Paixão e morte de Jesus estejam saturadas de interpretações proféticas e referências teológicas, é muito importante salientar que o fundamento dos eventos é certamente histórico. A repetição dos temas e a reiteração dos eventos são indicadores importantes da natureza factual das histórias. Na verdade, a figura histórica de Jesus de Nazaré serve como base para todos os relatos, e é ela que sustenta as várias interpretações teológicas à luz dos objetivos de cada um dos Evangelhos canônicos.

A crucificação na Antiguidade

A crucificação tem uma origem oriental e era utilizada como pena máxima entre os persas, assírios e caldeus, bem como entre os gregos, egípcios e romanos. Ao longo da história, as maneiras de ser aplicada foram sofrendo modificações. A finalidade de melhorar o sistema era dupla: aumentar a dor da pessoa condenada e ampliar o poder de advertência para a comunidade. No início, tratava-se de um simples poste ao qual se amarrava o condenado. Posteriormente, fixou-se uma forca na parte superior do poste que suspendia o supliciado pelo pescoço, e, finalmente, adicionou-se uma viga transversal que forneceu ao poste da morte um novo aspecto sombrio e destruidor.

De acordo com a forma com a qual a viga transversal era colocada no mastro vertical, produziam-se três tipos diferentes de cruzes: a *decusata*, conhecida como a cruz de Santo André, que tinha a forma de um X. A *commissata*, que alguns chamam de cruz de Santo Antônio, e que se assemelha à letra T. E finalmente a *immisa*, tradicionalmente identificada como a cruz latina, que representa a forma mais tradicional.

A crucificação era uma pena capital que o império Romano aplicava somente a escravos, criminosos rebeldes e insurgentes. Não era aplicada a cidadãos romanos por ser considerada uma forma infame e vexatória de morrer. Além de servir para eliminar alguém que pusesse em risco a segurança nacional de Roma, a crucificação era uma forma pública de advertir e refrear as comunidades. Os condenados não apenas sofriam a dor física da tortura e as humilhações, como também ficavam expostos até a morte diante da comunidade e seus visitantes, perto dos portões da cidade ou em lugares de destaque, para transformar a execução individual em um ensino coletivo.

O império Romano utilizou repetidamente a crucificação como parte do sistema de repressão contra a comunidade judaica na Palestina. A história registra, por exemplo, que um dos governadores romanos na Síria, Quintílio Varo, executou em torno de dois mil judeus rebeldes no ano 4 a.C., como represália a uma de suas contínuas revoltas. Há registro histórico de apenas um rei judeu que tenha aplicado a crucificação, Alexandre Janeu, que em 90 a.C. mandou crucificar cerca de oitocentos opositores políticos.

O processo de execução tinha várias partes. Em primeiro lugar, após a sentença de morte, havia um período de intensa e contínua tortura, que começava com a flagelação. O procedimento destinava-se a destruir psíquica e fisicamente a pessoa condenada. A flagelação era, portanto, o primeiro suplício no processo de execução perpetrada pelo império Romano. A parte superior do corpo da vítima era despida, que ficava presa a um poste com as costas curvadas, para receber os açoites de forma contínua e impiedosa.

O instrumento usual para a flagelação era um tipo de chicote ou açoite curto, conhecido em latim como *flagrum* ou *flagellum*, constituído de várias cordas ou correias feitas de couro. Na ponta das cordas, fixavam-se pequenas bolas de ferro ou pedaços de osso de ovelha presos em intervalos.

Conforme os soldados golpeavam repetidamente e com força a vítima, as bolas de ferro provocavam feridas profundas, enquanto os ossos nas cordas arrancavam a pele e cortavam até os músculos. A tortura produzia bastante perda de sangue.

Em geral, após a flagelação continuavam os insultos, a humilhação e a zombaria em público. Os soldados aproveitavam a oportunidade para envergonhar intensamente suas vítimas. Uma coroa de espinhos foi colocada sobre a cabeça de Jesus, como uma insígnia sarcástica de sua realeza. É provável que essa coroa tenha sido feita de arbustos espinhosos muito comuns na Palestina, como o *Zizyphus* ou *Azufaifo*, também conhecido como *Spina Christi*, que apresenta espinhos largos, fortes, curvos e afiados. Além disso, no mesmo tom de escárnio, uma túnica foi colocada em seus ombros e um cajado, como emblemas da realeza.

À flagelação se seguia o desfile público até o local previsto para a execução, em que o condenado carregava a viga transversal, conhecida em latim como *patibulum*. Os braços da vítima eram em regra amarrados a essa trave durante o percurso.

Quando chegava ao local exato da crucificação, o condenado era literalmente erguido em seu *patibulum* e fixado no poste de execução, já preparado no lugar. Em seguida, pregavam-se os pés e as mãos, bem como os pulsos ou antebraços do executado não somente para fixá-lo com firmeza na cruz, mas também para aumentar a dor e dar início ao processo de morte pela dificuldade de respiração e o aumento da pressão em todo o corpo.

A pessoa crucificada geralmente carregava amarrada ao pescoço uma tabuleta que identificava a causa da pena de sua morte. Por vezes, havia até mesmo alguém que caminhava à frente do cortejo para anunciar em alta voz a chegada do condenado, revelando o crime cometido e explicando a razão de sua execução. Tratava-se de um método intenso não apenas para o sentenciado e sua família, mas também para a comunidade em geral, obrigada a testemunhar tais execuções macabras. Tratava-se de um espetáculo repleto de dor e ódio, angústia e ressentimento, sangue e hostilidade, violência e amargura.

Em algumas ocasiões, os romanos deixavam os corpos crucificados expostos às intempéries, a fim de que apodrecessem e servissem de advertência ainda mais forte para a coletividade. Além disso, os cadáveres se tornavam alimento para abutres e outras aves que se alimentavam de carniça, que nos tempos antigos era uma desgraça maior. Os corpos não eram pendurados tão alto na cruz para que também os animais selvagens, como os cães, os pudessem morder, destroçar e comer. O espetáculo era grotesco, mórbido e nefasto: tratava-se de uma forma de mostrar o pior dos recursos do império que estavam a serviço da morte.

O conhecimento que temos hoje da crucificação antiga aumentou consideravelmente com algumas descobertas arqueológicas muito próximas da cidade de Jerusalém. Em um túmulo do primeiro século da era cristã, foram encontrados os restos mortais de uma pessoa crucificada que ainda apresentava um prego de 11 centímetros atravessado no osso do pé. Alguns estudiosos acreditam ser de um dos combatentes judeus que participaram da revolta contra Roma no ano 6 d.C.

O cadáver foi enterrado de acordo com os costumes fúnebres da época, que incluíam, em primeiro lugar, colocar o cadáver no túmulo familiar para, depois de um ano, depositar os restos mortais num ossuário com a identificação da pessoa falecida. No caso mencionado, o executado se chamava *Yahohanan*, ou João, e junto a seus despojos se encontrava o corpo de um menino, provavelmente seu filho.

A morte de Jesus

Jesus foi forçado a carregar a cruz, como era o costume romano, desde o local da flagelação até o monte Gólgota ou Calvário. De acordo com vários estudos, a cruz completa poderia pesar cerca de 140 quilos, embora Jesus tenha levado apenas a mastro horizontal, que pesava entre 35 e 57 quilos. O *patibulum* foi colocado sobre a nuca e amarrado aos braços, sendo equilibrado em seus ombros. Apesar da grande debilidade causada pela flagelação e da dor de um fardo tão pesado, Jesus precisou andar meio quilômetro até chegar ao local do Calvário. Os estragos da tortura são corroborados pelas narrativas dos Evangelhos, que informam a necessidade de os soldados obrigarem Simão de Cirene, a atual Líbia, a ajudar Jesus com o transporte da cruz (Mc 15.21).

Com os braços estendidos, mas não tensos, os pulsos eram pregados no patíbulo ou a viga transversal da cruz. Os pregos tinham a cabeça de 1 centímetro de diâmetro e mediam de 13 a 18 centímetros de comprimento. Os pés eram fixados na parte da frente do poste também com pregos de ferro. É provável que os pés de Jesus tenham sido pregados separadamente.

Para o entendimento da morte de Jesus, devemos levar em consideração diversos fatores médicos de grande importância biológica. Em primeiro lugar, a violência da crucificação produz traumas múltiplos, que vão se desenvolvendo e complicando gradualmente desde o momento da flagelação até a crucificação em si. Além disso, precisamos compreender que o efeito imediato da crucificação no corpo, além de fortes dores nos braços e nas pernas, era a grave dificuldade causada nos processos normais de respiração, particularmente na dinâmica da expiração.

O peso do corpo, com os braços e os ombros estendidos, fazia que os músculos da respiração se mantivessem estáticos no estado de inalação, afetando negativamente o processo de expiração. Para conseguir respirar, Jesus precisaria apoiar os pés, tentar flexionar os braços e então relaxar o corpo para que a exalação ocorresse. O processo, entretanto, produzia uma intensa série de dores por todo o corpo. Além disso, câimbras contínuas, em razão da fadiga dos músculos, afetavam ainda mais a respiração. É possível que a razão médica para a morte de Jesus tenha sido a asfixia.

A interpretação teológica dessa execução possui uma grande importância nas narrativas da Paixão. Com o tempo, aqueles que acreditavam em Jesus como o Messias aguardado começaram a recordar e contar o que havia acontecido. No processo, interpretaram os eventos e os adaptaram às necessidades espirituais das igrejas.

Jesus, além de haver sido abertamente rejeitado pelos líderes religiosos de seu tempo, morreu sozinho, sem o devido acompanhamento de seus discípulos, razão pela qual o próprio Deus manifestou seu poder na terra para testemunhar que o indivíduo morto no Calvário era uma figura extraordinária e exemplar. De acordo com os Evangelhos, quando Jesus morreu na cruz, a própria natureza entrou em colapso, e o cosmos estremeceu. A terra foi coberta de trevas! Às 15 horas, o sol escureceu, e o véu do templo se rasgou (Lc 23.44,45)!

Do ponto de vista teológico, tais sinais maravilhosos foram uma espécie de retorno ao caos primordial da criação (Gn 1.1,2). Os fenômenos meteorológicos ocorridos também têm sido, por vezes, explicados como um eclipse solar. Trata-se de sinais extraordinários e cataclismos da natureza, em geral encontrados na literatura apocalíptica. Tais manifestações divinas mostram claramente a importância histórica e espiritual do evento. Os evangelistas declararam dessa forma que morrera o ungido de Deus, e toda a natureza, portanto, reagiu a tal acontecimento.

Com relação ao rompimento do véu do templo (Mt 27.51; Mc 15.38; Lc 23.45), foram sugeridas várias interpretações teológicas. Para alguns estudiosos, essa foi a forma de os crentes declararem que a era dos sacrifícios no templo havia terminado, pois, da perspectiva cristã, o último e o mais importante e eficaz sacrifício havia sido realizado com a morte expiatória, redentora e definitiva de Jesus. Além disso, o evento era símbolo de que Deus se encontrava agora completamente acessível às pessoas. Nem sacrifícios nem sacerdotes eram mais necessários para se chegar à presença de Deus (cf. Hb 9.11,12)!

Mateus também registra um terremoto no momento em que Jesus expirou (Mt 27.51-53). Tremores de terra eram símbolos de teofanias e manifestações extraordinárias de Deus na literatura bíblica (por exemplo, 1Rs 19.11,12; Ap 6.12). Esse potente terremoto, de acordo com o relato dos Evangelhos, abriu os túmulos dos santos, que conquistaram assim a oportunidade única de voltar à vida e caminhar pela cidade de Jerusalém. Segundo a literatura apocalíptica, a ressurreição dos mortos é um dos sinais da chegada do fim do mundo (Dn 12.2). Para Mateus, a morte de Jesus inaugurava a nova era do final dos tempos e da história. Os mortos que recobraram a vida consistiam num sinal antecipado da ressurreição de Jesus.

Não apenas a natureza reagiu perplexa diante da morte de Jesus, mas os próprios soldados romanos — representantes da ocupação militar e opressora do império e que, por sua vez, foram os responsáveis diretos pela morte de Jesus — reconheceram publicamente a importância do evento (cf. Mt 27.54; Mc 15.39; Lc 23.47). Enquanto em Mateus os soldados romanos se assustaram com o terremoto, em Marcos eles declaram ser Jesus o Filho de Deus, e Lucas registra que os soldados o creditaram como homem justo.

O exame meticuloso dos testemunhos bíblicos, a avaliação ponderada dos documentos das autoridades antigas, o estudo das datas de celebração da Páscoa e o auxílio de cálculos astronômicos sofisticados permitem-nos identificar com bastante precisão o dia da morte de Jesus: sexta-feira, 7 de abril do ano 30 d.C.

O sepultamento do corpo de Jesus

Os cadáveres dos executados pertenciam ao Estado; nesse caso, a Roma. Uma vez morto, o corpo de Jesus foi entregue pelas autoridades a certo José, um discípulo secreto e rico, membro do Sinédrio, natural de Arimateia, uma das cidades da região da Judeia (Mt 27.57,58; Mc 15.42-45; Lc 23.50-53; Jo 19.38). Se José não tivesse reclamado o corpo, seria muito possível que este fosse depositado numa vala comum que as autoridades romanas destinavam aos criminosos.

O corpo de Jesus foi levado para um túmulo novo, escavado nas rochas especialmente para José de Arimateia (Mt 27.60) e próximo ao local da crucificação. Uma vez depositado o cadáver no sepulcro, sua entrada foi selada com uma grande rocha, como fazia parte dos costumes da época, o que funcionava não apenas como proteção para o corpo, como também evitava que os olores do processo de decomposição se espalhassem pelo ambiente.

De acordo com Lucas, as mulheres que acompanhavam Jesus desde a Galileia permaneceram incólumes ao lado de Jesus durante a crucificação e posteriormente no sepultamento: elas testemunharam o funeral e como o corpo havia sido posto ali (Lc 23.56). No evangelho de João, destaca-se a figura de Nicodemos, outro seguidor secreto e influente de Jesus, que acompanhou José de Arimateia nas negociações legais com as autoridades competentes para autorizar o sepultamento adequado de Jesus (Jo 19.38-40).

Os procedimentos com o corpo de Jesus seguiram os tradicionais ritos fúnebres dos judeus da época. Em primeiro lugar, como manifestação de respeito e piedade, fechavam-se os olhos e a boca do falecido, segurando as mandíbulas com uma mortalha ao redor da face e amarrada no topo da cabeça. A barba e o cabelo eram penteados, lavando-se e ungindo o corpo com perfumes e especiarias aromáticas. Em seguida, o cadáver era vestido com uma túnica ou envolto em linho (Jo 11.44), para finalmente ser deitado sobre um banco de pedra.

De acordo com o testemunho dos Evangelhos, foram utilizados cerca de 33 quilos de aroma de mirra misturada com aloés. A impressão deixada por essa grande quantidade de unguento é que José de Arimateia e Nicodemos desejaram dar a Jesus o funeral digno de um monarca: aromas abundantes e uma tumba que nunca fora usada.

O episódio no qual se solicita a Pilatos que as pernas do condenado sejam quebradas, a fim de garantir que Jesus realmente havia morrido, é significativo. Os soldados romanos, já prontos para cumprir essas ordens, não precisaram fazê-lo porque perceberam, sem muita dificuldade, que Jesus já expirara. É muito provável que tais detalhes na narrativa demonstrem a preocupação das igrejas cristãs do primeiro século, e de seus líderes, de responder com inteligência aos argumentos de que Jesus na verdade não morrera. Marcos declara em duas ocasiões a morte de Jesus (Mc 15.37,39); João reafirma as mesmas informações sobre a morte do rabino galileu, confirmando o fato com um testemunho de grande confiabilidade (Jo 19.35).

A descrição dos jardins nas narrativas da paixão de Jesus possui um significado teológico especial. O processo começa no jardim de Getsêmani e culmina no horto ou jardim da sepultura (Jo 19.41). Esse recurso provavelmente representava para os evangelistas uma maneira figurada de se referir ao jardim do Éden, uma forma simbólica de dizer que, através da morte, Jesus restaurava a humanidade e lhe devolvia a capacidade de se relacionar novamente com Deus, de forma direta, simples e franca, conforme havia sido, de acordo com o livro de Gênesis, antes da desobediência e queda de Adão e Eva (Gn 1.1—2.25).

As sete palavras de Jesus na cruz

A seguir, relacionaremos as palavras ou declarações pronunciadas por Jesus na cruz. Tais expressões revelam suas diferentes reações diante da morte. Para se avaliar a gravidade dessas palavras, é necessário considerar a importância conferida na antiguidade às declarações proferidas por alguém antes de morrer: elas representavam os últimos desejos, os anseios mais significativos, os propósitos mais importantes. Eram, portanto, uma espécie de testamento!

No caso singular de Jesus, essas palavras ou declarações revelam as reflexões teológicas e as preocupações espirituais dos evangelistas, que depositaram nos lábios de Jesus enunciados teológicos de grande importância espiritual. De uma perspectiva histórica, é bem possível que, como bom judeu piedoso, Jesus estivesse recitando salmos em meio à agonia.

As "sete palavras" possuem um grande valor litúrgico e devocional, pois fornecem aos crentes um guia e orientações de como enfrentar as mais severas adversidades na vida:

1. *Pai, perdoa-lhes, pois não sabem o que fazem* (Lc 23.34).
2. *E Jesus lhe respondeu: Em verdade te digo que hoje estarás comigo no paraíso* (Lc 23.43).
3. *Vendo ali sua mãe, e ao lado dela o discípulo a quem amava, Jesus disse à sua mãe: Mulher, aí está o teu filho. Então disse ao discípulo: Aí está tua mãe* (Jo 19.26,27).
4. *E à hora nona, Jesus exclamou em alta voz: Eloí, Eloí, lamá sabactani?, que traduzido é: Deus meu! Deus meu! Por que me desamparaste?* (Mc 15.34; Mt 27.46).
5. *Depois, sabendo Jesus que todas as coisas já estavam consumadas, para que se cumprisse a Escritura, disse: Estou com sede* (Jo 19.28).
6. *Havendo provado o vinagre, Jesus disse: Está consumado* (Jo 19.30).
7. *Então, exclamando em alta voz, Jesus disse: Pai, nas tuas mãos entrego o meu espírito* (Lc 23.46).

218

JESUS DE NAZARÉ

Os evangelhos de Mateus e Marcos incluem a terceira palavra (Mt 27.46; Mc 15.34), de acordo com a ordem litúrgica tradicional, que é uma citação do Salmo 22. Embora a declaração transmita um profundo sentimento de abandono divino, a leitura do restante do poema enfatiza uma agradecida sensação de esperança e restauração, sendo assim uma declaração teológica que antecipa o triunfo final de Jesus sobre as forças da morte.

Três das declarações finais de Jesus encontram-se em Lucas e revelam o sentimento de Jesus em relação a seus carrascos, que é uma profunda manifestação de perdão e misericórdia (Lc 23.34). Além disso, suas palavras anunciam o perdão que beneficia o "ladrão penitente" ou "pecador arrependido" (Lc 23.43). Finalmente, Jesus expressou sua confiança total no Senhor, fundada no Salmo 31.5 (Lc 23.46).

João apresenta três palavras adicionais de Jesus na cruz. Em primeiro lugar, há uma manifestação de amor para com sua mãe, que não lhe permite ficar no abandono (Jo 19.26,27). A segunda palavra refere-se à sede de Jesus (Jo 19.28), que parece possuir um nível mais profundo e teológico, pois se relaciona com vários salmos que expressam sede de Deus (Sl 42.2; 69.4). A terceira das palavras finais de Jesus no Calvário é principalmente uma declaração de vitória e triunfo (Jo 19.30).

As profecias cumpridas com a morte de Jesus

A morte de Jesus foi pensada e analisada ao longo do tempo, pelos cristãos e pelas igrejas, como a plena implementação de uma importante série de profecias do Antigo Testamento. Os acontecimentos da Paixão foram revistos e reinterpretados à luz da fé no Cristo ressurreto, e tais convicções teológicas permitiram aos evangelistas a compreensão de uma importante série de oráculos que obtiveram seu pleno cumprimento com a morte de Jesus.

Cada um dos evangelistas tinha em mente um propósito definido ao selecionar, editar e redigir seus materiais. Tal finalidade estava intimamente relacionada com as necessidades concretas dos cristãos e de suas comunidades específicas. Para os Evangelhos e seus autores, a paixão de Jesus e particularmente sua morte constituem o pleno cumprimento das palavras proféticas enunciadas em tempos antigos a respeito do Messias de Israel.

Relacionamos em seguida diversos textos do Antigo Testamento cujas previsões, segundo os evangelistas, foram cumpridas na figura de Jesus, em especial através de sua morte.

- Salmo 22.16, em Marcos 15.24.
- Salmo 22.7, em Mateus 27.41,42.
- Salmo 22.18, em Lucas 23.34.
- Salmo 69.20,21, em João 9.28,29.
- Salmo 22.14, em João 19.34.
- Salmo 34.20, em João 19.32,33.
- Salmo 22.1, em Marcos 15.34.
- Salmo 31.5, em Lucas 23.46.
- Isaías 53.9, em Mateus 27.57,58,60.

Com base nessa breve lista, é importante observar a leitura cristã do livro de Salmos, sendo particularmente necessário, no caso, identificar a interpretação teológica, espiritual, profética e messiânica que é feita do Salmo 22.

Os significados da crucificação

Quando o Novo Testamento relata a crucificação, não se restringe exclusivamente ao sofrimento e à dor causada pela tortura e pelo martírio de Jesus, mas indica seu grande significado e interpretação teológica. A crucificação, em várias passagens neotestamentárias (por exemplo, 1Co 1.18), destaca a mensagem total, clara e plena da salvação para a humanidade por meio da morte e do sacrifício de Jesus de Nazaré.

As ações libertadoras e redentoras de Jesus pareciam uma loucura aos gregos, algo desvairado: o Messias, pensavam eles, não deveria morrer dessa maneira tão cruel e infame (1Co 1.23). Para a comunidade judaica, por outro lado, semelhante morte de Jesus era uma grave dificuldade ou um tropeço (Gl 5.11). Uma pessoa crucificada estava sob a maldição de Deus, pois seu cadáver permanecia exposto em lugar público (Dt 21.22,23; cf. 2Sm 4.12). Os judeus rejeitavam de modo absoluto a ideia de salvação por meio do sacrifício de Jesus na cruz (Gl 6.12; Fp 3.18).

Os cristãos, no entanto, viam na cruz e no sacrifício de Jesus a maior expressão da salvação de Deus (1Co 2.2). Ao levar todos os pecados na cruz (1Pe 2.24), Jesus sofreu a maldição que cabia à humanidade (Gl 3.13). Sua morte na cruz propiciou a reconciliação do povo e da natureza com Deus (Cl 1.20), assim como incentivou a reconciliação entre as comunidades judaicas e gentias (Ef 2.16).

A cruz de Jesus é também um símbolo da superação da velha vida. Pela união com Cristo, o crente participa não só da morte de Jesus na cruz (Rm 6.6), mas também de sua ressurreição. E, como resultado da intervenção redentora da parte de Deus e da resposta humana, os fiéis se tornam livres do domínio do pecado (Rm 6.11), do egoísmo irracional (Gl 2.20; 5.24) e das influências negativas do mundo ou da sociedade em que vivem (Gl 6.14).

Quando o evangelho nos convoca a tomar cada um sua cruz (Mc 8.34; Lc 9.23; 14.27), refere-se à imagem de um condenado carregando seu *patibulum* pelas ruas. Da mesma forma, as pessoas que desejarem seguir Jesus deverão compreender que serão objeto de desprezo, zombaria, humilhação e rejeição por parte da comunidade, além de renunciar aos próprios direitos, a fim de dar lugar à expressão completa e significativa da vontade divina.

As interpretações teológicas da cruz foram o fundamento para a criatividade teológica das igrejas cristãs do primeiro século. Uma vez superada a crise relacionada ao trauma da morte de Jesus, começou um novo período de criatividade teológica, de desenvolvimento literário e aplicação espiritual. Nesse amplo sentido espiritual, a cruz deixou de ser o lugar adverso de martírio, morte e desgraça, para converter-se no espaço divino destinado a revelar a salvação e a redenção da humanidade. A cruz não é, portanto, sinal de destruição e de angústia, mas sim o símbolo de esperança, restauração, vida, segurança e futuro.

11

A ressurreição de Cristo

No primeiro dia da semana, bem de madrugada, elas foram ao sepulcro, levando as essências aromáticas que haviam preparado. E encontraram a pedra do sepulcro removida. Elas entraram, mas não acharam o corpo do Senhor Jesus. E ficaram perplexas com isso. Então lhes apareceram dois homens com roupas resplandecentes. Elas ficaram com medo e abaixaram os olhos para o chão. E eles disseram: Por que procurais entre os mortos aquele que vive? Ele não está aqui, mas ressuscitou.

LUCAS 24.1-6A

As narrativas da ressurreição

Quando chegamos aos relatos da ressurreição, encontramos o centro da mensagem cristã. O Jesus histórico, o mestre e pregador da Galileia, assume uma nova dimensão. As interpretações teológicas se multiplicam, as reflexões espirituais aumentam e a criatividade literária atinge sua máxima expressão. Como os episódios do evento da ressurreição de Cristo transmitem valores éticos, ensinamentos espirituais e princípios morais de grande significado e importância, devemos proceder com grande prudência metodológica e sobriedade exegética.

Da leitura dos documentos bíblicos e extrabíblicos se infere que a ressurreição de Jesus não parece ter sido uma alucinação coletiva, causada pelo trauma e pela dor da crucificação. Os materiais estudados indicam que pessoas sérias, inteligentes, independentes e sóbrias deram testemunho fidedigno do que havia acontecido. Logo após a descoberta de que o túmulo onde o corpo de Jesus havia sido sepultado estava vazio, são relatadas várias aparições de Cristo a diferentes grupos de pessoas, tanto de maneira individual quanto coletiva. Assim, uma avaliação prudente de todas as informações tende a indicar que tais histórias possuem uma base histórica fidedigna

Segundo os documentos dos Evangelhos e também de acordo com outros relatos antigos, Jesus de Nazaré havia sido uma figura intensa, que provocava ao mesmo tempo admiração e rejeição, amor e ódio, simpatia e hostilidade, paz e violência, adesão e desconfiança. As multidões oprimidas e despossuídas o seguiam e aplaudiam, ao passo que os líderes políticos o temiam. Os doentes e endemoninhados o apreciavam e celebravam, mas as autoridades religiosas o perseguiam. Os discípulos e amigos o admiravam e desfrutavam de seus ensinamentos libertadores, mas seus inimigos o rejeitavam. Mulheres e crianças se surpreendiam com a deferência e o respeito de suas palavras e ações, embora os poderosos desafiassem suas mensagens.

Em meio a toda essa gama de reações positivas e negativas, executou-se a crucificação de Jesus, mantendo em suspense a comunidade. Os discípulos ficaram transtornados com a perda de seu mestre; o grupo de mulheres que o apoiava ficou desconsolado com a execução; os líderes judeus estavam preocupados com a rejeição popular por perseguirem o rabino galileu; enquanto as autoridades romanas mantinham-se em alerta contra qualquer surto de insurreição política e expressão de nacionalismo popular. Esse acúmulo de experiências políticas e sociais, de expectativas espirituais e religiosas, fez que Pôncio Pilatos enviasse um grupo de soldados para guardar o túmulo de Jesus e proteger o cadáver.

Apesar de os soldados não terem, de acordo com as narrativas bíblicas, em nenhum momento abandonado seu posto de guarda e observação, no primeiro dia da semana, ou seja, no domingo de manhã, o corpo de Jesus havia desaparecido. Aliadas a essa realidade simples e verificável, algumas histórias começaram a se espalhar na comunidade: o homem que fora assassinado apenas três dias antes havia aparecido a algumas pessoas.

A primeira explicação oferecida pelos anciãos judeus para o sumiço do corpo de Jesus foi que os soldados teriam cochilado e que os discípulos, em silêncio e sob o anonimato da noite, o haviam roubado. Uma versão alternativa para a compreensão do evento foi que, na verdade, Jesus ressuscitara, conforme havia previsto.

As explicações a favor da ressurreição de Cristo fundamentavam-se em várias provas, como, por exemplo, a descoberta do túmulo vazio, e também em uma série de visitas que o ressurreto havia feito a alguns amigos e discípulos, conforme testemunhos advindos de diversas mulheres e seguidores. Dessa forma, começara a se espalhar a grande notícia do evangelho: o Cristo de Deus havia ressuscitado! Os crentes e as igrejas afirmavam de modo unânime e inequívoco: Jesus de Nazaré era o Messias e, pelo poder de Deus, também era Jesus Cristo, o Senhor da Igreja e da história.

De fato, a evidência literária e a análise teológica das comunidades cristãs concordam em que Jesus de Nazaré ressuscitou dentre os mortos. Se esse é o caso, conforme claramente descrito nos Evangelhos canônicos e, por consequência, em todo o Novo Testamento, então Jesus, apesar de ter sido uma personagem histórica real, concreta e definida, não fora uma pessoa comum. Tratava-se de um homem com poder sobre a vida e sobre a morte. E esse tipo de pessoa é exemplar na história.

Por tais razões, que incluem a avaliação ponderada dos documentos dos Evangelhos, a análise detalhada do testemunho bíblico e extrabíblico de suas atividades e ensinamentos e o sóbrio estudo das narrativas que apresentam os episódios da ressurreição, os crentes começaram a reconhecê-lo, desde muito cedo na história, como Senhor e a se referir a ele como o Cristo de Deus, o Messias, o Filho de Deus, o Filho de Davi e Deus. Esses títulos cristológicos mostram distintas compreensões que tinham as primeiras comunidades cristãs de fé a respeito de Jesus.

Não podemos perder de vista que o fato básico dessas declarações, ou seja, a ressurreição de uma pessoa que havia sido executada à vista de toda a comunidade, era muito difícil de se acreditar, entender, comprovar e assimilar. O que aconteceu em Jerusalém com Jesus de Nazaré, naquele fim de semana, extrapolava o nível de compreensão dos discípulos, ia além da imaginação das lideranças cristãs iniciais e excedia os limites de conhecimento das primeiras comunidades de fé. O caso da atitude de Tomé (Jo 20.24-29) diante da ressurreição de Jesus põe em evidência a complexidade da notícia, as dificuldades de compreensão que havia sobre esses eventos e as reações naturais das pessoas em relação ao ocorrido: é preciso ver para crer!

Não existe evidência histórica anterior aos eventos relacionados a Jesus de que alguém, antes de morrer, tenha afirmado que posteriormente ressuscitaria, e depois tenha cumprido o previsto. O caso de Jesus é ainda mais complexo, porque sua morte implicava sérias questões sociais e religiosas: o crucificado era visto como maldito da parte de Deus. Havia um grande estigma social, moral e religioso que não permitia pressupor nem esperar algum tipo de intervenção positiva de Deus.

Do ponto de vista teológico, no entanto, a explicação para os acontecimentos estava em consonância com a história bíblica. Mais uma vez, o Senhor do povo de Israel, que era pródigo em libertações extraordinárias e espetaculares (veja, por exemplo, Êx 3—15), surpreendia a humanidade. O Deus dos patriarcas e das matriarcas, de Moisés, de Miriã e dos profetas, havia novamente interferido na história humana de uma forma redentora para fazer Jesus ressurgir dentre os mortos, para manifestar seu plano redentor e demonstrar seu compromisso com as pessoas feridas pelas várias forças que ofendem a imagem divina da qual compartilham os seres humanos.

Uma magnífica interpretação teológica de todos esses acontecimentos foi atribuída ao apóstolo Pedro no dia de Pentecostes. Em seu discurso explicativo sobre os milagres associados à descida do Espírito Santo, ele disse:

> *Jesus, o Nazareno, homem aprovado por Deus entre vós com milagres, feitos extraordinários e sinais, que Deus realizou entre vós por meio dele* [...]. *Deus o ressuscitou, quebrando as algemas da morte, pois não era possível que fosse detido por ela.* [...] *Foi a este Jesus que Deus ressuscitou; e todos somos testemunhas disso.* [...] *Portanto, toda a casa de Israel fique absolutamente certa de que esse mesmo Jesus, a quem crucificastes, Deus o fez Senhor e Cristo* (At 2.22-36).

De fato, o poder de Deus, de acordo com Pedro, converteu a morte de Jesus na ressurreição de Cristo. Dessa forma, vemos a passagem do Jesus histórico, que existiu na Palestina no primeiro século, para o Cristo vivo, cuja presença não está limitada pelo espaço, nem aprisionada pelo tempo.

O desaparecimento do corpo de Jesus

O que parece inegável, do ponto de vista histórico e teológico, é que o corpo de Jesus desaparecera do túmulo. Sabemos muito bem que, na manhã de domingo, de acordo com documentos disponíveis, as mulheres foram ao túmulo para continuar os costumes judaicos de sepultamento interrompidos com a chegada do sábado, e o corpo de Jesus não estava mais no lugar em que fora deixado inerte por apenas alguns dias.

De acordo com Mateus, na manhã de sábado, os líderes judeus, tanto os sumos sacerdotes quanto os fariseus, preocupados com o que poderia acontecer, dirigiram-se a Pôncio Pilatos para solicitar uma proteção especial ao túmulo de Jesus (Mt 27.62). O argumento básico para o pedido, segundo registrado em Mateus, era evitar o sequestro do cadáver e consequentemente que os seguidores de Jesus proclamassem que ele havia ressuscitado, conforme ele

A ressurreição de Cristo 225

previra. Portanto, o procurador romano acabou acatando a solicitação da liderança judia (Mt 27.65).

Nos Sinóticos, as narrativas da ressurreição destacam o trabalho das mulheres, que chegam preocupadas por não saber como ter contato com o corpo para cumprir os rituais funerários, uma vez que não haviam conseguido ajuda para remover a pedra da tumba. Para a resolução desse problema, Marcos relata que um grande terremoto e um anjo acabaram movendo a rocha. Diante dessa extraordinária manifestação do poder divino, os soldados ficaram aterrorizados (Mt 28.2-4). As mulheres então comprovaram que o túmulo estava vazio e recebem a visita de outros seres angélicos que confirmam a ressurreição de Jesus. Na história, esses mensageiros divinos exercem funções especiais: anunciam a ressurreição, orientam as mulheres e os discípulos sobre a importância do evento e explicam o que deveriam fazer em seguida.

A presença dos anjos nas narrativas fornece um sentido especial de teofania, revelação e misticismo. Os mensageiros estão vestidos de branco, um sinal tradicional da presença divina (Mt 28.3; Mc 16.5; Lc 24.4; Jo 20.12). De acordo com Mateus e Marcos, os anjos instruem as mulheres a avisar os discípulos de que Jesus os encontraria na Galileia. Lucas apresenta as aparições do Jesus ressurreto somente nas proximidades de Jerusalém. Mateus acrescenta que, ao encontrar-se com Jesus (Mt 28.9), as mulheres ajoelham-se para adorá-lo, como mais tarde fizeram os discípulos na Galileia.

Em João, quem recebe a tarefa específica de anunciar a notícia da ressurreição para os discípulos é Maria Madalena, que cumpre na íntegra a obrigação. De sua parte, Marcos descreve as mulheres com reações de medo e espanto quando se deparam com o evento da ressurreição. Como consequência de suas preocupações e medo, elas não falam com ninguém a respeito do ocorrido (Mc 16.8).

Para muitos especialistas, o evangelho de Marcos termina em 16.8, com a atitude temerosa das mulheres. A expressão de medo teria, então, a intenção de afirmar que a ressurreição de Jesus era definitivamente a chegada do tempo do fim, o que, segundo crenças populares judaicas, suscitaria uma reação humana de alarme e intensa preocupação.

Já a seção seguinte de Marcos demonstra o propósito singular de completar esse desfecho, pois adiciona elementos de grande significado teológico: a aparição de Jesus a Maria Madalena (Mc 16.9-11; Jo 20.11-18), sua revelação a dois discípulos (Mc 16.12,13), a comissão missionária aos apóstolos (Mc 16.14-18) e finalmente a ascensão de Jesus aos céus (Mc 16.19,20).

Trata-se de uma espécie de resumo das atividades de Jesus após a ressurreição, conforme descritas nos outros evangelhos e em Atos.

João apresenta os acontecimentos da ressurreição com uma finalidade teológica específica e sofisticada: destacar a questão do túmulo vazio. Maria Madalena é a única pessoa que se dirige ao túmulo logo de manhã, a fim de comprovar que a pedra fora removida e que o corpo de Jesus desaparecera (Jo 20.8). Em seu espanto, ela comunica o fato a Pedro, que, como de costume, se apressa a confirmar a informação e se conscientiza das implicações especiais daquele evento.

Dessa forma, Maria Madalena converte-se na figura central da última seção das narrativas. Embora ela tenha inicialmente confundido Jesus com um jardineiro, por fim o reconheceu como seu mestre. Madalena até mesmo procurou reter o Jesus ressurreto, cuja resposta foi para que não o segurasse, *pois ainda não voltei para o Pai* (Jo 20.16-17). O evangelho começa assim com os ensinamentos sobre a nova natureza espiritual do Jesus ressurreto, o Cristo.

As aparições do Cristo ressurreto

Para os Evangelhos canônicos, as aparições do Jesus ressurreto são realidades comprováveis e palpáveis. Os textos que expõem o assunto enfatizam que as testemunhas não viram um fantasma mas sim o Jesus que antes havia sido crucificado. A natureza literária e teológica dos relatos tem sido objeto de contínuas e profundas análises, porque os estudiosos precisam separar com rigor os aspectos históricos das interpretações teológicas dos autores dos Evangelhos.

Entre as histórias das aparições de Jesus, o testemunho do apóstolo Paulo, em sua mensagem à comunidade cristã de Corinto, tem singular importância. Segundo o apóstolo, após ressuscitar e de acordo com as Escrituras, Jesus apareceu a Pedro e aos Doze, e, mais tarde, a quinhentas pessoas de uma só vez (1Co 15.4). Essas informações servem apenas de introdução para indicar que Jesus apareceu a ele. De acordo com Paulo, as aparições do Jesus ressurreto aos discípulos, logo após a crucificação, assim como aquela que o próprio apóstolo vivenciaria mais tarde no caminho para a cidade de Damasco, eram da mesma natureza.

O problema central que surge de tais declarações paulinas está no fato de que suas experiências com o Cristo ressurreto teriam sido de natureza espiritual. O próprio Paulo indica isso claramente em Atos, pois afirma que fora envolvido por um clarão de luz e que ouvira uma voz do céu (cf. At 9.1-19;

22.6-16; 26.12-18). O encontro entre Cristo e Paulo tinha, portanto, uma natureza mística, espiritual, interior e emocional, ao passo que fica evidente, a pela leitura dos Evangelhos, que os discípulos haviam se encontrado fisicamente com o Jesus que havia sido crucificado e que retornara à vida. Além disso, o apóstolo não menciona em nenhuma de suas referências ao Cristo ressurreto o importante detalhe do túmulo vazio.

A reação de Tomé ao anúncio da ressurreição foi o magnífico ensejo utilizado pelos evangelistas para apresentar os aspectos físicos do Jesus ressurreto (Jo 20.24-29): Jesus convidou o discípulo a literalmente tocar em seu corpo e em suas feridas! Além disso, ao descrever a atitude de Maria Madalena e Maria ao encontrá-lo, a narrativa de Mateus revela que as mulheres abraçaram os pés de Jesus (Mt 28.9). Os discípulos que estavam a caminho da aldeia de Emaús andaram a seu lado! No início não o reconheceram, mas logo seus olhos foram abertos quando Jesus repartiu o pão entre eles (Lc 24.13-31). Essas não são experiências emocionais, visuais ou auditivas, mas sim eventos físicos, táteis e reais.

Lucas inclui em seu evangelho um episódio significativo acerca da reação dos discípulos ao reencontrar Jesus: eles pensaram que se tratava de um fantasma! Jesus, para garantir que não era um espectro, convidou-os a que tocassem nele a fim de dirimir a dúvida e, além disso, acrescentou que os espíritos não têm carne nem ossos (Lc 24.39). Para evitar qualquer equívoco, Jesus por fim pediu ao grupo que lhe trouxesse algo para comer... e comeu com eles (Lc 24.41-43)!

As narrativas dos Evangelhos deixam claro o seguinte: as aparições do Jesus ressurreto não eram experiências espirituais, emocionais ou visuais; eram de fato encontros físicos e reais com uma pessoa que havia sido crucificada e morta, mas que posteriormente voltou a viver. Não se tratava de visões de imagens fantasmagóricas ou ilusões de ótica produzidas por algum estado alterado de consciência e de ânimo.

Inclusive, para reforçar a natureza física dessas experiências, uma leitura cuidadosa das fontes dos evangelistas revela que a princípio os discípulos não estavam inclinados a acreditar na ressurreição de Jesus (Mt 26.21-23; Mc 8.31-33). A verdade é que se tratava de uma possibilidade extremamente difícil de crer! E mais ainda: de acordo com Mateus alguns continuavam com dúvidas (Mt 28.17) mesmo depois de terem visto o Jesus ressurreto.

O estudo cuidadoso das fontes evangélicas a respeito desses temas nos mostra que os evangelistas acreditavam firmemente que Jesus ressurgira fisicamente, que o túmulo estava vazio e o mestre de Nazaré havia aparecido a vários grupos de seus seguidores nos arredores de Jerusalém (Lc 24.13-31) e na Galileia, próximo ao lago de Genesaré, um dos lugares preferenciais para seu ensino e ministério (Jo 20.29). Para o apóstolo Paulo, no entanto, a revelação divina fora diferente, de natureza espiritual, visual e auditiva, embora tenha exercido o mesmo poder de persuasão e virtude transformadora semelhante.

A ascensão de Jesus aos céus

Não são muitas as narrativas da ascensão de Jesus aos céus, mas são significativas. De acordo com Atos (1.3), após a ressurreição, Jesus conversou várias vezes com os discípulos sobre o reino de Deus, tema ao qual seu ministério anterior atribuíra grande importância teológica e pedagógica. Trata-se assim de uma maneira de afirmar a continuidade teológica entre as duas partes do ministério de Jesus, antes e depois da ressurreição.

Mateus não inclui nenhuma narrativa sobre a ascensão e prefere terminar o texto com a Grande Comissão. Esse mandamento de Jesus após a ressurreição inclui, entre outras coisas, o mandato de fazer discípulos em todas as nações, e não apenas entre os judeus, a afirmação de que o batismo é uma celebração-chave na missão cristã e a incorporação da Trindade na Igreja cristã (Mt 28.16-20).

Marcos trata o tema da ascensão de forma direta, indicando claramente que Jesus subiu aos céus e está sentado à direita de Deus (Mc 16.19), uma maneira de destacar e afirmar sua divindade e natureza messiânica. Possivelmente, por trás do relato dos Evangelhos, estejam a lembrança e as imagens da ascensão do profeta Elias em meio a um extraordinário redemoinho (2Rs 2.11).

O caso de Elias é o único existente na Bíblia hebraica de alguém que tenha ascendido aos céus com vida. O testemunho bíblico sobre Enoque apenas indica que ele desapareceu, porque Deus o tomara (Gn 5.24), o que poderia sugerir uma ascensão, mas isso não está explicitamente indicado. No entanto, a questão da ascensão de figuras proeminentes não está ausente da literatura judaica extrabíblica (por exemplo, Adão, Abraão, Moisés e Isaías, entre outras personagens). O tema geral da ascensão ao céu está presente também nas culturas grega e romana, pois se acreditava que os monarcas se divinizavam ao morrer.

O evangelista Lucas é quem explora com detalhes o tema da ascensão de Jesus aos céus. O autor nos informa que era seu desejo apresentar tudo o que Jesus fizera e ensinara "até o dia em que foi elevado ao céu" (At 1.1-2), em uma clara alusão à ascensão. Segundo a narrativa que descreve o evento, a ascensão de Jesus é o preâmbulo para a descida do Espírito Santo, que ocorre cinquenta dias após a celebração da festa da Páscoa, no Pentecostes. No entanto, antes desses eventos de grande significado teológico e espiritual, Jesus aparecera aos discípulos durante quarenta dias. O simbólico número 40 tem uma grande importância bíblica, porque pode ser um indicador de um período de ensino fundamental para o povo (veja outras referências ao número 40 em Gn 7.12; Êx 24.18).

O entorno literário e teológico da narrativa da ascensão de Jesus está repleto de significado: Jesus se ergue aos céus em meio a uma nuvem, símbolo tradicional na Bíblia da presença de Deus (por exemplo, At 1.9; cf. Êx 13.21; 24.15; 33.9). Os discípulos são testemunhas da ascensão, conforme o fora Eliseu na experiência final de Elias (2Rs 2.9,10). O evento ocorre no alto do monte das Oliveiras, evocando assim a antiga profecia de Zacarias sobre o último dia do Messias se dar na mesma montanha (Zc 14.4).

A mensagem central da ascensão, de acordo com a teologia de Lucas, é que, embora Jesus tenha sido levado aos céus para partilhar da presença divina, o Espírito Santo em compensação desce para representar suas ações e sua vontade na terra. A íntima relação entre a ascensão de Jesus e a manifestação do Espírito torna-se evidente também em João. Na última ceia, Jesus prometera a vinda do Espírito para quando ele regressasse para o Pai (Jo 16.7-13). Mais tarde, Jesus, em um ato de grande simbolismo espiritual e profundidade teológica, sopra sobre os discípulos para que recebam de forma antecipada o dom do Espírito de Deus (Jo 20.22).

As histórias das aparições do Jesus ressurreto e ascensão são expressões claras e seguras da fé da igreja e de seus líderes. Trata-se de uma fé madura, reflexiva, ponderada e sóbria. Não é o produto de uma improvisação de momento nem o resultado da desesperança. O objetivo teológico dos relatos é indicar que a morte de Jesus não impediu o programa redentor de Deus, pois sua autoridade moral, suas virtudes éticas, poder espiritual e natureza messiânica permitiram a Jesus desafiar os poderes tradicionais da morte e transcender suas leis naturais, conforme a teologia cristã.

Os relatos dos Evangelhos não podem ser lidos como acontecimentos históricos comuns e simples; são, na verdade, profundas declarações de fé e intensas afirmações espirituais. A maior virtude dessas narrativas não está necessariamente relacionada com a presteza de escrita nem com a certeza dos detalhes históricos. O fundamental e indispensável para a mensagem cristã é que a cruz e o túmulo não são as palavras finais de Deus para a humanidade: a morte de Jesus de Nazaré abriu as portas para a ressurreição do Cristo de Deus!

A chegada do Espírito Santo para os crentes no dia de Pentecostes (At 2.1-42) é um modo teológico de reiterar a mensagem cristã de esperança. O Espírito veio para que as igrejas e os apóstolos pudessem efetivamente continuar com as tarefas de pregação, educação, libertação e serviço que o Jesus histórico havia começado em seu ministério. Tais manifestações extraordinárias, presenciadas por pessoas de diferentes partes do mundo conhecido, transformaram-se em um sinal muito importante e determinante do que aconteceria com o testemunho e com a missão das igrejas cristãs. A mensagem cristã contém implicações universais e internacionais.

O mandato do Cristo ressurreto é claro e firme: devemos ser testemunhas da mensagem divina em Jerusalém, na Judeia, em Samaria e até os confins da terra. Com efeito, as narrativas dos Evangelhos desejam destacar de forma contundente que os ensinamentos e os valores que caracterizam o ministério de Jesus de Nazaré não permanecerão estáticos e circunscritos a um pequeno e insignificante espaço do grande império Romano.

A ressurreição de Cristo é uma demonstração do poder divino que ajudará os crentes a cumprir o mandato salvífico. A ascensão de Jesus aos céus é uma forma de garantir que a vontade divina não seja esquecida. E a descida do Espírito é uma maneira de afirmar que o próprio Deus estará presente nas igrejas e no meio dos que nele creem.

12

Apêndices

Parábolas de Jesus

Evangelho de Mateus

Cap.	V.	Nome	Paralelos
5	13-16	Parábola da candeia	Marcos 4.21-23, Lucas 8.16-18, Lucas 11.33-36
5	21-26	Parábola do réu	Lucas 12.57-59
6	28-34	Parábola dos lírios	Lucas 12.27-31
7	1-5	Parábola do cisco e da trave	–
7	15-20	Parábola da árvore e seus frutos	Lucas 6.43-45
7	24-27	Parábola da casa sobre a rocha	Lucas 6.47-49
9	16,17	Parábola do vinho novo e dos recipientes velhos	Marcos 2.21,22, Lucas 5.36-39
12	29-32	Parábola do valente com as mãos atadas	Marcos 3.27-29, Lucas 11.21-23
12	48-50	Parábola da família de Jesus	Marcos 3.33-35, Lucas 8.20,21
13	1-9	Parábola do semeador	Marcos 4.1-9, Lucas 8.4-8
13	24-30	Parábola do trigo e do joio	Evangelho de Tomé 57
13	31,32	Parábola do grão de mostarda	Marcos 4.30-32, Lucas 13.18,19
13	33	Parábola do fermento	Lucas 13.20,21
13	44-57	Parábola do tesouro escondido	–
13	45,46	Parábola da pérola de grande valor	–

13	47-50	Parábola da rede	–
13	52	Parábola do chefe de família	–
18	1-10	Parábola da criança	Marcos 9.35-37, Lucas 9.46-48
18	12-14	Parábola da ovelha perdida	Lucas 15.1-7
18	23-35	Parábola do servo que não quis perdoar	–
20	1-16	Parábola dos trabalhadores	–
21	28-32	Parábola dos dois filhos	–
21	33-44	Parábola dos agricultores maus	Marcos 12. 1-12, Lucas 20.9-18,
22	1-14	Parábola da festa de casamento	Lucas 14.15-24, Tomé 64
24	32-35	Parábola da figueira	Marcos 13.28-31, Lucas 21.29-31
24	42-44	Parábola do servo vigilante	Marcos 13.34-37, Lucas 12.35-40
25	1-13	Parábola das dez virgens	
25	14-30	Parábola dos talentos	Lucas 19.11-37
25	31-46	Parábola das ovelhas e dos cabritos	–

Evangelho de Marcos

Cap.	V.	Nome	Paralelos
2	21,22	Parábola do vinho novo e dos recipientes velhos	Mateus 9.16,17, Lucas 5.36-39
3	27-29	Parábola do valente com as mãos atadas	Mateus 12.29-32, Lucas 8.20,21
3	33-35	Parábola da família de Jesus	Mateus 12.48-50, Lucas 8.20,21
4	1-9	Parábola do semeador	Marcos 4.1-9, Lucas 8.4-8
4	21-23	Parábola da candeia	Mateus 5.13-16, Lucas 8.16-18, Lucas 11.33-36
4	26-29	Parábola do crescimento da semente	
4	30-32	Parábola do grão de mostarda	Mateus 13.31,32, Lucas 13.18,19
9	35-37	Parábola da criança	Mateus 18.1-10, Lucas 9.46-48
12	1-12	Parábola dos agricultores maus	Mateus 21.33-44, Lucas 20.9-18

Apêndices **233**

| 13 | 28-31 | Parábola da figueira | Mateus 24.32-35, Lucas 21.29-31 |
| 13 | 34-37 | Parábola do servo vigilante | Mateus 24.42-44, Lucas 12.35-40 |

Evangelho de Lucas

Cap.	V.	Nome	Paralelos
5	36-39	Parábola do vinho novo e dos recipientes velhos	Mateus 9.16,17, Marcos 2.21,22
6	43-45	Parábola da árvore e seus frutos	Mateus 7.15-20
6	47-49	Parábola da casa sobre a rocha	Mateus 7.24-27
7	41-47	Parábola dos dois devedores	
8	4-8	Parábola do semeador	Mateus 13.1-9, Marcos 4.1-9
8	16-18	Parábola da candeia	Mateus 5.13-16, Marcos 4.21-23, Lucas 11.33-36
8	20,21	Parábola da família de Jesus	Mateus 12.48-50, Marcos 3.33-35
9	46-48	Parábola da criança	Mateus 18.1-10, Marcos 9.35-37
10	25-37	Parábola do bom samaritano	
11	5-10	Parábola do amigo inconveniente	
11	21-23	Parábola do valente com as mãos atadas	Mateus 12.29-32, Marcos 3.27-29
12	16-21	Parábola do rico insensato	
12	22-26	Parábola das aves	Mateus 6.25,26
12	27-31	Parábola dos lírios	Mateus 6.28-34
12	35-40	Parábola do servo vigilante	Mateus 24.42-44, Marcos 13.34-37
12	57-59	Parábola do réu	Mateus 5.21-25
13	6-9	Parábola da figueira estéril	
13	18,19	Parábola do grão de mostarda	Mateus 13.31,32, Marcos 4.30-32
13	20,21	Parábola do fermento	Mateus 13.33
14	15-24	Parábola da grande ceia	Mateus 22.1-14
15	1-7	Parábola da ovelha perdida	Mateus 18.12-14
15	8-10	Parábola da dracma perdida	
15	11-32	Parábola do filho pródigo	
16	1-8	Parábola do administrador infiel	

16	19-31	Parábola do rico e Lázaro	
17	7-10	Parábola do servo inútil	
18	1-8	Parábola juiz injusto	
18	9-14	Parábola do fariseu e do publicano	
19	11-27	Parábola dos dez servos e das dez minas	Mateus 25.14-30
20	9-18	Parábola dos agricultores maus	Mateus 21.33-44, Marcos 12.1-12, Tomé 65-66
21	29-31	Parábola da figueira	Mateus 24.32-35, Marcos 13.28-31

Evangelho de João

Cap.	Vers.	Nome
10	11-18	Parábola do bom pastor
12	23-26	Parábola do grão de trigo
15	1-5	Parábola da videira verdadeira

A concordância dos Evangelhos

1. O nascimento e a infância de Jesus

1. Início de João: Jo 1.1-18
2. João Batista: Lc 1.5-25
3. O anúncio de Gabriel: Lc 1.26-38
4. A visita a Isabel: Lc 1.39-45
5. José, marido da Maria: Mt 1.18-24
6. O nascimento de Jesus: Lc 2.1-7; Mt 1.25
7. A genealogia de Jesus: Mt 1.1-17; Lc 3. 23-37
8. Anjos e pastores: Lc 2.8-14
9. A apresentação: Lc 2.22,23
10. A adoração dos magos: Mt 2.1-12
11. A fuga para o Egito: Mt 2.13-15
12. Os inocentes: Mt 2.16-18

Apêndices **235**

13. O retorno a Nazaré: Mt 2.19-23
14. Vida oculta: Lc 2.51,52

2. Do batismo de Jesus ao Sermão do Monte

1. A missão de João: Lc 3.1-6
2. O amor e a justiça: Lc 3.10-14
3. O jejum e as tentações: Mt 4.1-11; Mc 1.12,13; Lc 4.1-13
4. Declarações de João Batista: Jo 1.19-28
5. João, André e Pedro: João 1.35-42
6. Filipe e Natanael: João 1.43-51
7. Bodas de Caná: João 2.1-11
8. Cafarnaum: Jo 2.12
9. A expulsão dos vendedores: Jo 2.13-25
10. Jesus volta à Galileia: Jo 4.1-4
11. A mulher samaritana: João 4.5-26
12. O filho do oficial: João 4.46-54
13. A pregação falha: Lc 4.16-30
14. Residência em Cafarnaum: Mt 4.13-17
15. A pesca milagrosa: Lc 5.1-11; Mt 4.18-22; Mc 1.16-22
16. A sogra de Pedro: Lc 4.38-41; Mt 8.14-17; Mc 1.29-34
17. A extensão da pregação: Lc 4.42-44; Mt 4.23-25; Mc 1.35-39
18. O paralítico em Cafarnaum: Mt 9.1-18; Mc 2.1-12; Lc 5.17-26
19. A vocação de Mateus: Mt 9.9-13; Mc 2.13-17; Lc 5.27-32
20. O paralítico no tanque de Betesda: Jo 5.1-13
21. As curas: Mt 12.15-21; Mc 3.7-12
22. A vocação dos apóstolos: Lc 6.12-19; Mt 10.1-4; Mc 3.13-19
23. As Bem-aventuranças: Mt 5.1-12; Lc 6.20-26

3. Até a primeira multiplicação dos pães

1. O centurião: Mt 8.5-13; Lucas 7.1-10
2. A viúva de Naim: Lc 7.11-17
3. A pecadora: Lc 7.36-50
4. Santas mulheres: Lc 8.1-3; Mc 3.20,21
5. O endemoninhado: Lc 11.14-26; Mt 12.22-27; Mc 3.22-30

236 JESUS DE NAZARÉ

6. Os parentes de Jesus: Mt 12.46-50; Mc 3.31-35; Lc 8.19-21
7. As sentenças: Lc 8.16-18; Mc 4.21-25
8. A tempestade: Mt 8.23-27; Mc 4.35-40; Lc 8.22-25
9. Endemoninhados: Mc 5.1-20; Mt 8.29-34; Lc 8.26-39
10. Nazarenos: Mc 6.1-6; Mt 13.53-58
11. O martírio de João: Mc 6.17-29; Mt 14.3-12
12. A primeira multiplicação dos pães: Jo 6.2-15; Mt 14.13-23; Mc 6.30-46

4. Da primeira multiplicação à festa dos tabernáculos

1. Caminhando sobre as águas: Mc 6.45-52; Mt 14.24-34; Jo 6.16-21
2. Jesus é o pão da vida: Jo 6.22-26
3. A mulher cananeia: Mt 15.21-28; Mc 7.24-30
4. O surdo-mudo: Mc 7.31-37
5. A segunda multiplicação dos pães: Mc 8.1-10; Mt 15.32-38; Lc 9.10-17
6. O sinal dos céus: Mt 15.39, 16.1-4; Mc 8.10-13
7. Os fariseus: Mt 16.5-12; Mc 8.14-21
8. A confissão de Pedro: Mt 16.13-20; Mc 8.27-30; Lc 9.18-21
9. A renúncia: Mc 8.34-39; Mt 16.24-28; Lc 9.23-27
10. A Transfiguração: Mt 17.1-9; Lc 9.28-36; Mc 9.1-10
11. A predição da Paixão: Mt 17.22,23; Mc 9.29-31; Lc 9.44,45
12. O tributo do templo: Mt 17.24-27
13. O poder: Mt 18.18
14. Será perdoado: Mt 18.23-27
15. A festa dos tabernáculos: Jo 7.2-10
16. Os samaritanos: Lc 9.51-56
17. As condições para seguir Jesus: Lc 9.57-62; Mt 8.19-22
18. O grande mandamento: Lc 10.23-28; Mt 19.1,2
19. O bom samaritano: Lc 10.29-37
20. Betânia: Lc 10.38-42
21. Na festa dos tabernáculos: Jo 7.11-18

5. Da festa dos tabernáculos à ressurreição de Lázaro

1. A mulher adúltera: Jo 8.1-11
2. O cego de nascimento: Jo 9.1-23

Apêndices **237**

3. Quando orar: Lc 11.1-4
4. Questões capciosas: Lc 11.45-53
5. A divina providência: Lc 12.22-34
6. A figueira estéril: Lc 13.1-9
7. Os eleitos: Lc 13.22-30
8. Jerusalém, Jerusalém: Lc 13.31-35
9. Eu já vos disse: Jo 10.22-30
10. O último lugar: Lc 14.7-11
11. O filho pródigo: Lc 15.11-33
12. O homem rico e Lázaro: Lc 16.19-31
13. Lázaro enfermo: Jo 11.1-16

6. Da ressurreição de Lázaro à última ceia

1. A ressurreição de Lázaro: Jo 11.38-44
2. É decretada a morte de Jesus: Jo 11.45-57
3. Casamento e virgindade: Mt 19.2-12; Mc 10.1-12
4. Zaqueu: Lc 19.1-10
5. Os negociantes: Lc 19.11-28
6. A cura de dois cegos: Mt 20.29-34
7. Em Betânia: Jo 12.1-11; Mt 26.6-13; Mc 14.3-11
8. A entrada em Jerusalém (Domingo de Ramos): Mt 21.1-9; Mc 11.1-10; Lc 19.29-38; Jo 12.12-16
9. Jesus chora: Lc 19.41-44
10. Os vendedores do templo: 19.45-47; Mc 11.15-19
11. A César o que é de César: Mt 22.15-22; Mc 12.13-17; Lc 20.20-26
12. A doutrina dos saduceus: Mt 22.23-33; Mc 12.17,18; Lc 20.27-40
13. O fim do magistério: Jo 12.20-36
14. O fim dos tempos: Mt 24.1-14; Mc 13.1-3; Lc 21.5-19
15. As dez virgens: Mt 25.1-13
16. O juízo: Mt 25.31-46
17. A preparação da ceia: Lc 22.7-13; Mt 26.17-19; Mc 14.12-16

7. Da última ceia ao sacrifício da cruz

1. Começa a ceia pascal: Lc 22.14-18; Mt 26.20; Mc 14 17; Jo 13.1
2. A traição é anunciada: Mt 26.21-25; Mc 14-18-21; Lc 22.21-23

238 JESUS DE NAZARÉ

3. A instituição da eucaristia: Mt 26.26-28; Mc 14.22-25; Lc 22.19,20
4. O lava-pés: Jo 13.2-19
5. Novamente Jesus prediz a traição, e Judas sai: Jo 13.21-30
6. Os primeiros protestos de fidelidade de Pedro: João 13.36-38
7. Deixo-vos a paz; saída do cenáculo: Jo 14.27-31; Mt 26.30-35; Mc 14.30
8. Eu sou a videira verdadeira: Jo 15.1-10
9. A oração no jardim: Mt 26.37-40; Mc 14.33-41; Lc 22.40-46
10. A prisão: Lc 22.47-53; Mt 26.47-56; Mc 14.42-52; Jo 18.3-12
11. Diante do sumo sacerdote: Mc 14.53-65; Mt 26.57-68; Lc 22:54; Jo 18.13-24
12. Jesus é conduzido a Pilatos: Mt 27.1,2; Mc 15.1; Lc 22.66-69
13. O desespero de Judas: Mt 27.3-10
14. Jesus diante de Pilatos: Mt 27.11-14; Mc 15.2-5; Lc 23.1-7; Jo 18.28-38
15. Jesus perante Herodes: Lc 23.8-16
16. A escolha de Barrabás: Mt 27.15-23; Mc 15.6-14; Lc 23,17-19; Jo 18.39,40
17. Pilatos lava as mãos e a flagelação de Jesus: Mt 27.24-30; Mc 15.15-19; Lc 23.20-25; Jo 19.1-3
18. *Ecce Homo!*: Jo 19.4-16
19. O caminho do Calvário: Mt 27.31-33; Mc 15.20-22; Lc 23.26-32; Jo 19.17
20. A crucificação: Mt 27.34-43; Mc 15.23-32; Lc 23.32-38; Jo 19.18-24
21. Os dois ladrões: Mt 27.44; Lc 23.39-43
22. Aí está tua mãe: Jo 19.25-27
23. Trevas, *Eli, Eli...* e *Tenho sede*: Mt 27.45-49; Mc 15.33-36; Lc 23.44; Jo 19.28,29
24. Jesus morre na cruz: Jo 19.30; Mt 27.50-56; Mc 15.37-41; Lc 23.45-49

8. Desde o corte com a lança e a descida da cruz até a ascensão

1. O corte com a lança: Jo 19.31-37
2. Jesus é sepultado: Jo 19.41,42; Mt 27.60-66; Mc 15.46,47; Lc 23.53-56
3. A ressurreição: Lc 24.1-11; Mt 28.1-11, 27.52; Mc 16.1-11; Jo 20.1,2
4. Pedro e João: Jo 20.3-10; Lc 24.12
5. Maria Madalena: João 20.11-18
6. Os discípulos de Emaús: Lc 24.13-35; Mc 16.12,13
7. Aparição no cenáculo: 24.36-48; Jo 20.19-23

Apêndices

8. Tomé não estava: Jo 20.24-29
9. Retorno à Galileia e nova aparição: Mt 28.16-20
10. Aparição no lago da Galileia: Jo 21.1-14
11. Volta para Jerusalém, e Jesus surge novamente: Mc 16.14-18; Lc 24.49
12. A ascensão: Lc 24.50-53; Mc 16.19,20
13. Epílogo: Jo 21.24,25

Sua opinião é importante para nós. Por gentileza, envie seus comentários pelo e-mail editorial@hagnos.com.br

Visite nosso site: www.hagnos.com.br

Esta obra foi composta na fonte Janson Text corpo 10,5.
Foi impressa na Imprensa da Fé.
São Paulo, Brasil.
Inverno de 2015